Compil de FICHES

Spécial BAC

Tle

W0404725

Maths + SES

Vito Punta
(Maths)

Céline Charles et Sophie Mattern
(SES)

MAGNARD

Édition : Marie Gendrier (partie Mathématiques) ; Charlotte Cordonnier (partie SES) ; **Conception graphique** : Muriel Ouziane ; **Cartographie** : Valérie Goncalves (carte zone euro p. 256) ; **Crédits iconographiques** : p. 184 : © Adobe Stock

Mise en pages : Nord Compo

5, allée de la 2e DB - 75015 PARIS
www.magnard.fr
www.specialbac.magnard.fr

Sommaire

Maths

ENSEIGNEMENT DE SPÉCIALITÉ

Géométrie

Vecteurs, droites et plans de l'espace

Produit scalaire et orthogonalité

Analyse

Suites

Limites de fonctions

Continuité et dérivation

Logarithme népérien

Primitives et équations différentielles

Calcul intégral

Dénombrement et probabilités

OPTION MATHS EXPERTES

Nombres complexes

Arithmétique

Matrices

Graphes

L'enseignement de spécialité

I Les différents parcours

• **Cas 1 :** j'ai fait des Mathématiques en spécialité en première et en terminale, et j'ai choisi l'option Maths expertes en terminale. Je passe donc l'épreuve finale de spécialité à la rentrée des vacances de printemps, de coefficient 16 (sur 100). Mon option maths expertes est prise en compte, comme toute option.
En terminale, comme en première, toutes les notes portées sur mes bulletins scolaires sont prises en compte, y compris celles obtenues dans les options. On en fait une moyenne pour chaque année qui a un coefficient 5 (sur 100) en terminale, comme en première.

• **Cas 2 :** j'ai fait des Mathématiques en spécialité en première et en terminale mais je n'ai pas choisi l'option Maths expertes en terminale. Je passe donc l'épreuve finale de spécialité à la rentrée des vacances de printemps, de coefficient 16 (sur 100).

II L'épreuve finale de spécialité

• L'épreuve dure 4 heures, se déroule à la rentrée des vacances de printemps, et comporte de trois à cinq exercices indépendants portant sur le programme de spécialité, avec les restrictions énoncées ci-dessous. Chaque exercice est noté entre 4 et 8 points. Les en-têtes des sujets indiqueront si les calculatrices en mode examen sont autorisées.

• L'épreuve de spécialité ne pourra pas porter sur les thèmes suivants : fonctions sinus et cosinus, calcul intégral, concentration, loi des grands nombres. La combinatoire et le dénombrement ne peuvent constituer le ressort essentiel d'un exercice mais peuvent être sollicités pour la résolution de questions.

III L'oral de rattrapage

• **Principe**
Si, après toutes les épreuves écrites, vous avez obtenu une moyenne au moins égale à 8/20 et strictement inférieure à 10/20, vous pouvez demander à passer un oral de rattrapage.

• **Choix de la discipline**

Vous choisissez alors deux disciplines parmi celles que vous avez passées à l'écrit, y compris les épreuves anticipées. Pour chacune des deux disciplines choisies, seule la meilleure des deux notes obtenues à l'écrit et à l'oral de rattrapage est prise en compte.

• **Calcul de la note**

À l'issue de ces oraux, on effectue donc un nouveau calcul de votre moyenne. Si celle-ci est strictement inférieure à 10/20, vous êtes refusé et recevez un certificat de fin d'études secondaires (C.F.E.S.). Si votre nouvelle moyenne est supérieure ou égale à 10/20, vous obtenez votre bac ! Toutefois vous ne pouvez pas obtenir de mention, car celle-ci ne peut être attribuée qu'aux candidats reçus au terme des épreuves écrites.

• **Pour la spécialité Mathématiques**

Si vous avez choisi la spécialité Mathématiques à l'oral, l'examinateur vous propose au moins **deux questions** portant sur des parties différentes du programme de spécialité de **terminale**.

• **Déroulé de l'épreuve**

Vous avez droit à un temps de **préparation** de 20 minutes, au cours duquel vous pourrez vous servir de votre calculatrice dans les conditions habituelles de son utilisation. Durant l'**entretien** (qui dure 20 minutes également), vous pouvez consulter les notes que vous aurez prises pendant la préparation.
Les conditions matérielles (en particulier la présence d'un tableau) et les énoncés des questions posées doivent être adaptés aux modalités orales de cette épreuve.

FICHE 1

Vecteurs et translations

I Repères de l'espace

1. Introduction

• **Définition :** un **repère de l'espace** est un quadruplet constitué d'un point et de trois vecteurs non coplanaires, par exemple $(O, \vec{i}, \vec{j}, \vec{k})$.

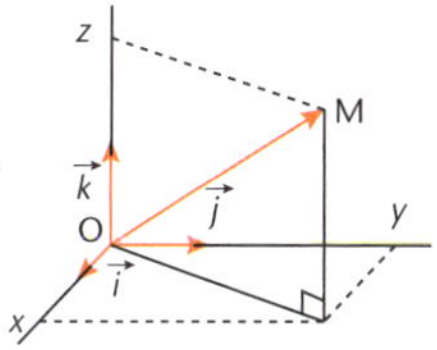

• Pour tout point M de l'espace, il existe trois **nombres uniques** x, y et z tels que $\overrightarrow{OM} = x\vec{i} + y\vec{j} + z\vec{k}$.

• x, y et z sont respectivement l'abscisse, l'ordonnée et la cote de M ou du vecteur $\overrightarrow{OM}$.

• Si les trois vecteurs sont deux à deux orthogonaux et de même longueur, on dit que le repère est **orthonormé**.

• Sur la figure, les segments en pointillés sont perpendiculaires aux axes.

• D'après l'unicité de x, y et z, deux vecteurs sont égaux, si et seulement si, ils ont les mêmes coordonnées dans un même repère.

Pour aller plus loin : rechercher les principes du calcul vectoriel à trois dimensions dans les œuvres de Maxwell, Gibbs, Heaviside.

Le **vecteur nul** est le vecteur dont les coordonnées sont toutes égales à 0 ; il se note $\vec{0}$.

2. Formules

• On donne un repère quelconque de l'espace et les points $A(x_A, y_A, z_A)$, $B(x_B, y_B, z_B)$ dont le milieu est I et deux vecteurs $\vec{u}(x ; y ; z)$ et $\vec{u}'(x' ; y' ; z')$: $\overrightarrow{AB}(x_B - x_A ; y_B - y_A ; z_B - z_A)$;

$$I\left(\frac{x_B + x_A}{2} ; \frac{y_B + y_A}{2} ; \frac{z_B + z_A}{2}\right) ; \vec{u} + \vec{u}'(x + x' ; y + y' ; z + z')$$

et $\alpha\vec{u}(\alpha x ; \alpha y ; \alpha z)$ avec $\alpha \in \mathbb{R}$.

• Translation : la translation t de vecteur $\vec{u}\begin{pmatrix} a \\ b \\ c \end{pmatrix}$ transforme un point M(x, y, z) en un point M′(x′, y′, z′) tel que

$$\overrightarrow{MM'} = \vec{u} \Leftrightarrow \begin{cases} x' = x + a \\ y' = y + b \\ z' = z + c \end{cases}.$$

• On remarque que ces formules généralisent celles que l'on a déjà vues dans le plan.

II Application

• **Énoncé type :** dans l'espace muni d'un repère, on donne trois points $A(2\,;3\,;-1)$, $B(-1\,,2\,,0)$ et $C(1\,,-4\,,2)$. À tout point $M(x, y, z)$, on associe le vecteur $\vec{u} = 2\overrightarrow{MA} - 3\overrightarrow{MB} + 5\overrightarrow{MC}$.

1. Exprimer les coordonnées de $\overrightarrow{MA}, \overrightarrow{MB}, \overrightarrow{MC}$ en fonction de celles de M.

2. Exprimer les coordonnées de $\vec{u}$ en fonction de celles de M.

3. Démontrer qu'il existe un unique point M tel que $\vec{u} = \vec{0}$. On note G ce point.

4. Exprimer $\vec{u}$ en fonction de $\overrightarrow{MG}$.

• **Réponses : 1.** On a successivement $\overrightarrow{MA}\begin{pmatrix} 2-x \\ 3-y \\ -1-z \end{pmatrix}$, $\overrightarrow{MB}\begin{pmatrix} -1-x \\ 2-y \\ -z \end{pmatrix}$, $\overrightarrow{MC}\begin{pmatrix} 1-x \\ -4-y \\ 2-z \end{pmatrix}$.

2. Les coordonnées de $\vec{u}$ se calculent ainsi :

$$\begin{pmatrix} 4-2x \\ 6-2y \\ -2-2z \end{pmatrix} + \begin{pmatrix} 3+3x \\ -6+3y \\ 3z \end{pmatrix} + \begin{pmatrix} 5-5x \\ -20-5y \\ 10-5z \end{pmatrix} = \begin{pmatrix} 12-4x \\ -20-4y \\ 8-4z \end{pmatrix}.$$

3. On déduit de la question précédente que $\vec{u} = \vec{0} \Leftrightarrow \begin{cases} 12-4x=0 \\ -20-4y=0, \\ 8-4z=0 \end{cases}$

c'est-à-dire $x = 3$; $y = -5$ et $z = 2$. On vient donc de démontrer qu'il existe un unique point M tel que $\vec{u} = \vec{0}$ et que les coordonnées de ce point sont (3 ; –5 ; 2).

4. On constate que $\begin{pmatrix} 12-4x \\ -20-4y \\ 8-4z \end{pmatrix} = 4\begin{pmatrix} 3-x \\ -5-y \\ 2-z \end{pmatrix}$. Or $\begin{pmatrix} 3-x \\ -5-y \\ 2-z \end{pmatrix}$ sont les coordonnées de $\overrightarrow{MG}$. Par conséquent, $\vec{u} = 4\overrightarrow{MG}$.

Droites et plans de l'espace

I Droites et plans

1. Deux droites

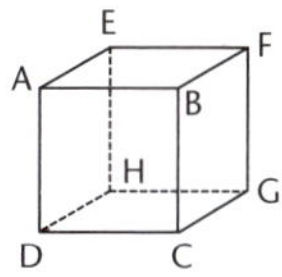

Figure 1

- Dans l'espace, deux droites peuvent être :
  - **coplanaires** et, dans ce cas, elles peuvent être sécantes ou parallèles ;
  - **non coplanaires** et, dans ce cas, elles n'ont aucun point en commun.
- Dans l'espace, il est donc possible que deux droites n'aient aucun point en commun et ne soient pas parallèles, par exemple (AE) et (BC) sur la figure 1 ci-dessus.

2. Une droite et un plan

- Une droite et un plan peuvent :
  - n'avoir **aucun point en commun** et, dans ce cas, la droite est parallèle au plan ;
  - avoir **un seul point commun** et, dans ce cas, la droite perce le plan en ce point ;
  - avoir **une infinité de points en commun** et, dans ce cas, la droite est incluse dans le plan.
- Lorsqu'une droite est parallèle à un plan, elle n'est pas parallèle à toute droite du plan. Ainsi, (EF) est parallèle au plan CDHG ; elle est parallèle à (CD) et (HG) mais n'est pas parallèle à (DH).

3. Deux plans distincts

Deux plans distincts peuvent :
- n'avoir **aucun point en commun** et dans ce cas ils sont parallèles ;
- avoir une **infinité de points en commun** ; ces points sont situés sur une droite qui est l'intersection des deux plans.

4. Trois plans $\mathcal{P}$, $\mathcal{Q}$, $\mathcal{R}$ distincts

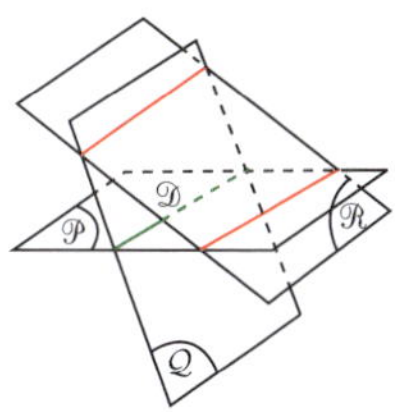

Figure 2

- Si **$\mathcal{P}$ et $\mathcal{Q}$ sont parallèles**, alors les trois plans n'ont aucun point en commun.
- Si **$\mathcal{P}$ et $\mathcal{Q}$ sont sécants** selon une droite $\mathcal{D}$, alors :
  - si **$\mathcal{D}$ est strictement parallèle à $\mathcal{R}$**, les trois plans n'ont aucun point en commun (voir figure 2) ;

• si $\mathcal{D}$ **perce $\mathcal{R}$ en un point A**, alors A est l'unique point commun aux trois plans.
• si $\mathcal{D}$ **est incluse dans $\mathcal{R}$**, alors les trois plans ont une infinité de points en commun, ceux de $\mathcal{D}$ (voir figure 3 ci-contre).

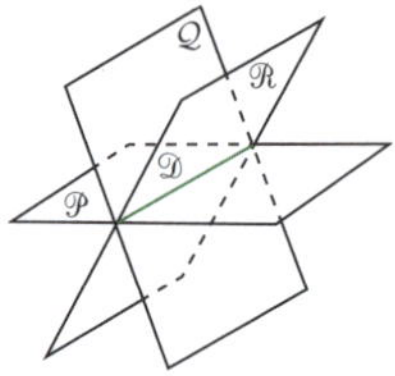

Figure 3

• **Théorème :** trois plans deux à deux distincts peuvent n'avoir aucun point en commun, un seul point en commun ou une infinité de points en commun.

II Propriétés

1. Parallélisme

Si deux plans sont parallèles alors tout plan coupant l'un coupe l'autre et les deux droites d'intersection sont parallèles.

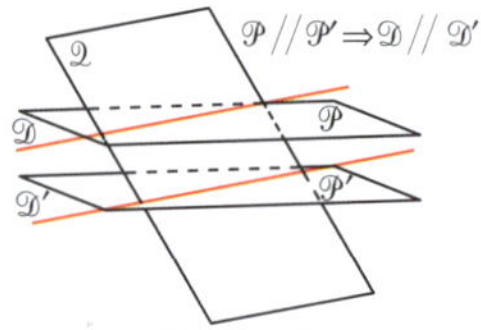

Figure 4

2. Théorème du toit

Soit deux plans $\mathcal{P}$ et $\mathcal{P}'$ sécants selon une droite Δ. Si des droites $\mathcal{D}$ de $\mathcal{P}$ et $\mathcal{D}'$ de $\mathcal{P}'$ sont parallèles, alors chacune d'elles est parallèle à Δ.

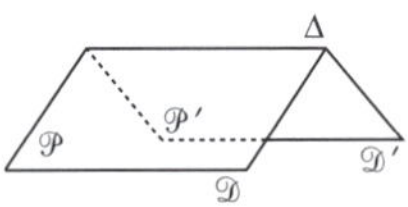

Figure 5

3. Orthogonalité

• Dire qu'une droite $\mathcal{D}$ est **orthogonale** à une droite $\mathcal{D}'$ signifie qu'il existe une droite Δ parallèle à $\mathcal{D}'$ et perpendiculaire à $\mathcal{D}$.

• Deux droites sont **perpendiculaires** si, et seulement si, elles forment un angle droit **et** sont sécantes. Sur la figure 1, (EF) est orthogonale à (DH) car (AE) est parallèle à (DH) et (AE) $\perp$ (EF).

• Dans le plan, deux droites sont orthogonales si, et seulement si, elles sont perpendiculaires.

• Dire qu'une droite est orthogonale à un plan signifie qu'elle est orthogonale à toutes les droites de ce plan.

4. Théorème

Une droite est orthogonale à un plan si, et seulement si, elle est orthogonale à deux droites sécantes de ce plan.

Représentations paramétriques d'une droite

FICHE 3

I Équations paramétriques d'une droite

> **Pour aller plus loin :** dans sa thèse « théorie des flots et des marées », Grassmann contribue à fonder le calcul vectoriel.

- On considère un point $A(x_A, y_A, z_A)$, un vecteur non nul $\vec{u}(\alpha, \beta, \gamma)$ et la droite $\mathscr{D}$ passant par A dont un vecteur directeur est $\vec{u}$. Un point $M(x\,;y\,;z)$ appartient à la droite $\mathscr{D}$ si, et seulement si, les vecteurs $\overrightarrow{AM}$ et $\vec{u}$ sont colinéaires, donc si, et seulement si, il existe un réel t tel que $\overrightarrow{AM} = t\vec{u}$, autrement dit : $\begin{cases} x - x_A = t\alpha \\ y - y_A = t\beta \\ z - z_A = t\gamma \end{cases}$.

Ces équations s'appellent les équations paramétriques de la droite $\mathscr{D}$.

- Le **paramètre** est t ; c'est un nombre qui varie en fonction de M. Dans le cas de deux droites, on utilise deux paramètres : t et t'.
- Une droite admet une infinité d'équations paramétriques dont l'expression varie en fonction du point et du vecteur directeur choisis.

Exemple : on donne les points $A(-1\,;0\,;2)$ et $B(3\,;-1\,;4)$. Quelles sont les équations paramétriques de la droite (AB) ?

Le vecteur $\overrightarrow{AB}$ a pour coordonnées $(4;-1\,;2)$ et c'est un vecteur directeur de (AB). Ses équations paramétriques sont donc :

$\begin{cases} x + 1 = 4t \\ y = -t \\ z - 2 = 2t \end{cases}$, équivalentes à $\begin{cases} x = -1 + 4t \\ y = -t \\ z = 2 + 2t \end{cases}$.

II Applications

1. Intersection de deux droites

- **Énoncé :** on considère les droites $\mathscr{D}$ et $\mathscr{D}'$ d'équations paramétriques respectives $\begin{cases} x = 2 + t \\ y = 1 - t \\ z = 1 + t \end{cases}$ et $\begin{cases} x = -t' \\ y = -2 - 1{,}5t' \\ z = 3 + t' \end{cases}$.

1. Déterminer un vecteur directeur de chaque droite.
2. Les deux droites sont-elles sécantes ?

• **Réponses**

1. Les vecteurs $\vec{u}(1\,;-1\,;1)$ et $\overrightarrow{u'}\left(-1\,;-1{,}5\,;1\right)$ sont des vecteurs directeurs de $\mathcal{D}$ et $\mathcal{D}'$ respectivement.

2. Il n'existe visiblement aucun réel λ tel que $\vec{u} = \lambda\overrightarrow{u'}$ car les coordonnées de $\vec{u}$ et $\overrightarrow{u'}$ ne sont pas proportionnelles. C'est pourquoi les deux droites ne sont pas parallèles.

• **Remarque**

$\mathcal{D}$ et $\mathcal{D}'$ sont donc sécantes ou non coplanaires.
Un point $M(x\,,\,y\,,\,z)$ appartient à la fois à $\mathcal{D}$ et $\mathcal{D}'$ si, et seulement si, ses coordonnées satisfont simultanément les deux équations. Dans ce cas, on doit pouvoir trouver t et t' vérifiant le système

$$\begin{cases} 2+t=-t' \\ 1-t=-2-1{,}5t' \\ 1+t=3+t' \end{cases} \Leftrightarrow \begin{cases} t+t'=-2 \\ t-1{,}5t'=3 \\ t-t'=2 \end{cases}.$$

Par addition des équations 1 et 3, on obtient $2t = 0 \Rightarrow t = 0$. On en déduit $t' = -2$ en remplaçant t par 0 dans l'équation 1.
Comme ces deux valeurs satisfont l'équation 2, on peut dire que $\mathcal{D}$ et $\mathcal{D}'$ sont sécantes et que leur point d'intersection a pour coordonnées (2 , 1 , 1), obtenues en remplaçant t par 0 ou t' par – 2.

2. Deux droites non coplanaires

• **Énoncé :** montrer que les droites $\mathcal{D}$ et $\mathcal{D}'$ d'équations paramétriques respectives $\begin{cases} x=1 \\ y=1+2t \\ z=1-t \end{cases}$ et $\begin{cases} x=3-2t' \\ y=2-4t' \\ z=2-t' \end{cases}$ sont non coplanaires.

• **Réponse :** les coordonnées de $\vec{u}\,(0,2,-1)$ et $\vec{u}'(-2,-4,-1)$ ne sont pas proportionnelles donc les deux droites ne sont pas parallèles.
Cherchons si elles sont sécantes, c'est-à-dire s'il existe t et t' tels que

$$\begin{cases} 1=3-2t' \\ 1+2t=2-4t' \\ 1-t=2-t' \end{cases}.$$

Ce système équivaut à $\begin{cases} t'=1 \\ 2t+4t'=1 \\ t-t'=-1 \end{cases}$. L'équation 3 fournit $t = 0$ car $t' = 1$. On voit alors que ces deux valeurs sont incompatibles avec l'équation 2. C'est pourquoi ces deux droites ne sont pas sécantes.
Non parallèles et non sécantes, $\mathcal{D}$ et $\mathcal{D}'$ sont non coplanaires.

Droites et plans orthogonaux

Sujet : étude des droites orthogonales et perpendiculaires

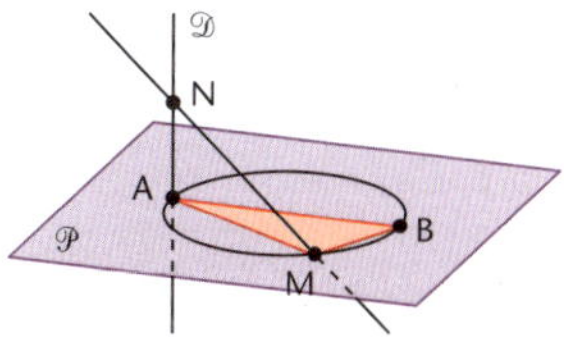

Dans un plan 𝒫, on considère un cercle 𝒞 de diamètre [AB]. Soit 𝒟 la droite orthogonale à 𝒫 passant par A et N un point de 𝒟 distinct de A. On considère un point M de 𝒞 distinct de A et B.

1. Montrer que la droite 𝒟 est incluse dans le plan (MAN).
2. Montrer que (BM) est perpendiculaire à (AM) ;
3. Montrer que (BM) est orthogonale à 𝒟.
4. Montrer que (BM) et (NM) sont perpendiculaires.

→ Trois points non alignés définissent un plan unique.

1. La droite 𝒟 contient les points A et N. Comme ces deux points appartiennent à 𝒟, la droite 𝒟 est contenue dans le plan (MAN).

→ Utiliser une propriété d'un triangle inscrit dans un cercle

2. Le triangle (MAN) est inscrit dans le cercle 𝒞 et son côté [AB] est un diamètre de ce cercle. C'est pourquoi il est rectangle en M. La droite (BM) est donc perpendiculaire à (AM).

→ Utiliser le fait que 𝒟 est orthogonale à 𝒫.

3. La droite 𝒟 étant orthogonale à 𝒫, elle est orthogonale à toute droite de 𝒫, en particulier à (BM).

→ Montrer au préalable que (*BM*) est orthogonale à (*MAN*).

4. (BM) est orthogonale à deux droites sécantes du plan (MAN) : (AM) et 𝒟. Elle est donc orthogonale à ce plan.
Étant orthogonale à (MAN), la droite (BM) est orthogonale à toute droite qui y est contenue, donc en particulier à la droite (MN). Les deux droites (BM) et (MN) sont sécantes en M ; elles sont donc perpendiculaires.

Sujet : étude de la position relative de deux droites de l'espace

Soit $\mathscr{D}$ et $\mathscr{D}'$ les deux droites d'équations paramétriques respectives $\begin{cases} x = 1 + t \\ y = 3 - t \\ z = -1 + t \end{cases}$ et $\begin{cases} x = 3 + t' \\ y = 2 - 2t' \\ z = m + 2t' \end{cases}$.

Examiner l'intersection de $\mathscr{D}$ et $\mathscr{D}'$ suivant les valeurs de m.

On essaiera d'abord de déterminer si les deux droites sont sécantes. Si ce n'est pas le cas, on pourra alors se demander si elles sont parallèles ou non coplanaires.

Les vecteurs $\vec{u}\begin{pmatrix} 1 \\ -1 \\ 1 \end{pmatrix}$ et $\vec{u'}\begin{pmatrix} 1 \\ -2 \\ 2 \end{pmatrix}$ sont des vecteurs directeurs de $\mathscr{D}$ et $\mathscr{D}'$. Comme leurs coordonnées ne sont pas proportionnelles, les deux droites ne sont pas parallèles. C'est pourquoi elles sont sécantes ou non coplanaires.

Cherchons d'abord si elles sont sécantes, c'est-à-dire si elles ont un point en commun. Si c'est le cas, il existe deux réels t et t' tels que

$$\begin{cases} 1 + t = 3 + t' \\ 3 - t = 2 - 2t' \\ -1 + t = m + 2t' \end{cases} \Leftrightarrow \begin{cases} t - t' = 2 \\ t - 2t' = 1 \\ t - 2t' = m + 1 \end{cases}.$$

Observons les équations 2 et 3 : pour que le système ait des solutions, il faut et il suffit que $m + 1 = 1$, c'est-à-dire $m = 0$.

- Si $m = 0$, le système équivaut à $\begin{cases} t - t' = 2 \\ t - 2t' = 1 \end{cases}$.

Par soustraction : $t' = 1$ et donc $t = 3$. Les deux droites sont donc sécantes en $A(4 , 0 , 2)$, obtenu en remplaçant t par 3 ou t' par 1.

- Si $m \neq 0$, les deux droites sont non coplanaires car alors le système n'a pas de solution, donc les deux droites ne sont pas sécantes.

BILAN

Vecteurs, droites et plans de l'espace

FICHE 5

QUIZ-Mémorisation active

1 Vecteurs et translations

Questions	Réponses
Étant donné deux points $A(x_A, y_A, z_A)$ et $B(x_B, y_B, z_B)$, comment calcule-t-on les coordonnées du milieu de [AB] ? du vecteur $\vec{AB}$?	Les coordonnées du milieu de [AB] sont la demi-somme des coordonnées de A et B. Les coordonnées de $\vec{AB}$ sont $(x_B - x_A, y_B - y_A, z_B - z_A)$: différence des coordonnées de A et B.
Quels liens y a-t-il entre les coordonnées d'un point M(*x*, *y*, *z*) et son image M′(*x*′, *y*′, *z*′) par la translation de vecteur $\vec{u}\begin{pmatrix} a \\ b \\ c \end{pmatrix}$?	Comme $\vec{MM'} = \vec{u}$ on a : $\begin{cases} x' = x + a \\ y' = y + b. \\ z' = z + c \end{cases}$

2 Droites et plans

Questions	Réponses
Quelle différence y a-t-il entre des droites orthogonales et des droites perpendiculaires ?	Des droites perpendiculaires sont nécessairement sécantes : c'est toujours le cas dans un plan. Dans l'espace, c'est différent : $\mathcal{D}$ est orthogonale à $\mathcal{D}'$ si, et seulement si, il existe une droite parallèle à $\mathcal{D}'$ qui soit perpendiculaire à $\mathcal{D}$.
Si une droite est parallèle à un plan est-elle parallèle à toute droite de ce plan ? Comparer avec une droite orthogonale à un plan.	Non. Il suffit de penser à un cube (voir fiche 02) : (AE) est parallèle à (CDHG) mais n'est pas parallèle à (CD). En revanche, si une droite est orthogonale à un plan, alors elle est orthogonale à toute droite de ce plan.

3 Équations paramétriques d'une droite

Questions	Réponses
Si on connaît les coordonnées de deux points distincts d'une droite, comment faire pour en trouver des équations paramétriques ?	Pour connaître les équations paramétriques d'une droite, il suffit de connaître les coordonnées d'un point et d'un de ses vecteurs directeurs. Il suffit ici de choisir $\vec{AB}$.

SCHÉMAS-BILANS

Écrire des équations paramétriques d'une droite $\mathcal{D}$ dans l'espace

On connaît les coordonnées d'un point A.
- non → *→ voir fiche 7*
- oui ↓

On connaît les coordonnées d'un point B.
- non → On connaît les coordonnées d'un vecteur directeur $\vec{u}$ de $\mathcal{D}$.
  - non → *→ voir fiche 7*
  - oui ↓ (vers $M(x,y,z) \in \mathcal{D} \Leftrightarrow \overrightarrow{AM} = t\vec{u}$)
- oui ↓

$\vec{u} = \overrightarrow{AB}$ est un vecteur directeur de $\mathcal{D}$.

↓

$M(x,y,z) \in \mathcal{D} \Leftrightarrow \overrightarrow{AM} = t\vec{u}$

↓

$$\text{Si } \vec{u}\begin{pmatrix} a \\ b \\ c \end{pmatrix} : \begin{cases} x - x_A = ta \\ y - y_A = tb \\ z - z_A = tc \end{cases} \Leftrightarrow \begin{cases} x = x_A + ta \\ y = y_A + tb \\ z = z_A + tc \end{cases}$$

Trouver les coordonnées du point d'intersection éventuel de deux droites $\mathcal{D}$ et $\mathcal{D}'$

$$\mathcal{D} \begin{cases} x = \alpha + ta \\ y = \beta + tb \\ z = \gamma + tc \end{cases} \qquad \mathcal{D}' \begin{cases} x = \alpha' + t'a' \\ y = \beta' + t'b' \\ z = \gamma' + t'c' \end{cases}$$

↓

On peut trouver t et t' solutions de

$$\begin{cases} \alpha + ta = \alpha' + t'a' \\ \beta + tb = \beta' + t'b' \\ \gamma + tc = \gamma' + t'c' \end{cases}$$

- oui → $\mathcal{D}$ et $\mathcal{D}'$ sont sécantes.
- non → $\vec{u}\begin{pmatrix} a \\ b \\ c \end{pmatrix}$ et $\vec{u'}\begin{pmatrix} a' \\ b' \\ c' \end{pmatrix}$ sont colinéaires.
  - oui → $\mathcal{D}$ et $\mathcal{D}'$ sont parallèles.
  - non → $\mathcal{D}$ et $\mathcal{D}'$ sont non coplanaires.

Produit scalaire

FICHE 6

I Définition et propriétés

1. Définition

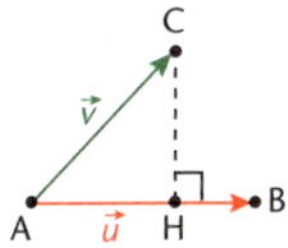

- Soit A, B, C, trois points d'un plan $\mathscr{P}$ et les deux vecteurs $\vec{u} = \overrightarrow{AB}$ et $\vec{v} = \overrightarrow{AC}$.

- Le produit scalaire $\vec{u} \cdot \vec{v}$ est égal au produit scalaire de $\overrightarrow{AB} \cdot \overrightarrow{AC}$ calculé dans $\mathscr{P}$.

- Dans le cas où A, B et C sont deux à deux distincts, $\vec{u} \cdot \vec{v} = \overrightarrow{AB} \cdot \overrightarrow{AH}$, où H est le projeté orthogonal de C sur (AB).

Carré scalaire : $\vec{u} \cdot \vec{u}$ s'appelle le carré scalaire de $\vec{u}$ et se note $\|\vec{u}\|^2$; ainsi, $\|\vec{u}\| = AB$.

2. Propriétés

- Si A, B et C sont deux à deux distincts, $\vec{u} \cdot \vec{v} = AB \times AC \cos\widehat{BAC}$. On dispose ainsi d'une façon de calculer un angle défini par trois points uniquement à l'aide de leurs coordonnées : $\cos\widehat{BAC} = \dfrac{\overrightarrow{AB} \cdot \overrightarrow{AC}}{AB \times AC}$.

- $\vec{u} \cdot \vec{v} = \vec{v} \cdot \vec{u}$; $(\lambda\vec{u}) \cdot \vec{v} = \lambda(\vec{u} \cdot \vec{v})$; $\vec{u} \cdot (\vec{v} + \vec{w}) = \vec{u} \cdot \vec{v} + \vec{u} \cdot \vec{w}$ $(\lambda \in \mathbb{R})$.

- $\|\vec{u} \pm \vec{v}\|^2 = \|\vec{u}\|^2 \pm 2\vec{u} \cdot \vec{v} + \|\vec{v}\|^2$.

- $(\vec{u} + \vec{v}) \cdot (\vec{u} - \vec{v}) = \|\vec{u}\|^2 - \|\vec{v}\|^2$.

Pour aller plus loin : faire des recherches sur **le produit linéaire,** l'ancêtre du produit scalaire.

- **Dans un repère orthonormé** de l'espace, les coordonnées de $\vec{u}$ et $\vec{v}$ étant respectivement $(x\,;y\,;z)$ et $(x'\,;y'\,;z')$, $\vec{u} \cdot \vec{u'} = xx' + yy' + zz'$. En particulier, $\|\vec{u}\| = \sqrt{x^2 + y^2 + z^2}$.

- Dire que deux vecteurs $\vec{u}$ et $\vec{v}$ sont **orthogonaux** signifie que leur **produit scalaire est égal à 0**.

- Deux droites de l'espace sont orthogonales si, et seulement si, leurs vecteurs directeurs sont orthogonaux.

- Un **vecteur normal à un plan** est un vecteur orthogonal à deux vecteurs non colinéaires de ce plan.

II Pratique : déterminer des angles grâce au produit scalaire

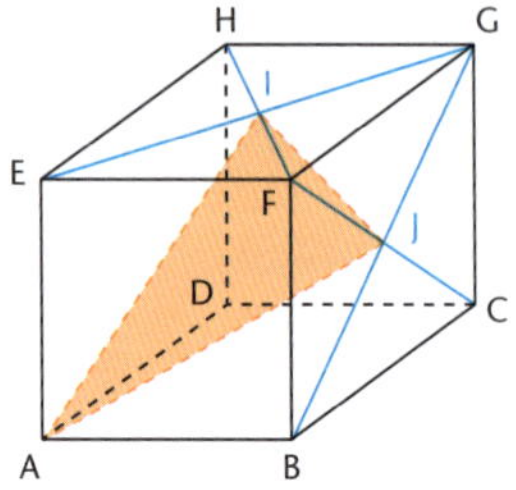

• **Énoncé :** on considère les centres I et J de deux faces non opposées d'un cube. On se propose de calculer une mesure des angles du triangle AIJ à un degré près.

Pour cela, on se place dans le repère orthonormé $(A\,;\overrightarrow{AB};\overrightarrow{AD};\overrightarrow{AE})$.

1. Calculer les coordonnées de I et J.

2. Calculer AI et AJ puis exprimer $\overrightarrow{AI}\cdot\overrightarrow{AJ}$ à l'aide de $\cos(\widehat{IAJ})$.

3. Calculer $\overrightarrow{AI}\cdot\overrightarrow{AJ}$ et en déduire $\cos(\widehat{IAJ})$ puis $\widehat{IAJ}$.

4. En déduire les mesures des deux autres angles.

• **Réponses :**

1. On obtient les coordonnées suivantes : $A\begin{pmatrix}0\\0\\0\end{pmatrix}, B\begin{pmatrix}1\\0\\0\end{pmatrix}, E\begin{pmatrix}0\\0\\1\end{pmatrix}, G\begin{pmatrix}1\\1\\1\end{pmatrix}$.

Le point I est le milieu de [EG] donc ses coordonnées sont (0,5 ; 0,5 ; 1).
Le point *J* est le milieu de [*BG*] et ses coordonnées sont donc (1 ; 0,5 ; 0,5).

2. Les coordonnées de $\overrightarrow{AI}$ et $\overrightarrow{AJ}$ sont respectivement $\left(\frac{1}{2};\frac{1}{2};1\right)$ et $\left(1;\frac{1}{2};\frac{1}{2}\right)$.

Donc $AI = \sqrt{0,5^2+0,5^2+1^2} = \sqrt{0,25+0,25+1} = \sqrt{1,5} = AJ$, donc $\overrightarrow{AI}\cdot\overrightarrow{AJ} = AI \times AJ\cos\widehat{IAJ} = 1,5\cos\widehat{IAJ}$.

3. D'après la formule, $\vec{u}\cdot\overrightarrow{u'} = xx' + yy' + zz'$:

$\overrightarrow{AI}\cdot\overrightarrow{AJ} = 0,5\times 1 + 0,5\times 0,5 + 1\times 0,5 = 1,25 \Rightarrow$

$\cos\widehat{IAJ} = \dfrac{1,25}{1,5} \Rightarrow \widehat{IAJ} \approx 34°$.

4. Le triangle AIJ étant isocèle en A, $\widehat{AIJ} = \widehat{AJI} = \dfrac{180° - \widehat{IAJ}}{2} \approx 73°$.

Équations cartésiennes de plans

FICHE 7

❶ Forme générale de l'équation cartésienne d'un plan

On se place dans un repère orthonormé $(O ; \vec{i}, \vec{j}, \vec{k})$ de l'espace.

- **Théorème :** tout plan $\mathcal{P}$ dont un vecteur normal a pour coordonnées $(a ; b ; c)$ a une équation cartésienne de la forme

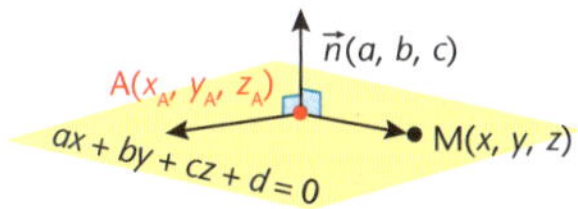

$ax + by + cz + d = 0$.

En effet, soit $A(x_A, y_A, z_A)$ un point de $\mathcal{P}$: $M \in \mathcal{P} \Leftrightarrow \overrightarrow{AM} \cdot \vec{n} = 0$

De plus

$\overrightarrow{AM} \cdot \vec{n} = (x - x_A)a + (y - y_A)b + (z - z_A)c = ax + by + cz + d = 0$

avec $d = -ax_A - by_A - cz_A$ car les coordonnées de $\overrightarrow{AM}$ sont $\begin{pmatrix} x - x_A \\ y - y_A \\ z - z_A \end{pmatrix}$.

- Réciproquement si a, b, c sont trois nombres tels que $(a, b, c) \neq (0, 0, 0)$ toute équation de la forme $ax + by + cz + d = 0$ est celle d'un plan dont $\vec{n}(a ; b ; c)$ est un vecteur normal.

Un vecteur normal à un plan est un vecteur orthogonal à deux vecteurs **non colinéaires** de ce plan.

- Un plan a une infinité d'équations cartésiennes. Si $ax + by + cz + d = 0$ est l'une d'elles, alors $k(ax + by + cz + d) = 0$ en est une autre pour tout réel $k \neq 0$.

Pour aller plus loin : René Descartes a fondé la géométrie repérée. On parle de repères cartésiens en son honneur.

- Deux plans d'équations respectives $ax + by + cz + d = 0$ et $a'x + b'y + c'z + d' = 0$ sont perpendiculaires si, et seulement si, leurs vecteurs normaux le sont, c'est-à-dire si, et seulement si, $aa' + bb' + cc' = 0$.

II Applications

1. Systèmes d'équations

• Tout système de trois **équations à trois inconnues** x, y, z de la forme $\begin{cases} ax + by + cz + d = 0 \\ ax' + b'y + c'z + d' = 0 \\ a''x + b''y + c''z + d'' = 0 \end{cases}$ peut s'interpréter comme l'intersection de trois plans (→ *voir fiche 2*).

2. Droite définie par l'intersection de deux plans

• Une droite peut être définie par un de ses points et un vecteur directeur, mais aussi par l'intersection de deux plans. Comment alors **déterminer ses équations paramétriques** ? L'exemple suivant donne la méthode à suivre.

• **Énoncé :** soit $\mathcal{P}$ et $\mathcal{P}'$ les plans d'équations respectives $x + y + z - 2 = 0$ et $x + 2y - z + 1 = 0$.

1. Montrer que ces deux plans sont sécants selon une droite $\mathcal{D}$.

2. Déterminer des équations paramétriques de $\mathcal{D}$ et en déduire un vecteur directeur (→ *voir fiche 3*).

• **Réponses :**

1. Des vecteurs $\vec{n}$ et $\vec{n'}$ normaux respectivement à $\mathcal{P}$ et $\mathcal{P}'$ ont pour coordonnées respectives (1 ; 1 ; 1) et (1 ; 2 ; – 1).

Comme leurs coordonnées ne sont pas proportionnelles, ils ne sont pas colinéaires, donc $\mathcal{P}$ et $\mathcal{P}'$ ne sont pas parallèles. C'est pourquoi ils sont sécants selon une droite $\mathcal{D}$.

2. Les coordonnées d'un point M(x, y, z) de $\mathcal{D}$ vérifient le système $\begin{cases} x + y + z - 2 = 0 \\ x + 2y - z + 1 = 0 \end{cases}$.

Posons $z = t$. Le système équivaut à $\begin{cases} x + y = 2 - t \\ x + 2y = -1 + t \\ z = t \end{cases}$.

Par soustraction des deux premières équations, on trouve $y = -3 + 2t$ et donc : $x = 2 - t - (-3 + 2t) = 5 - 3t$.

Par conséquent, des équations paramétriques de $\mathcal{D}$ sont $\begin{cases} x = 5 - 3t \\ y = -3 + 2t \\ z = t \end{cases}$.

Un vecteur directeur est $\vec{u}\,(-3 ; 2 ; 1)$.

Projection orthogonale

I Projection orthogonale d'un point sur une droite

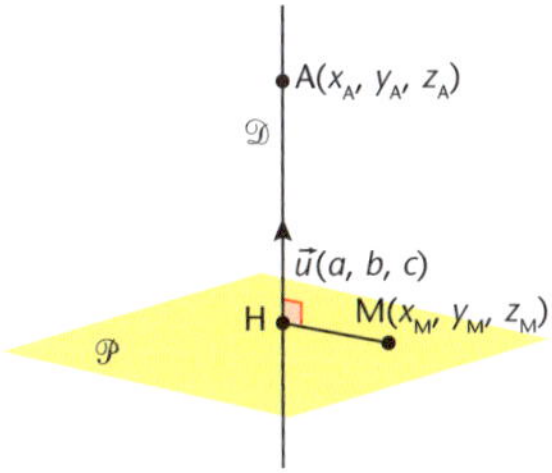

• **Définition :** le projeté orthogonal d'un point M sur une droite $\mathscr{D}$ est l'intersection du plan $\mathscr{P}$ passant par M et orthogonal à $\mathscr{D}$.

Pour trouver les coordonnées de H, on procède par étapes.

• **Étapes**

1. On écrit des équations paramétriques de $\mathscr{D}$ (→ *voir fiche 3*) et on traduit le fait que $H \in \mathscr{D}$.

Équations paramétriques de $\mathscr{D}$: $\begin{cases} x = x_A + ta \\ y = y_A + tb. \\ z = z_A + tc \end{cases}$

$H(x_H, y_H, z_H) \in \mathscr{D}$ donc : $\begin{cases} x_H = x_A + ta \\ y_H = y_A + tb. \\ z_H = z_A + tc \end{cases}$

2. On détermine l'équation du plan $\mathscr{P}$, sachant que $M \in \mathscr{P}$ et que $\vec{u}$ est normal à $\mathscr{P}$ (→ *voir fiche 7*). On trouve $ax + by + cz + d = 0$.

3. On traduit l'appartenance de H à $\mathscr{P}$ pour trouver t, donc H.

II Projection orthogonale d'un point sur un plan

1. Théorie

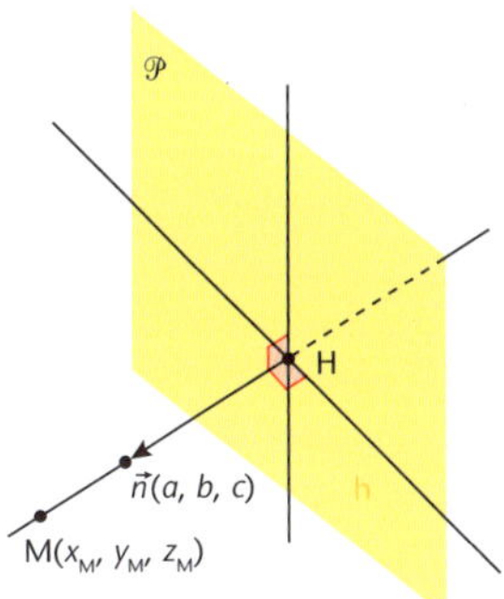

• **Définition :** le projeté orthogonal d'un point M sur un plan $\mathscr{P}$ est l'intersection de $\mathscr{P}$ avec la droite orthogonale à $\mathscr{P}$ passant par M.

Pour trouver les coordonnées de H connaissant une équation cartésienne de $\mathscr{P}$, on procède par étapes.

1. Chercher des équations paramétriques de la droite (MH) : une équation cartésienne de $\mathscr{P}$ étant

$ax + by + cz = 0$, un vecteur normal à $\mathscr{P}$ est $\vec{n}\begin{pmatrix} a \\ b \\ c \end{pmatrix}$ (→ *voir fiche 7*)

donc des équations paramétriques de la droite (MH) sont : $\begin{cases} x = x_M + ta \\ y = y_M + tb. \\ z = z_M + tc \end{cases}$

2. $H \in \mathscr{D} \cap \mathscr{P}$ donc $\begin{cases} x_H = x_M + ta \\ y_H = y_M + tb \\ z_H = z_M + tc \end{cases}$

et $a(x_M + ta) + b(y_M + tb) + c(z_M + tc) + d = 0$.

3. On trouve alors t donc H.

2. Pratique

• Soit $\mathscr{P}$ le plan d'équation $x + 2y - z + 1 = 0$. Déterminer les coordonnées (x_H, y_H, z_H) du projeté orthogonal H de M(– 1 , 0 , 1) sur $\mathscr{P}$.

• Étapes

1. Un vecteur normal à $\mathscr{P}$ a pour coordonnées $\begin{pmatrix} 1 \\ 2 \\ -1 \end{pmatrix}$. Des équations paramétriques de la droite (MH) sont donc : $\begin{cases} x = -1 + t \\ y = 0 + 2t. \\ z = 1 - t \end{cases}$

C'est pourquoi $\begin{cases} x_H = -1 + t \\ y_H = 2t \\ z_H = 1 - t \end{cases}$

2. Comme H appartient à la fois à $\mathscr{D}$ et $\mathscr{P}$, on a $(-1 + t) + 2(2t) - (1 - t) + 1 = 0$.

3. On trouve alors $-1 + t + 4t - 1 + t + 1 = 0 \Leftrightarrow t = \frac{1}{6}$. C'est pourquoi les coordonnées de H sont : $\left(-\frac{5}{6}, \frac{1}{3}, \frac{5}{6}\right)$.

Équations cartésiennes d'un plan passant par trois points

L'espace est rapporté à un repère orthonormé $(O, \vec{i}, \vec{j}, \vec{k})$. On considère les points
A(0, 1, – 1), B(2, 1, –2) et C(1, 0, –2).
Dans cet exercice, on utilise deux méthodes pour déterminer, si possible, une équation cartésienne du plan $\mathcal{P}$ = (ABC).
Expliquer pourquoi les points A, B, C définissent bien un plan et déterminer un vecteur $\vec{n}\begin{pmatrix} a \\ b \\ c \end{pmatrix}$ normal au plan (ABC), puis déterminer une équation cartésienne de ce plan en utilisant deux méthodes.

Trois points définissent un plan si, et seulement si, ils ne sont pas alignés.

Les coordonnées de $\overrightarrow{AB}$ et $\overrightarrow{AC}$ sont respectivement (2, 0, –1) et (1, –1, –1). Les coordonnées de ces deux vecteurs ne sont pas proportionnelles. C'est pourquoi ils ne sont pas colinéaires. Par conséquent, les trois points ne sont pas alignés et définissent bien un plan.

Un vecteur est normal à un plan si, et seulement si, il est orthogonal à deux vecteurs non colinéaires de ce plan.

Avant de commencer

▶ **Méthode n° 1** : utiliser la méthode décrite dans le théorème de la fiche 7 pour trouver l'équation.

▶ **Méthode n° 2**

a. Montrer qu'une équation cherchée est de la forme $ax + by + cz + d = 0$ où l'on connaît a, b, c.

b. En traduisant la fait que A ∈ $\mathcal{P}$, déterminer d.

Traduisons l'orthogonalité de $\vec{n}$ avec $\overrightarrow{AB}$ et $\overrightarrow{AC}$, qui ne sont pas colinéaires.

$\vec{n} \cdot \overrightarrow{AB} = 0 \Leftrightarrow 2a - c = 0$ et $\vec{n} \cdot \overrightarrow{AC} = 0 \Leftrightarrow a - b - c = 0$.

On est donc conduit à résoudre le système $\begin{cases} 2a - c = 0 \\ a - b - c = 0 \end{cases}$. Ce système a une infinité de solutions car il y a une infinité de vecteurs normaux à $\mathcal{P}$. On trouve $c = 2a$ puis $a - b - 2a = 0 \Rightarrow b = -a$.

Tout vecteur normal a donc pour coordonnées $\begin{pmatrix} a \\ -a \\ 2a \end{pmatrix}$. On peut choisir $a = 1$ ce qui conduit à $\vec{n}\begin{pmatrix} 1 \\ -1 \\ 2 \end{pmatrix}$.

- **Méthode n° 1**

$$\begin{aligned} M(x\,,y\,,z) \in \mathcal{P} &\Leftrightarrow \vec{n} \cdot \overrightarrow{AM} = 0 \\ &\Leftrightarrow 1(x-0) + (-1)(y-1) + 2(z+1) = 0 \\ &\Leftrightarrow x - y + 2z + 3 = 0 \end{aligned}$$

Cette dernière équation est une équation cartésienne de $\mathcal{P}$.

- **Méthode n° 2**

→ Les coefficients de x, y, z d'une équation cartésienne d'un plan $\mathcal{P}$ sont les coordonnées d'un vecteur normal à $\mathcal{P}$.

a. On sait qu'une équation cartésienne d'un plan dont un vecteur normal est $\vec{n}\begin{pmatrix} 1 \\ -1 \\ 2 \end{pmatrix}$ est de la forme $1x + (-1)y + 2z + d = 0 \Leftrightarrow x - y + 2z + d = 0$.

→ Un point appartient à $\mathcal{P}$ si, et seulement si, ses cordonnées vérifient son équation cartésienne.

b. $A(0, 1, -1) \in \mathcal{P}$ donc $0 - 1 + 2(-1) + d = 0 \Rightarrow d = 3$. On retrouve l'équation précédente.

BILAN

Produit scalaire et orthogonalité

FICHE 10

QUIZ-Mémorisation active

Questions	Réponses
Dans le cube d'arête 1, comment calculer simplement $\overrightarrow{BC} \cdot \overrightarrow{BG}$ et $\overrightarrow{BH} \cdot \overrightarrow{BD}$ sachant que $BD = \sqrt{2}$? 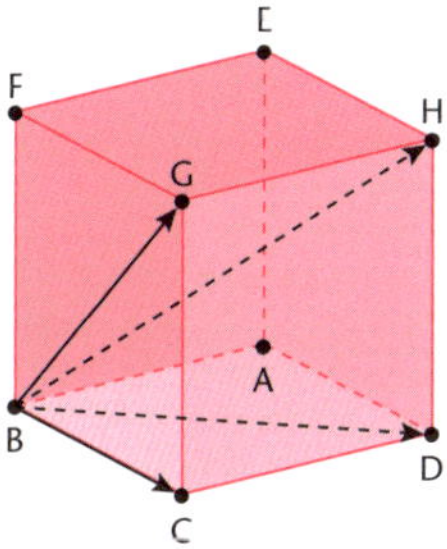	Comme G se projette orthogonalement sur (BC) en C : $\overrightarrow{BC} \cdot \overrightarrow{BG} = BC^2 = 1$. Comme H se projette orthogonalement en D sur (BD) : $\overrightarrow{BH} \cdot \overrightarrow{BD} = BD^2 = (\sqrt{2})^2 = 2$.
Dans l'espace, l'équation cartésienne $2x - 3y + 5 = 0$ est-elle celle d'un plan ou d'une droite ?	C'est l'équation d'un plan dont un vecteur normal a pour coordonnées $\begin{pmatrix} 2 \\ -3 \\ 0 \end{pmatrix}$.
Le projeté orthogonal d'un point sur le plan $\mathcal{P}$ d'équation $x + 2y - 1 = 0$ est situé sur une droite $\mathcal{D}$ qui n'est pas dans $\mathcal{P}$. Comment trouver un de ses vecteurs directeurs ?	La droite $\mathcal{D}$ étant orthogonale à $\mathcal{P}$, un vecteur normal à $\mathcal{P}$ est un de ses vecteurs directeurs. On peut choisir $\vec{n}\,(1\,;2\,;0)$

SCHÉMA-BILAN

Équation cartésienne d'un plan contenant A,B,C non alignés

Première méthode

1. Le plan a pour équation $ax + by + cz + d = 0$.
2. Les coordonnées de chaque point vérifient l'équation.
3. Résoudre le système de trois équations aux trois inconnues a, b, c.
4. On trouve a, b, c en fonction de d : infinité d'équations cartésiennes.
5. Si d est différent de 0, lui donner une valeur.

Deuxième méthode

1. Chercher un vecteur $\vec{n}\begin{pmatrix} a \\ b \\ c \end{pmatrix}$ orthogonal à $\overrightarrow{AB}$ et $\overrightarrow{AC}$: $\vec{n} \cdot \overrightarrow{AB} = 0$ et $\vec{n} \cdot \overrightarrow{AC} = 0$.
2. Résoudre le système de deux équations aux trois inconnues a, b, c.
3. On trouve a et b en fonction de c. Le plan a pour équation $ax + by + cz + d = 0$.
4. Exprimer que les coordonnées d'un des points vérifient l'équation. On trouve d en fonction de c.
5. Si d est différent de 0, lui donner une valeur.

Raisonnement par récurrence

FICHE 11

I Théorie

1. Principe de récurrence

Considérons une propriété P_n dépendant d'un entier naturel n. Cette propriété peut être :

- une **égalité**, par exemple $\sum_{k=0}^{k=n} k = \frac{n(n+1)}{2}$;
- une **inégalité**, par exemple : $(1+a)^n \geqslant 1+na$ (a étant un nombre positif fixé) ;
- une **phrase**, par exemple « 2^n est pair ».

L'objectif est de prouver que la proposition P_n est vraie pour tout entier naturel n.

Pour aller plus loin : Blaise Pascal et Giuseppe Peano sont à l'origine du raisonnement par récurrence.

2. Mise en œuvre

Pour prouver que la propriété P_n est vraie pour tout entier naturel n, on procède en deux étapes.

- **Initialisation :** il s'agit de prouver que P_0 est vraie, c'est-à-dire que la propriété obtenue en remplaçant n par 0 est vraie.

- **Hérédité :** il s'agit de démontrer que, si l'on suppose que P_n est vraie pour un entier naturel n donné, alors P_{n+1} est vraie aussi.

Remarque : P_{n+1} est la proposition obtenue en remplaçant n par $n + 1$.

3. Mises en garde

- Il est possible que l'on demande de démontrer que P_n est vraie pour tout entier naturel $n \geqslant 1$. Seule l'initialisation change. Il faudra prouver que P_1 est vraie. S'il faut montrer que P_n est vraie pour tout entier $n \geqslant 2$, etc., montrer que P_2 est vraie, etc.

- Il est possible que P_n soit héréditaire à partir de n'importe quel rang et qu'elle ne soit vraie pour aucun entier naturel. Par exemple, si P_n est la phrase « 3^n est pair », on sait qu'elle est fausse pour tout n. Cependant P_n est héréditaire. En effet, supposons que P_n soit vraie pour un entier naturel n donné et montrons qu'alors P_{n+1} est vraie : P_{n+1} est la phrase « 3^{n+1} est pair. » $3^{n+1} = 3^n \times 3$. Donc, puisqu'on a supposé que 3^n est pair, $3^n \times 3$ est pair, ce qui prouve que 3^{n+1} est pair. Il en résulte que P_{n+1} est vraie, ce qu'il fallait démontrer.

• Dans l'hérédité, on suppose que P_n est vraie pour **un** entier naturel n **donné** (on dit aussi **quelconque**).

II En pratique

1. Une égalité

Montrer par récurrence que pour tout $n \in \mathbb{N}$: $\sum_{k=0}^{k=n} k = \frac{n(n+1)}{2}$ (égalité P_n).

• **Initialisation :** montrons que P_0 est vraie ; c'est-à-dire que l'on a $\sum_{k=0}^{k=0} k = \frac{0(0+1)}{2}$. En effet, d'une part $\sum_{k=0}^{k=0} k = 0$; et d'autre part $\frac{0(0+1)}{2} = 0$.

• **Hérédité :** supposons que P_n soit vraie pour un entier naturel n donné et montrons qu'alors P_{n+1} est vraie.

P_{n+1} est l'égalité : $\sum_{k=0}^{k=n+1} k = \frac{(n+1)((n+1)+1)}{2} = \frac{(n+1)(n+2)}{2}$

Nous avons : $\sum_{k=0}^{k=n+1} k = \sum_{k=0}^{k=n} k + (n+1) = \frac{n(n+1)}{2} + (n+1) = (n+1)\left(\frac{n}{2}+1\right)$

$= \frac{(n+1)(n+2)}{2}$, ce qu'il fallait démontrer.

• **Bilan :** on a bien : $\forall\, n \in \mathbb{N}$: $\sum_{k=0}^{k=n} k = \frac{n(n+1)}{2}$.

2. Une inégalité

Soit a un réel positif. Montrer par récurrence que pour tout $n \in \mathbb{N}$: $(1+a)^n \geqslant 1 + na$ (inégalité P_n).

• **Initialisation :** P_0 est vraie car d'une part $(1+a)^0 = 1$ et d'autre part $1 + 0 \times a = 1$. Donc on a bien $(1+a)^0 \geqslant 1 + 0 \times a$.

• **Hérédité :** supposons que P_n soit vraie pour un entier naturel n donné et montrons qu'alors P_{n+1} est vraie. Nous avons $(1+a)^{n+1} = (1+a)(1+a)^n$. Or $1 + a > 0$ (car $a \geqslant 0$) et $(1+a)^n \geqslant 1 + na$ (car P_n est vraie). Par multiplication membre à membre, on obtient :
$(1+a)(1+a)^n \geqslant (1+a)(1+na)$.

Comme $(1+a)(1+na) = 1 + na + a + na^2$, $(1+a)(1+na) \geqslant 1 + na + a$, car $na^2 \geqslant 0$. Par conséquent : $(1+a)^{n+1} \geqslant 1 + (n+1)a$, ce qu'il fallait démontrer.

• **Bilan :** on a bien $\forall\, n \in \mathbb{N}$: $(1+a)^n \geqslant 1 + na$.

Limites des suites

I Suites convergentes et divergentes

Comment se comportent les termes d'une suite (u_n) lorsque n augmente indéfiniment ?

1. Suites convergentes

• **Définition :** dire qu'une suite est convergente signifie qu'elle a une **limite finie quand n tend vers $+\infty$**. Soit ℓ un nombre réel. Dire que la suite (u_n) converge vers ℓ signifie que tout intervalle ouvert I contenant ℓ contient aussi toutes les valeurs u_n à partir d'un certain rang n_0.

• **Formellement :** il existe un entier n_0 tel que, pour tout $n \geqslant n_0$, $u_n \in$ I. On écrit alors $\lim\limits_{n \to +\infty} u_n = \ell$.

• **Intuitivement :** tous les termes u_n s'agglutinent autour de ℓ à partir d'un certain rang.

Exemple : $\lim\limits_{n \to +\infty} \dfrac{1}{n} = 0$.

Les mathématiciens médiévaux al-Karaji et As-Samaw'al utilisaient des méthodes préfigurant celles des suites.

2. Suites divergentes

• **Définition :** une suite divergente est une suite qui n'est pas convergente.

• Il existe deux types de suites divergentes :
• celles qui ont une limite infinie : c'est le cas de la suite n^2 ;
• celles qui n'ont pas de limite : c'est le cas de la suite $(-1)^n$.

• **Définition :** dire que la suite u_n tend vers $+\infty$ signifie que tout intervalle de la forme $]A\,;+\infty[$ (A étant un nombre réel positif) contient toutes les valeurs de u_n à partir d'un certain rang.

• **Formellement :** il existe un entier n_0 tel que, pour tout $n \geqslant n_0$, $u_n > A$. On écrit $\lim\limits_{n \to +\infty} u_n = +\infty$.

• **Intuitivement :** les termes u_n dépassent n'importe quel nombre aussi grand que l'on veut, à partir d'un certain rang.

Exemple : $\lim\limits_{n \to +\infty} n^2 = +\infty$.

$\lim\limits_{n\to+\infty} u_n = -\infty$ signifie que $\lim\limits_{n\to+\infty} (-u_n) = +\infty$.

Autrement dit : quel que soit le nombre A négatif, il existe un entier n_0 tel que, pour tout $n \geqslant n_0$, $u_n < A$.

| **Exemple :** $\lim\limits_{n\to+\infty} (-n^2) = -\infty$.

II Propriétés

- **Unicité de la limite :** lorsqu'elle existe, la limite (finie ou infinie) d'une suite est unique. En effet, les termes d'une suite convergente ne sauraient s'agglutiner simultanément vers deux nombres réels.

- **Conservation des inégalités :** si une suite positive (respectivement négative) est convergente, alors sa limite est positive (respectivement négative). De plus, si (u_n) et (v_n) sont deux suites convergeant respectivement vers ℓ et ℓ' : $u_n \leqslant v_n \Rightarrow \ell \leqslant \ell'$.

- **Suite monotone convergente :** si une suite (u_n) est croissante (respectivement décroissante) et converge vers ℓ, alors on a $u_n \leqslant \ell$ (respectivement $u_n \geqslant \ell$) à partir d'un certain rang.

- **Suites tendant vers l'infini :** considérons deux suites (u_n) et (v_n) telles que $u_n \leqslant v_n$. Alors $\lim\limits_{n\to+\infty} u_n = +\infty \Rightarrow \lim\limits_{n\to+\infty} v_n = +\infty$;

$\lim\limits_{n\to+\infty} v_n = -\infty \Rightarrow \lim\limits_{n\to+\infty} u_n = -\infty$.

III Suite géométrique q^n : résultats à connaître

Soit q un nombre réel distinct de 0 et de 1.

- La suite (q^n) converge si et seulement si $-1 < q < 1$. Sa limite est alors 0.

| **Exemples :** $\lim\limits_{n\to+\infty} \left(-\frac{1}{2}\right)^n = 0$; $\lim\limits_{n\to+\infty} \left(\frac{2}{3}\right)^n = 0$.

- La suite (q^n) tend vers $+\infty$ si et seulement si $q > 1$.

| **Exemples :** $\lim\limits_{n\to+\infty} 2^n = +\infty$; $\lim\limits_{n\to+\infty} (1+a)^n = +\infty$ si $a > 0$.

- La suite (q^n) n'a pas de limite si et seulement si $q \leqslant -1$.

| **Exemple :** la suite $(-3)^n$ n'a pas de limite (quand n tend vers $+\infty$).

Convergence et divergence des suites

FICHE 13

I Opérations sur les limites

1. Appliquer les théorèmes sur les limites des fonctions

Quand on veut calculer des limites de suites, on peut utiliser les théorèmes relatifs aux fonctions (→ *voir fiche 17*).

Exemple : $\lim_{n \to +\infty} \frac{n^2+1}{3n^2+4} = \lim_{n \to +\infty} \frac{n^2}{3n^2} = \frac{1}{3}$.

2. Étude de la convergence

Dans l'hypothèse où on l'on veut savoir si une suite converge, sans vouloir connaître la valeur de la limite, on peut utiliser le tableau suivant qui récapitule le comportement de la suite $(u_n + v_n)$ en fonction de (u_n) et (v_n).

v_n \ u_n	Converge	Diverge
Converge	Converge	Diverge
Diverge	Diverge	On ne peut rien dire

Exemples : 1. $\left(\frac{1}{n}\right)$ converge et $(-1)^n$ diverge donc $\left(\frac{1}{n} + (-1)^n\right)$ diverge.

2. Si $u_n = n$ et $v_n = (-1)^n$, alors (u_n) et (v_n) divergent, ainsi que la somme $(n + (-1)^n)$.

3. Si $u_n = n$ et $v_n = -n$, alors (u_n) et (v_n) divergent ; cependant, $u_n + v_n = 0$ et donc la somme converge.

Remarque : les résultats concernant les produits et les quotients sont à traiter cas par cas, notamment en raison des formes indéterminées liées à ces deux opérations.

II Théorèmes de convergence

1. Théorème de convergence monotone

- **Définitions**

Dire qu'une suite (u_n) est **majorée** par un nombre M (respectivement minorée par un nombre m) signifie que, pour tout $n \in \mathbb{N}$, $u_n \leqslant M$ (respectivement $u_n \geqslant m$).

Dire qu'une suite (u_n) est **bornée** signifie qu'elle est à la fois majorée et minorée. Autrement dit, il existe un nombre k tel que, pour tout $n \in \mathbb{N}$, $|u_n| \leqslant k$.

- **Théorème**

- Toute suite croissante et majorée converge.
- Toute suite décroissante et minorée converge.
- Toute suite monotone et bornée converge.

- **Remarques**

- Ces théorèmes assurent la convergence d'une suite, mais ne donnent pas la valeur de la limite.
- On sait que toute suite convergente est bornée. Mais il existe des suites bornées et non convergentes ; c'est le cas de $(-1)^n$.
- Il existe des suites convergentes qui n'entrent dans aucun des trois cas précédents.

Exemple : $u_n = \dfrac{\sin n}{n}$. On sait que $\lim\limits_{n \to +\infty} u_n = 0$. Cependant, (u_n) n'est monotone à partir d'aucun rang, comme le suggère la courbe de $\dfrac{\sin x}{x}$ ci-dessous.

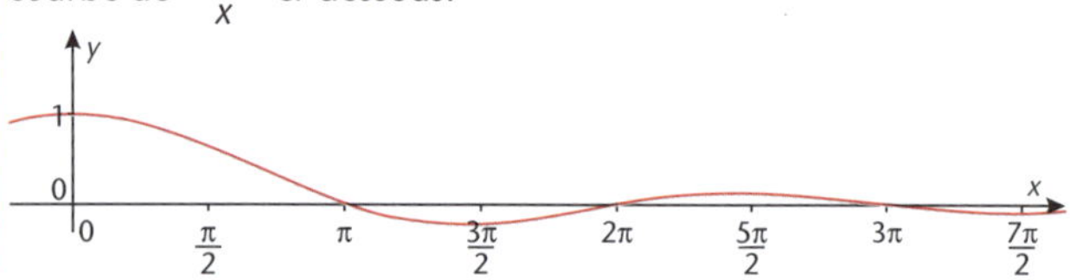

- Toute suite croissante **non majorée** tend vers $+\infty$ et toute suite décroissante **non minorée** tend vers $-\infty$.

2. Théorème des gendarmes

- **Théorème :** soit (u_n), (v_n) et (w_n), trois suites telles que, à partir d'un certain rang, $u_n \leqslant v_n \leqslant w_n$ et ℓ un nombre réel. Si (u_n) et (w_n) convergent toutes les deux vers ℓ, alors (v_n) converge vers ℓ.

- On utilise souvent ce théorème dans le cas où on a $|u_n - \ell| \leqslant v_n$ et $\lim\limits_{n \to +\infty} v_n = 0$. En effet, on dispose alors de l'encadrement $0 \leqslant |u_n - \ell| \leqslant v_n$ et on utilise le théorème précédent :

$$\lim_{n \to +\infty} |u_n - \ell| = 0 \Rightarrow \lim_{n \to +\infty} u_n = \ell.$$

Il en résulte que la suite (u_n) converge vers ℓ.

- De plus, l'encadrement ci-dessus permet d'avoir une approximation de la limite ℓ.

Exercice commenté pas à pas

Tout sur les suites (Sujet La Réunion, juin 2019)

Soit a un nombre réel appartenant à l'intervalle [0 ; 1].
On considère la suite (a_n) définie par $a_1 = a$ et, pour tout entier naturel, $n \geqslant 1$, $a_{n+1} = 0{,}5a_n + 0{,}3$.

1. Dans cette question, on suppose que $a = 0{,}5$.

a. Montrer que, pour tout entier $n \geqslant 1$, on a : $0 \leqslant a_n \leqslant 0{,}6$.

b. Montrer que la suite (a_n) est croissante.

c. Montrer que la suite (a_n) est convergente et préciser sa limite.

2. Dans cette question, le réel a appartient à l'intervalle [0 ; 1].
On considère la suite (u_n) définie pour tout entier naturel $n \geqslant 1$ par $u_n = a_n - 0{,}6$.

a. Montrer que la suite (u_n) est une suite géométrique.

b. En déduire que, pour tout entier naturel $n > 1$, on a :
$a_n = (a - 0{,}6) \times 0{,}5^{n-1} + 0{,}6$.

c. Déterminer la limite de la suite (a_n).

3. a. Quelle est la mission du programme Python suivant ?

```
a,n = 0.2,0
while abs(a – 0.6) > 10** – 12:
        a = 0.5*a + 0.3
        n = n + 1
print(n)
```

b. Après exécution il renvoie « 39 ». Interpréter ce résultat.

Effectuer un raisonnement par récurrence

1. a. Notons P_n la double inégalité « $0 \leqslant a_n \leqslant 0{,}6$ ».

Initialisation : comme $a_1 = a = 0{,}5$, on a bien $0 \leqslant a_1 \leqslant 0{,}6$, ce qui prouve que P_1 est vraie.

Hérédité : supposons que P_n soit vraie pour un certain entier naturel $n \geqslant 1$ et démontrons alors que P_{n+1} est vraie.

$0 \leqslant a_n \leqslant 0{,}6 \Rightarrow 0{,}5 \times 0 + 0{,}3 \leqslant 0{,}5a_n + 0{,}3 \leqslant 0{,}5 \times 0{,}6 + 0{,}3$ car la fonction $f : x \mapsto 0{,}5x + 0{,}3$ est croissante et donc $f(0) \leqslant f(a_n) \leqslant f(0{,}6)$.

D'où $0{,}3 \leqslant a_{n+1} \leqslant 0{,}3 + 0{,}3 \Rightarrow 0 \leqslant a_{n+1} \leqslant 0{,}6$, ce qu'il fallait démontrer.

Bilan : P_n est vraie pour tout entier naturel $n \geqslant 1$.

→ Étudier le signe $a_{n+1} - a_n$ pour tout $n \geqslant 1$.

1. b. $\forall n \geqslant 1 : a_{n+1} - a_n = 0{,}5a_n + 0{,}3 - a_n = -0{,}5a_n + 0{,}3$. Or $a_n \leqslant 0{,}6$ $\Rightarrow -0{,}5 \times 0{,}6 + 0{,}3 \leqslant -0{,}5a_n + 0{,}3$
car la fonction $g : x \mapsto -0{,}5x + 0{,}3$ est décroissante et donc $g(0{,}6) \leqslant g(a_n)$. On en déduit $-0{,}3 + 0{,}3 \leqslant -0{,}5a_n + 0{,}3$
$\Leftrightarrow 0 \leqslant a_{n+1} - a_n$. Il en résulte que la suite (a_n) est croissante.

→ Utiliser un théorème de convergence puis utiliser $\lim\limits_{n\to+\infty} a_{n+1} = \lim\limits_{n\to+\infty} a_n$.

1. c. La suite (a_n) est croissante et majorée par 0,6. Elle est donc convergente. Si ℓ est sa limite, alors $\lim\limits_{n\to+\infty} \underbrace{(0{,}5a_n + 0{,}3)}_{a_{n+1}} = \lim\limits_{n\to+\infty} a_n$

donc $0{,}5\ell + 0{,}3 = \ell \Rightarrow \ell = \dfrac{0{,}3}{0{,}5} = 0{,}6$.

→ Exprimer u_{n+1} en fonction de u_n pour tout entier $n \geqslant 1$.

2. a. Pour tout entier $n \geqslant 1$:

$$u_{n+1} = a_{n+1} - 0{,}6 = \underbrace{0{,}5a_n + 0{,}3}_{a_{n+1}} - 0{,}6 = 0{,}5\,a_n - 0{,}3$$

$$= 0{,}5\left(a_n - \frac{0{,}3}{0{,}5}\right) = 0{,}5\left(a_n - 0{,}6\right) = 0{,}5u_n$$

La suite (u_n)est donc une suite géométrique de raison 0,5 et de premier terme $u_1 = a_1 - 0{,}6 = a - 0{,}6$.

→ Exprimer d'abord u_n en fonction de n.

2. b. Pour tout entier naturel $n \geqslant 1$: $u_n = u_1 \times 0{,}5^{n-1} \Rightarrow a_n - 0{,}6 = (a - 0{,}6)0{,}5^{n-1} \Rightarrow a_n = (a - 0{,}6)0{,}5^{n-1} + 0{,}6$.

→ Utiliser les résultats de $\lim\limits_{n\to+\infty} q^n$.

2. c. Comme $-1 < 0{,}5 < 1$, $\lim\limits_{n\to+\infty} 0{,}5^{n-1} = 0$ donc $\lim\limits_{n\to+\infty} a_n = 0 + 0{,}6 = 0{,}6$.

→ abs est la fonction valeur absolue et 10–12 signifie 10^{-12}.**

3. a. L'initialisation consiste à placer la valeur 0.2 dans la variable a et 1 dans la variable n. Le programme calcule alors la valeur de a_n (contenue dans la variable a) à l'aide de sa valeur précédente (donc a_{n-1}) tant que $|a_n - 0{,}6|$ est supérieure à 10^{-12}. En même temps, il ajoute 1 au contenu de la variable n. Dès que $|a_n - 0{,}6| \leqslant 10^{-12}$, le programme s'arrête et fournit la plus petite valeur de n pour laquelle $|a_n - 0{,}6| \leqslant 10^{-12}$.
b. Cette valeur est 40 (car (a_n) débute par a_1). Comme la suite (a_n) est croissante, $n \geqslant 40 \Rightarrow |a_n - 0{,}6| \leqslant 10^{-12}$.

BILAN

Suites

FICHE 15

QUIZ-Mémorisation active

1 Raisonnement par récurrence

Questions	Réponses
Dans un raisonnement par récurrence, la phase d'initialisation est-elle facultative ?	Non, il y a des propositions dépendant d'un entier naturel n qui sont héréditaires mais qui ne sont vraies pour aucun entier naturel n.
Que signifie qu'une proposition dépendant d'un entier naturel n est héréditaire ?	Dire qu'une proposition P_n est héréditaire signifie que si elle est vraie à un certain rang n alors elle reste vraie au rang $n+1$. Autrement dit, P_n vraie $\Rightarrow P_{n+1}$ vraie.

2 Limites de suites

Questions	Réponses
La limite d'une suite convergente et positive est-elle elle-même positive ? Généraliser.	Oui. De même, la limite d'une suite convergente négative est elle-même négative. Plus généralement, si, pour tout n $u_n \leqslant v_n$, alors, en cas de convergence, $\lim\limits_{n \to +\infty} u_n \leqslant \lim\limits_{n \to +\infty} v_n$.
$\forall\, n \geqslant 1,\ u_n \leqslant \frac{1}{n} \Rightarrow \lim\limits_{n \to +\infty} u_n = 0$?	Non. Il faudrait en plus que l'on ait par exemple $u_n \geqslant 0$. Ainsi : $-n \leqslant \frac{1}{n}$ et pourtant $\lim\limits_{n \to +\infty} (-n) = -\infty$

3 Convergence et divergence de suites

Questions	Réponses
La limite d'une suite divergente est-elle nécessairement infinie ?	Non. Une suite divergente est une suite qui n'est pas convergente. Cela signifie qu'elle peut ne pas avoir de limite ou qu'elle a une limite qui n'est pas un nombre, c'est-à-dire que cette limite existe et qu'elle est infinie ($+\infty$ ou $-\infty$).
Une suite croissante tend-elle nécessairement vers $+\infty$?	Non. Une suite croissante et bornée converge. Par exemple, $u_n = 1 - \frac{1}{n}$.

SCHÉMAS-BILANS

Récurrence

Démontrer qu'une proposition P_n est vraie pour tout entier naturel n

↓

Initialisation : montrer que P_0 est vraie.

↓

Hérédité : montrer que, si P_n est vraie pour un entier naturel n **donné**, alors P_{n+1} est vraie.

↓

Remarque : l'initialisation peut concerner P_1, P_2,… tout dépend de l'énoncé.

Calculer la limite d'une suite u_n ($n \to +\infty$)

- $u_n = f(n)$ → Appliquer les théorèmes sur les limites de fonctions
- $u_{n+1} = f(u_n)$ → La limite existe-t-elle ? Utiliser les théorèmes des gendarmes et de convergence monotone → Si la suite converge vers ℓ, alors $f(\ell) = \ell$
- $u_n = q^n$ ($q \neq 1$)
  - $|q| < 1$ → (u_n) converge vers 0
  - $|q| \geqslant 1$ → (u_n) diverge
    - Si $q > 1$, $\lim\limits_{n \to +\infty} u_n = +\infty$
    - Si $q \leqslant -1$, (u_n) n'a pas de limite

Limites et asymptotes

FICHE 16

I Limite d'une fonction à l'infini

Dans toute la suite, on considère un nombre réel ℓ et des fonctions f, g, etc., définies sur des intervalles de la forme $]a\,;+\infty[$ ou $]-\infty\,;a[$.

> **Pour aller plus loin :** rechercher des infos relatives à l'école indienne de Kerala sur les questions de convergence.

1. La limite est finie

• **Définition 1 :** dire que la limite de $f(x)$, quand x tend vers $+\infty$, est égale à ℓ signifie que tout intervalle ouvert contenant ℓ contient tous les nombres $f(x)$ pourvu que x soit suffisamment grand. On écrit alors $\lim\limits_{x\to+\infty} f(x)=\ell$.

• **Définition 2 :** dire que la limite de $f(x)$, quand x tend vers $-\infty$, est égale à ℓ signifie que tout intervalle ouvert contenant ℓ contient tous les nombres $f(x)$ pourvu que x soit suffisamment grand **en valeur absolue**. On écrit alors : $\lim\limits_{x\to-\infty} f(x)=\ell$. Dans les deux cas, on dit que la droite d'équation $y=\ell$ est **asymptote** à la courbe de f.

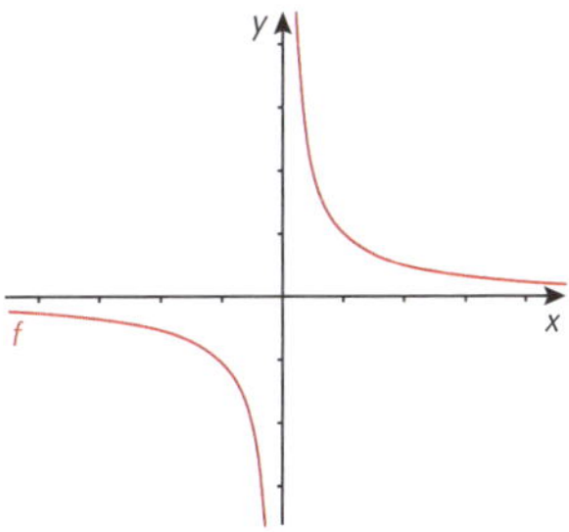

Exemple : $\lim\limits_{x\to+\infty}\dfrac{1}{x}=\lim\limits_{x\to-\infty}\dfrac{1}{x}=0$.

Sur la figure, on constate que la courbe se rapproche de l'axe des abscisses quand x tend vers $-\infty$ et $+\infty$.

2. La limite est infinie

• **Définition 1 :** dire que la limite de $f(x)$ quand x tend vers $+\infty$ est égale à $+\infty$ signifie que quel que soit le nombre A, on a $f(x) > A$ pourvu que x soit suffisamment grand. On écrit alors $\lim\limits_{x\to+\infty} f(x)=+\infty$.

• **Définition 2 :** dire que la limite de $f(x)$ quand x tend vers $-\infty$ est égale à $+\infty$ signifie que, quel que soit le nombre A, on a $f(x) > A$ pourvu que x soit suffisamment grand **en valeur absolue**. On écrit alors $\lim\limits_{x\to-\infty} f(x)=+\infty$.

Exemples : $\lim_{x \to +\infty} x^2 = +\infty$ et $\lim_{x \to -\infty} x^2 = +\infty$.

Sur la figure ci-contre, on constate que $x \leqslant B_1 \Rightarrow f(x) > A$ et $x \geqslant B_2 \Rightarrow f(x) > A$.

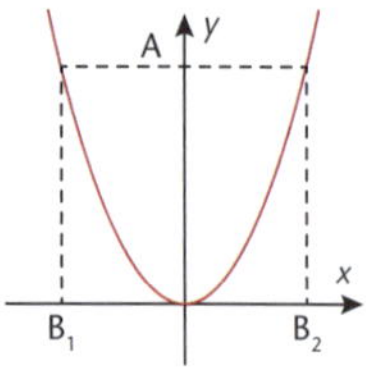

II Limite d'une fonction quand x tend vers x_0

- Si f est définie et continue en x_0, alors $\lim_{x \to x_0} f(x) = f(x_0)$.

Exemple : $\lim_{x \to 2} x^3 - 1 = 2^3 - 1 = 7$.

- Dans la suite, on suppose que $x_0 \notin D_f$. On dit alors que x_0 est une **borne** de l'ensemble de définition.

1. Cas général

- **Définition 1 :** dire que la limite de $f(x)$ quand x tend vers x_0 est égale à $+\infty$ signifie que, un nombre A étant donné, $f(x)$ dépasse A pourvu que x soit suffisamment proche de x_0.

On écrit $\lim_{x \to x_0} f(x) = +\infty$.

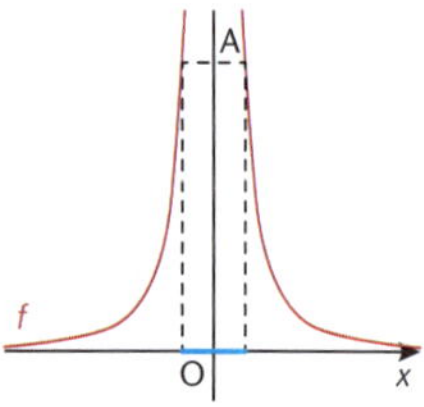

Exemple : $\lim_{x \to 0} \frac{1}{x^2} = +\infty$.

Sur la figure, on voit que si on choisit x dans l'intervalle bleu, $\frac{1}{x^2}$ dépasse A.

- **Définition 2 :** dire que la limite de $f(x)$, quand x tend vers x_0, est égale à $-\infty$ signifie que, un nombre A étant donné, $f(x)$ est inférieur à A pourvu que x soit suffisamment proche de x_0. On écrit $\lim_{x \to x_0} f(x) = -\infty$. Dans les deux cas, on dit que la droite d'équation $x = x_0$ est asymptote à la courbe de f.

Exemple : $\lim_{x \to 0} -\frac{1}{x^2} = -\infty$.

2. Limite à droite, limite à gauche

Définition : dire que la limite de $f(x)$ quand x tend vers x_0 à droite (respectivement à gauche) est égale à $+\infty$ signifie que, un nombre A étant donné, $f(x)$ dépasse A pourvu que x soit suffisamment proche de x_0 **et** que $x > x_0$ (respectivement $x < x_0$). On écrit $\lim_{x \to x_0^+} f(x) = +\infty$ (respectivement $\lim_{x \to x_0^-} f(x) = +\infty$). On définirait de même $\lim_{x \to x_0^-} f(x) = -\infty$ et $\lim_{x \to x_0^+} f(x) = -\infty$.

Détermination des limites

FICHE 17

I Opérations

On étudie ici les limites éventuelles des fonctions en x_0, celui-ci pouvant être un réel ou $-\infty$ ou $+\infty$. ℓ est un nombre réel.

1. Somme

Valeur de la limite de f	Valeur de la limite de g	Limite éventuelle de $f+g$
ℓ	ℓ'	$\ell+\ell'$
ℓ ou $+\infty$	$+\infty$	$+\infty$
ℓ ou $-\infty$	$-\infty$	$-\infty$
$+\infty$	$-\infty$	Forme indéterminée

Exemple : $\lim\limits_{x\to+\infty} x^2 = +\infty$ et $\lim\limits_{x\to+\infty} x = +\infty$ donc $\lim\limits_{x\to+\infty} (x^2+x) = +\infty$.

2. Produit

Valeur de la limite de f	Valeur de la limite de g	Limite éventuelle de $f \times g$
ℓ	ℓ'	$\ell \times \ell'$
$\ell \neq 0$	$+\infty$ ou $-\infty$	∞ avec la règle des signes*
0	$+\infty$ ou $-\infty$	Forme indéterminée
$+\infty$ ou $-\infty$	$+\infty$ ou $-\infty$	∞ avec la règle des signes*

* $(-5) \times (+\infty) = -\infty$; $(+\infty) \times (-\infty) = -\infty$; etc.

3. Quotient

Valeur de la limite de f	Valeur de la limite de g	Limite éventuelle de $\frac{f}{g}$
ℓ	$\ell' \neq 0$	$\frac{\ell}{\ell'}$
ℓ	∞	0
0	0	Forme indéterminée
∞	∞	Forme indéterminée
∞ ou $\ell \neq 0$	$\ell' \neq 0$ ou 0	∞ avec la règle des signes*

* $\frac{+\infty}{0^+} = +\infty$; $\frac{-\infty}{0^+} = -\infty$; etc.

4. Limite et ordre

Soit f et g deux fonctions définies sur le même intervalle I telles que pour tout $x \in I$: $f(x) \leqslant g(x)$. Alors, en cas d'existence des limites :

- $\lim\limits_{x \to x_0} f(x) \leqslant \lim\limits_{x \to x_0} g(x)$
- $\lim\limits_{x \to x_0} f(x) = +\infty \Rightarrow \lim\limits_{x \to x_0} g(x) = +\infty$
- $\lim\limits_{x \to x_0} g(x) = -\infty \Rightarrow \lim\limits_{x \to x_0} f(x) = -\infty$

II Formes indéterminées

Lorsque les règles du paragraphe précédent ne fournissent pas de renseignement sur le calcul de la limite d'une somme, d'un produit ou d'un quotient, on dit que ce calcul conduit à une forme indéterminée. Cela ne signifie pas que la fonction étudiée n'a pas de limite.

1. Cas des polynômes

- **La limite d'un polynôme quand x tend vers l'infini** (et uniquement dans ce cas) est égale à la limite de son terme de plus haut degré.

Exemple : $\lim\limits_{x \to +\infty} 5x^2 - x + 10 = \lim\limits_{x \to +\infty} 5x^2 = +\infty.$

- **La limite du quotient de deux polynômes quand x tend vers l'infini** (et uniquement dans ce cas) est égale à la limite du quotient de ses termes de plus haut degré.

Exemple : $\lim\limits_{x \to -\infty} \dfrac{x-5}{2x^2 - x + 1} = \lim\limits_{x \to -\infty} \dfrac{x}{2x^2} = \lim\limits_{x \to -\infty} \dfrac{1}{2x} = 0.$

- **Dans le cas des quotients, quand x tend vers une valeur interdite x_0**, il faut souvent étudier les limites quand x tend vers x_0^- et quand x tend vers x_0^+ du numérateur et du dénominateur.

Exemple : posons $f(x) = \dfrac{x^2}{5-x}$.

Quand $x \to 5^-$ $\left.\begin{array}{l} x^2 \to 25 \\ 5 - x \to 0^+ \end{array}\right\} \Rightarrow f(x) \to +\infty.$

De même, $\lim\limits_{x \to 5^+} f(x) = -\infty.$

2. Cas des fonctions logarithmes

→ *Voir fiche 26.*

Exercices commentés pas à pas

Limites d'une fraction rationnelle

Sujet : déterminer les limites du quotient de deux polynômes

Pour tout $x \notin \{-1, 2\}$, on pose $f(x) = \dfrac{3x^2 - 5x + 1}{-x^2 + x + 2}$.

1. Déterminer les limites de $f(x)$ quand x tend vers $\pm\infty$.

2. Dresser le tableau de signes de $-x^2 + x + 2$.

3. En déduire $\lim\limits_{x \to (-1)^-} f(x)$, $\lim\limits_{x \to (-1)^+} f(x)$, $\lim\limits_{x \to 2^-} f(x)$ $\lim\limits_{x \to 2^+} f(x)$.

Utiliser la règle des coefficients de plus haut degré car on calcule la limite de la fonction en $+\infty$ et $-\infty$.

1. $\lim\limits_{x \to -\infty} f(x) = \lim\limits_{x \to -\infty} \dfrac{3x^2}{-x^2} = (-3) \Rightarrow \lim\limits_{x \to -\infty} f(x) = -3$

De façon analogue :
$\lim\limits_{x \to +\infty} f(x) = \lim\limits_{x \to +\infty} (-3) \Rightarrow \lim\limits_{x \to +\infty} f(x) = -3$

Calculer les racines du polynôme

2. Les racines de $-x^2 + x + 2$ sont -1 et 2.
Tableau de signes de $-x^2 + x + 2$:

x	$-\infty$		-1		2		$+\infty$
$-x^2 + x + 2$		$-$	0	$+$	0	$-$	

$x \to x_0^-$ signifie $x \to x_0$ et $x < x_0$. $x \to x_0^+$ signifie $x \to x_0$ et $x > x_0$

3. • Quand $x \to (-1)^-$:

$$\left.\begin{array}{l} 3x^2 - 5x + 1 \to 9 \\ -x^2 + x + 2 \to 0^- \end{array}\right\} \Rightarrow \lim_{x \to (-1)^-} f(x) = -\infty \text{ par quotient.}$$

En effet, x étant proche de -1 et inférieur à -1, $-x^2 + x + 2 < 0$

• Quand $x \to (-1)^+$:

$$\left.\begin{array}{l} 3x^2 - 5x + 1 \to 9 \\ -x^2 + x + 2 \to 0^+ \end{array}\right\} \Rightarrow \lim_{x \to (-1)^+} f(x) = +\infty \text{ par quotient.}$$

En effet, x étant proche de -1 et supérieur à -1, $-x^2 + x + 2 > 0$

• Quand $x \to 2^-$:

$$\left.\begin{array}{l}3x^2 - 5x + 1 \to 3 \\ -x^2 + x + 2 \to 0^+\end{array}\right\} \Rightarrow \lim_{x \to 2^-} f(x) = +\infty \text{ par quotient.}$$

En effet, x étant proche de 2 et inférieur à 2, $-x^2 + x + 2 > 0$.

• Quand $x \to 2^+$:

$$\left.\begin{array}{l}3x^2 - 5x + 1 \to 3 \\ -x^2 + x + 2 \to 0^-\end{array}\right\} \Rightarrow \lim_{x \to 2^+} f(x) = -\infty \text{ par quotient.}$$

En effet, x étant proche de 2 et supérieur à 2, $-x^2 + x + 2 < 0$.

Sujet : utiliser un encadrement pour calculer des limites

L'exercice montre un calcul de limite d'une somme dans le cas où l'une des fonctions n'a pas de limite.

On a tracé en bleu la courbe de la fonction f définie par $f(x) = x + \sin(x)$.

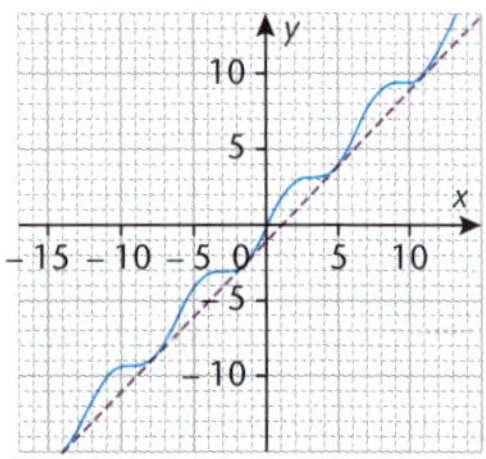

1. Pourquoi la fonction sinus n'a-t-elle pas de limite quand x tend vers $+\infty$?

2. a. Montrer que pour tout $x \in \mathbb{R} : x - 1 \leqslant f(x)$.

b. Identifier la fonction affine représentée en pointillés sur la figure.

3. En déduire les limites de $f(x)$ quand x tend vers $+\infty$ et $-\infty$.

Considérer les nombres $a_n = \frac{\pi}{2} + 2n\pi$ et $b_n = \frac{3\pi}{2} + 2n\pi$.

1. $\sin(a_n) = \sin\left(\frac{\pi}{2}\right) = 1$ et $\sin(b_n) = \sin\left(\frac{3\pi}{2}\right) = -1$. Donc :

$\lim\limits_{n \to +\infty} \sin(a_n) = 1$ et $\lim\limits_{n \to +\infty} \sin(b_n) = -1$. Les deux suites (a_n) et (b_n) tendent vers $+\infty$ et cependant leurs sinus tendent l'un vers 1 et l'autre vers -1. Donc la fonction sinus ne peut se rapprocher d'un nombre quand $x \to +\infty$. C'est pourquoi elle n'a pas de limite en $+\infty$ car, de plus, elle est bornée.

Encadrer $\sin(x)$.

2. a. $\forall x \in \mathbb{R} : -1 \leqslant \sin(x) \leqslant 1 \Rightarrow x - 1 \leqslant x + \sin(x) \leqslant x + 1$.

2. b. La fonction est $x \mapsto x - 1$.

Penser au théorème d'encadrement.

3. $\lim\limits_{x \to +\infty} (x - 1) = +\infty \Rightarrow \lim\limits_{x \to +\infty} f(x) = +\infty$.

BILAN

Limites de fonctions

FICHE 19

QUIZ-Mémorisation active

1 Limites et asymptotes

Questions	Réponses
Une fonction peut-elle avoir deux limites lorsque x tend vers x_0 ? quand x tend vers $+\infty$ ou $-\infty$?	Non. Si la limite d'une fonction existe, elle est unique.
Dans quels cas est-il possible que la limite d'une fonction f soit infinie ($+\infty$ ou $-\infty$) ?	Il est possible que la limite de f soit infinie lorsque x tend lui-même vers l'infini. C'est également possible lorsque x tend vers une valeur interdite.
Comment peut-on savoir si la courbe $\mathscr{C}_f$ d'une fonction f admet une asymptote parallèle aux axes de coordonnées ?	Si $\lim\limits_{x \to x_0} f(x) = +\infty$ ou $-\infty$ alors la droite d'équation $x = x_0$ est une asymptote à $\mathscr{C}_f$ parallèle à l'axe des ordonnées. Si $\lim\limits_{x \to +\infty} f(x) = \ell$, alors la droite d'équation $y = \ell$ est asymptote à $\mathscr{C}_f$ en $+\infty$. Idem en $-\infty$.

2 Détermination de limites

Questions	Réponses
Quelles sont les formes indéterminées liées aux opérations (addition, multiplication, division) sur les limites ?	Il y a quatre formes indéterminées. $+\infty + (-\infty)$ et formes apparentées : $+\infty - (+\infty)$ etc. $0 \times \infty$ $\frac{0}{0}$ et $\frac{\infty}{\infty}$ Une est liée à la somme de limites, une autre au produit de limites et deux au quotient de limites.
Si, pour tout x de $\mathscr{D}_f$, $f(x)$ est positive est-il possible que sa limite en x_0 soit égale à -1 ?	Non. En effet, la limite d'une fonction positive est positive, que x tende vers un nombre ou l'infini.
Comment calcule-t-on les limites de polynômes ? Distinguer deux cas.	$P(x)$ est un polynôme. Si x_0 est un nombre, alors $\lim\limits_{x \to x_0} P(x) = P(x_0)$. De plus, $\lim\limits_{x \to +\infty} P(x) = \lim\limits_{x \to +\infty} ax^n$ où ax^n est le coefficient de plus haut degré de $P(x)$. Idem en $-\infty$.
Si ni f ni g n'a de limite quand $x \to +\infty$, est-il possible que $f + g$ en ait une ?	Oui. Par exemple, si $f(x) = \sin(x)$ et $g(x) = -\sin(x)$ alors aucune des deux n'a de limite en $+\infty$ et, cependant, $f(x) + g(x) = 0$ donc $f + g$ a pour limite 0 en $+\infty$.

SCHÉMA-BILAN

Recherche de $\lim\limits_{x \to x_0} f(x)$ et d'asymptotes

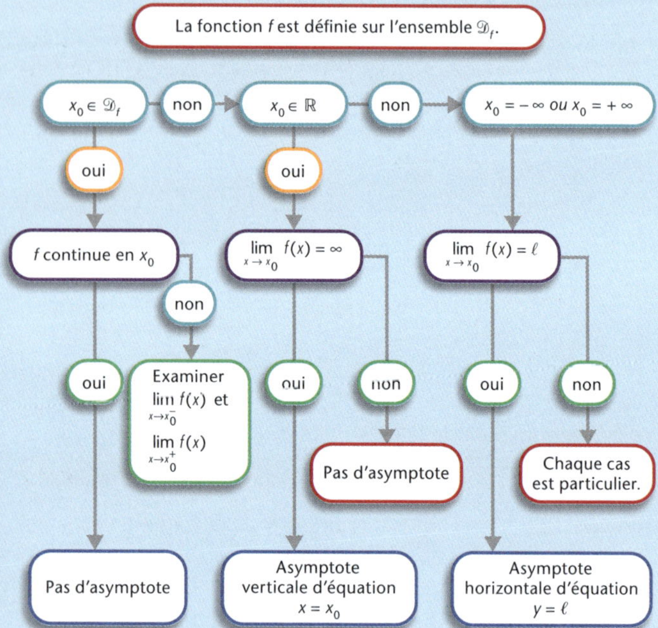

Dérivées de fonctions composées

FICHE 20

I Théorie

1. Cas général

- Dans le cas où les fonctions *h* et *u* sont deux fonctions dérivables, le tableau ci-dessous montre les dérivées de fonctions *f* construites à partir de *u* ou de *h*.

- Le nombre *n* est un rationnel, c'est-à-dire le quotient de deux entiers (appelé aussi fraction).

	$f(x)$	$f'(x)$	Remarques
1	$\sqrt{u(x)}$	$\dfrac{u'(x)}{2\sqrt{u(x)}}$	On doit avoir $u(x) > 0$.
2	$(u(x))^n$	$nu'(x)\,(u(x))^{n-1}$	Dans le cas où $n < 0$, il faut que $u(x) \neq 0$.
3	$h(u(x))$	$u'(x)h'(u(x))$	
4	$h(ax+b)$	$ah'(ax+b)$	*a* et *b* sont deux réels.

- **Remarques :**

1. $\sqrt{u(x)}$ peut s'écrire $[u(x)]^{\frac{1}{2}}$. On peut donc utiliser la formule n° 2 avec $n = \dfrac{1}{2}$. Il en est de même avec des exposants négatifs. Par exemple, si $n = -1$, on trouve $f(x) = \dfrac{1}{u(x)}$ qui conduit à $f'(x) = (-1)\ u'(x)\ (u(x))^{-2}$, c'est-à-dire à $f'(x) = -\dfrac{u'(x)}{u(x)^2}$.

> En résumé, la dérivée de $\dfrac{1}{u}$ est $-\dfrac{u'}{u^2}$.

2. On peut retenir les formules n° 1 et 2 ainsi : la dérivée de $\sqrt{u}$ est $\dfrac{u'}{2\sqrt{u}}$ et la dérivée de u^n est $nu'u^{n-1}$. Elles sont analogues à celles de $\sqrt{x}$ et x^n. Il suffit d'ajouter la multiplication par u'.

2. Cas particulier des fonctions transcendantes

	$f(x)$	$f'(x)$	Exemples et remarques
1	$\sin(u(x))$	$u'(x)\cos(u(x))$	$\sin(x^2) \to 2x\cos(x^2)$
2	$\sin(ax+b)$	$a\cos(ax+b)$	$\sin(2x) \to 2\cos(2x)$
3	$\cos(u(x))$	$-u'(x)\sin(u(x))$	$\cos\left(\frac{1}{x}\right) \to \frac{1}{x^2}\sin\left(\frac{1}{x}\right) (x \neq 0)$
4	$\cos(ax+b)$	$-a\sin(ax+b)$	$\cos(-x+2) \to \sin(-x+2)$
5	$e^{u(x)}$	$u'(x)\, e^{u(x)}$	$e^{x^2+1} \to 2x\, e^{x^2+1}$
6	e^{ax+b}	ae^{ax+b}	$e^{-x} \to -e^{-x}$
7	$\ln(u(x))$	$\frac{u'(x)}{u(x)}$	$u(x) > 0$
8	$\ln(ax+b)$	$\frac{a}{ax+b}$	$ax+b > 0$

II Pratique

- **Énoncé :** soit f la fonction définie sur $]-1\,;\,1[$ par $f(x) = \sqrt{\dfrac{1-x}{1+x}}$.

Montrer que pour tout $x \in\,]-1\,,\,1[$ $f'(x) = -\dfrac{1}{(1+x)\sqrt{1-x^2}}$.

- **Réponse :** posons $u(x) = \dfrac{1-x}{1+x}$. En dérivant un quotient, on trouve, pour tout $x \in]-1\,,\,1[$:

$$u'(x) = \frac{-1(1+x)-(1-x)1}{(1+x)^2} = \frac{-1-x-1+x}{(1+x)^2} = -\frac{2}{(1+x)^2}.$$

On a donc $f'(x) = \dfrac{-\dfrac{2}{(1+x)^2}}{2\sqrt{\dfrac{1-x}{1+x}}} = -\dfrac{1}{(1+x)^2} \times \sqrt{\dfrac{1+x}{1-x}}$.

En remarquant que $\sqrt{\dfrac{1+x}{1-x}} = \dfrac{(1+x)^{\frac{1}{2}}}{(1-x)^{\frac{1}{2}}}$,
on trouve :

$$f'(x) = -\frac{(1+x)^{\frac{1}{2}}}{(1+x)^2(1-x)^{\frac{1}{2}}} = -\frac{1}{(1+x)^{\frac{3}{2}}(1-x)^{\frac{1}{2}}} = -\frac{1}{(1+x)(1+x)^{\frac{1}{2}}(1-x)^{\frac{1}{2}}}$$

$$= -\frac{1}{(1+x)((1+x)(1-x))^{\frac{1}{2}}} = -\frac{1}{(1+x)(1-x^2)^{\frac{1}{2}}} = -\frac{1}{(1+x)\sqrt{1-x^2}}$$

ce qu'il fallait démontrer.

Convexité, concavité et inflexion

FICHE 21

I Convexité et concavité

1. Graphiquement

- Une courbe **concave** est une courbe qui rappelle la forme de la voûte d'une cave. Une fonction **convexe** a la forme d'un vase.

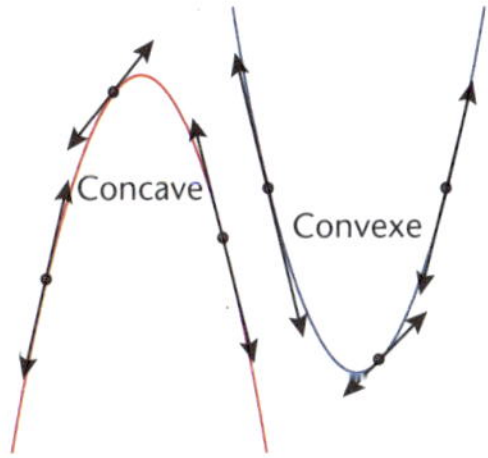

- Les deux figures sont représentées dans un système d'axes orthogonaux usuels.
- On admet qu'une courbe concave est en dessous de ses tangentes et qu'une courbe convexe est au-dessus de ses tangentes.
- On parle aussi de fonctions concaves et de fonctions convexes.

2. Algébriquement

Théorème : une fonction est convexe sur un intervalle I si, et seulement si, $f''(x)$ est positive sur I.

Une fonction est concave sur un intervalle I si, et seulement si, $f''(x)$ est négative sur I.

Cela implique que si f est convexe (resp. concave) sur I, alors sa **dérivée** est croissante (resp. décroissante) sur I.

x	a		c		b
$f''(x)$		+	0	–	
$f'(x)$		↗		↘	
f est ...	convexe sur $[a\,;\,c]$		concave sur $[c\,;\,b]$		

II Inflexion

1. Graphiquement

- Certaines courbes sont convexes sur un intervalle et concaves sur un autre. C'est le cas de la courbe ci-contre qui est concave sur l'intervalle $]-\infty\,;\,a]$ et convexe sur l'intervalle $[a\,;\,+\infty[$.

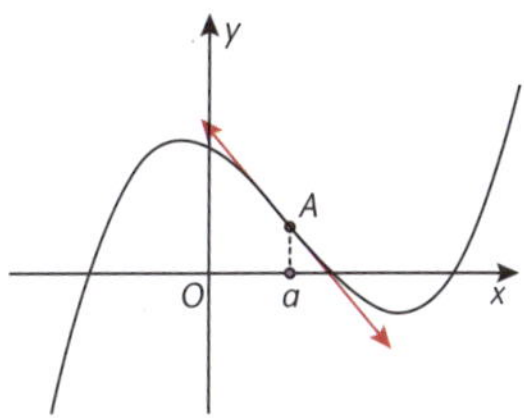

On nomme **point d'inflexion** le point où la courbe concave devient convexe. Il est noté A sur la figure.

- En ce point, la courbe est en-dessous de sa tangente à gauche de A et au-dessus à droite de A. On dit qu'elle traverse sa tangente, qui s'appelle la **tangente d'inflexion** de la courbe.

2. Algébriquement

- On détermine **l'abscisse** (notée a sur la figure) du point d'inflexion en calculant la **dérivée seconde** de f.
- **Théorème :** l'abscisse du point d'inflexion d'une courbe est un nombre a où la dérivée seconde s'annule en changeant de signe.
- Le tableau ci-contre montre que la courbe est concave sur $[-3 ; a]$ et convexe sur $[a ; 5]$.

x	-3		a		5
$f''(x)$		$-$	0	$+$	

- **Remarque :** le changement de signe de $f''(x)$ est obligatoire. Ainsi, si $f(x) = x^4$, $f'(x) = 4x^3$ et $f''(x) = 12x^2$. On voit donc que $f''(x)$ s'annule et reste positive. La courbe représentant x^4 reste convexe sur $\mathbb{R}$.

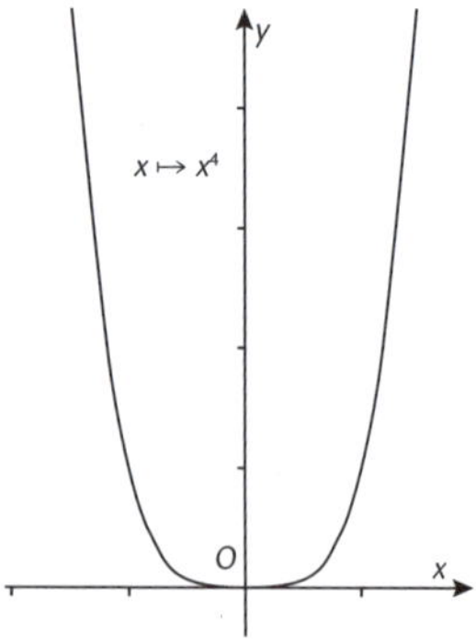

Pour aller plus loin : rechercher des informations relatives aux mathématiciens Euler, D'Alembert et Lagrange.

Continuité et (in)équations

FICHE 22

I Continuité

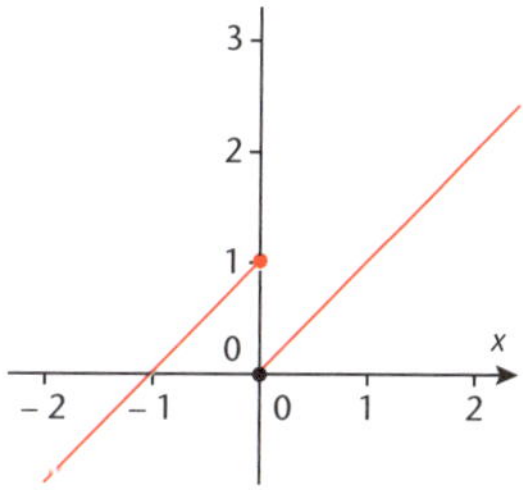

- Intuitivement, une **fonction continue** sur un intervalle est une fonction dont on peut tracer la courbe sans lever le crayon.
- À l'inverse une **fonction discontinue** sur un intervalle est une fonction dont la courbe présente des cassures.
- Toutes les fonctions polynômes et rationnelles (quotients de polynômes), ainsi que les fonctions logarithme, exponentielle et trigonométriques et leurs composées sont continues sur les intervalles de leurs ensembles de définition.

Exemple : posons $f(x) = \begin{cases} x+1 \text{ si } x \leqslant 0 \\ x \text{ si } x > 0 \end{cases}$.

La fonction f est discontinue sur $\mathbb{R}$ et 0 est son point de discontinuité. Sa courbe est dessinée ci-dessus.

Elle est continue sur tout intervalle ne contenant pas 0.

II Résolution d'équations et d'inéquations

1. De quoi s'agit-il ?

- On sait résoudre des équations et des inéquations mettant en jeu des polynômes de degré inférieur ou égal à 2. Pour les degrés supérieurs, c'est plus compliqué et pour les (in)équations mettant en jeu des fonctions transcendantes (logarithme, exponentielle, trigonométriques) la résolution exacte est impossible en général.

> **Pour aller plus loin :** rechercher des informations sur les méthodes de Newton et de Héron d'Alexandrie.

- Il faut trouver une méthode qui permette :

– d'affirmer que telle (in)équation a des solutions ou non ;

– de trouver une approximation de ces solutions.

2. Le théorème des valeurs intermédiaires (tvi)

- Le tvi répond au premier point.

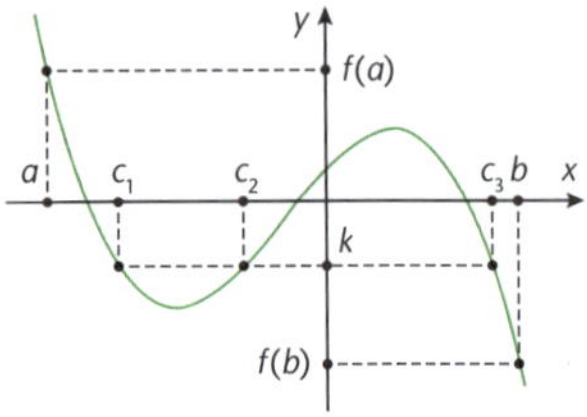

Figure 1

- **Théorème :** soit f une fonction continue sur un intervalle I, a et b deux points de I.

Alors, pour tout nombre k compris entre $f(a)$ et $f(b)$, il existe au moins un nombre c tel que $f(c) = k$.

- **Remarques :**

1. Sur la figure 1, on voit que l'équation $f(x) = k$ a trois solutions : c_1, c_2, c_3.
2. L'hypothèse de continuité est capitale : sur la figure 2, k est compris entre $f(a)$ et $f(b)$; cependant l'équation $f(x) = k$ n'a pas de solution car f est discontinue sur l'intervalle $[a ; b]$.

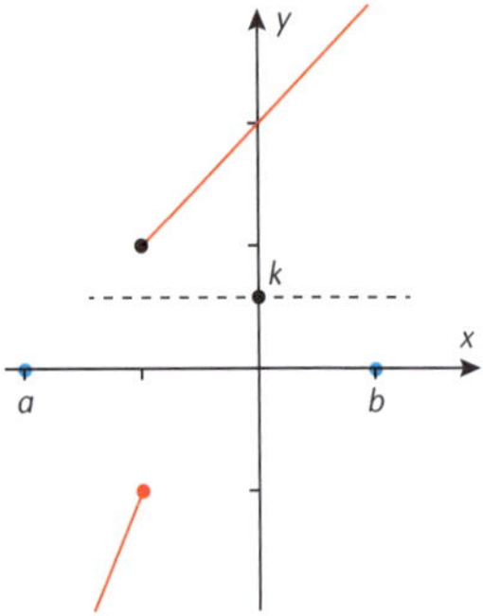

Figure 2

- **Corollaire 1 :** dans les conditions du tvi, et si, **de plus**, f est **strictement monotone**, alors l'équation $f(x) = k$ a une solution unique dans $[a ; b]$

- **Corollaire 2 :** dans les conditions du tvi, et si, **de plus**, $f(a)$ et $f(b)$ sont de signes contraires alors l'équation $f(x) = 0$ a au moins une solution dans $[a ; b]$ et cette solution est unique si f est **strictement** monotone.

En posant $g(x) = f(x) - k$, on peut toujours ramener la résolution de $f(x) = k$ à celle de $g(x) = 0$.

- Le tvi et ses corollaires montre l'existence (ou non) de solutions à des équations. En cas d'existence, les exercices proposent des méthodes d'approximation des solutions, fondées sur l'étude de suites ou d'algorithmes. La calculatrice (menu SOLVE) est aussi très utile ici.

- Une fois prouvée l'existence de solutions à l'équation $f(x) = k$, on peut résoudre graphiquement l'inéquation $f(x) < k$ par exemple. Dans le cas de la figure 1, les solutions sont les nombres de l'ensemble $]c_1 ; c_2[\cup]c_3 ; b[$. En effet, sur ces intervalles, C_f est en dessous de l'horizontale $y = k$.

Exercice commenté pas à pas

Déterminer la solution de $f(x) = x$

On considère l'équation $\cos(x) = x$ sur $\left[0\,,\,\frac{\pi}{2}\right]$.

1. Approche graphique : interpréter le graphique ci-contre pour justifier l'existence d'une solution unique à l'équation.

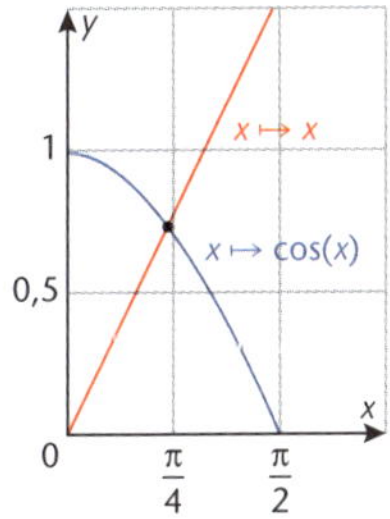

2. Approche analytique.

a. Posons $g(x) = \cos(x) - x$ pour tout $x \in \left[0\,,\,\frac{\pi}{2}\right]$. Écrire une équation faisant intervenir $g(x)$ équivalente à $\cos(x) = x$.

b. Déterminer les variations de g.

c. En déduire l'existence et l'unicité d'une solution α à l'équation $g(x) = 0$ sur $\left[0\,,\,\frac{\pi}{2}\right]$, elle-même solution de l'équation $\cos(x) = x$.

3. Le programme Python suivant décrit la méthode d'approximation de la solution de l'équation précédente par dichotomie.

```
1   from math import *#importation des fonctions
    mathématiques
2   def g(x):
3           return(cos(x)−x)
4   a,b −0,1
5   while abs(a−b)>10**−14:
6           milieu=(a+b)/2
7           if g(milieu)>0:
8                   a=milieu
9           else:
10                  b=milieu
11   print(milieu)
```

a. Quelle est la fonction définie aux lignes 2 et 3 ?

b. À quelle condition le programme sort-il de la boucle while (lignes 5 à 10) ?

c. Comment les contenus des variables a et b sont-ils caractérisés?

4. L'exécution renvoie 0.7390851. Comment interpréter ce résultat ?

→ L'équation traduit l'intersection de deux courbes.

1. Les courbes des fonctions $x \mapsto \cos(x)$ et $x \mapsto x$ ont un unique point d'intersection dans l'intervalle $\left[0, \frac{\pi}{2}\right]$. L'abscisse de ce point unique est l'unique solution de l'équation $\cos(x) = x$.

2. a. $\cos(x) = x \Leftrightarrow \cos(x) - x = 0 \Leftrightarrow g(x) = 0$.

→ Pour obtenir les variations de *g*, il suffit de calculer sa dérivée.

2. b. Pour tout $x \in \left[0, \frac{\pi}{2}\right]$, $g'(x) = -\sin(x) - 1$. Or $\sin(x) \geqslant 0$ si $x \in \left[0, \frac{\pi}{2}\right]$ donc $g'(x) \leqslant 0$ sur $\left[0, \frac{\pi}{2}\right]$. Donc g est décroissante.

→ Utiliser un des corollaires du tvi.

2. c. La fonction g est continue car elle est la différence de deux fonctions continues. Elle est strictement décroissante sur $\left[0, \frac{\pi}{2}\right]$. De plus, $f(0)$ et $f\left(\frac{\pi}{2}\right)$ sont de signes contraires. Donc l'équation $g(x) = 0$ a une unique solution sur l'intervalle $\left[0, \frac{\pi}{2}\right]$.

L'équation $\cos(x) = x$ est équivalente à $g(x) = 0$; elles ont donc la même solution sur $\left[0, \frac{\pi}{2}\right]$.

→ L'instruction return donne la valeur de *g*(*x*).

3. a. La fonction g est celle de la question 2.

→ La fonction abs est la fonction valeur absolue.

3. b. Le programme sort de la boucle while lorsque $|b - a| \leqslant 10^{-14}$, c'est-à-dire quand l'écart entre a et b, qui diminue lors de l'exécution, est suffisamment petit pour avoir une approximation de la solution α qui est comprise entre a et b.

→ Interpréter les lignes 7 à 10.

3. c. Au début, a contient 0, l'extrémité gauche de l'intervalle d'étude de g et b contient $\frac{\pi}{2}$, l'extrémité droite. On a donc $g(a) > 0$ et $g(b) < 0$. Au cours de l'exécution, les variables a et b contiennent des valeurs qui font que $g(a) > 0$ et $g(b) < 0$. L'une des deux contient le milieu du segment $[a , b]$ de l'étape précédente. C'est pourquoi sa longueur diminue de moitié à chaque étape et enferme de manière de plus en plus précise α.

4. On a $\alpha \approx 0.7390851332151627$ à 10^{-14} près.

Continuité et dérivation

QUIZ-Mémorisation active

1 Dérivées de fonctions composées

Questions	Réponses
Lorsque le calcul de la dérivée es t possible, quelle est la dérivée de la fonction h définie par $h(x) = f(u(x))$?	On trouve $h'(x) = u'(x)f'(u(x))$. Ne pas oublier la multiplication par $u'(x)$.
Quelles sont les dérivées des fonctions suivantes ? • $x \overset{f}{\rightarrow} \sqrt{x^2+5}$ • $x \overset{g}{\mapsto} \sin\left(\frac{1}{x}\right)$ • $x \overset{h}{\rightarrow} \cos(3x-1)$ • $x \overset{k}{\rightarrow} e^{-2x}$	$f'(x) = \frac{2x}{2\sqrt{x^2+5}} = \frac{x}{\sqrt{x^2+5}}$ $g'(x) = -\frac{1}{x^2}\cos\left(\frac{1}{x}\right)$ $h'(x) = -3\sin(3x-1)$ $k'(x) = -2e^{-2x}$

2 Convexité, concavité et inflexion

Questions	Réponses
Parmi les fonctions suivantes, quelles sont celles qui sont convexes, concaves ou ni l'une ni l'autre ? Bien prendre en compte leurs intervalles de définition. **a.** $x \overset{s}{\rightarrow} \sin(x)$ sur $[0,\pi]$ **b.** $x \overset{c}{\rightarrow} \cos(x)$ sur $[0,\pi]$ **c.** $x \overset{e}{\rightarrow} e^x$ sur $\mathbb{R}$	**a.** s est concave. **b.** c : ni convexe ni concave. **c.** e est convexe. Pour répondre aux questions, calculer les dérivées secondes et déterminer leur signe sur les intervalles donnés.
Parmi les affirmations suivantes, lesquelles sont vraies ? **a.** La dérivée d'une fonction concave est négative. **b.** Une courbe convexe est localement au-dessus de ses tangentes. **c.** La dérivée seconde d'une fonction convexe est croissante.	Seule **b.** est vraie. **a.** La dérivée seconde d'une fonction concave est négative. C'est la dérivée seconde d'une fonction concave qui est négative. **c.** La dérivée seconde d'une fonction convexe est positive, donc c'est sa fonction dérivée qui est croissante.

3 Théorème des valeurs intermédiaires (tvi)

Questions	Réponses
Le tvi assure-t-il l'existence et l'unicité d'une solution à l'équation $f(x) = k$ dans un intervalle ?	Non. Il assure l'existence d'au moins un antécédent à tout nombre compris entre $f(a)$ et $f(b)$ pourvu que la fonction f soit continue sur $[a, b]$.

SCHÉMAS-BILANS

Algorithme de dichotomie pour trouver une valeur approchée à 10^{-12} près de la solution α de l'équation $f(x) = 0$

Principe : enfermer α dans un intervalle $[a, b]$ de plus en plus étroit.
On suppose ici que $f(a) < 0$ et $f(b) > 0$

Algorithme

Initialisation : définir f, a, b
Tant que $|b - a| > 10^{-12}$
  $milieu \leftarrow \dfrac{a+b}{2}$
  Si $f(milieu) \leq 0$
    $a \leftarrow milieu$
  Sinon
    $b \leftarrow milieu$
  Fin Si
Fin Tant que
Afficher *milieu*.

Langage Python

```
#Initialisation
while abs(a–b)>10**–12:#tant
que la distance de a à b est
supérieure à 10⁻¹²
    milieu=(a+b)/2
    if f(milieu)<=0:
        a=milieu
    else:
        b=milieu
print(milieu)
```

Illustration

Au prochain passage dans la boucle "while", *b* prendra la valeur *milieu* car *f*(*b*) doit rester positif et *a* conservera sa valeur car *f*(*a*) doit rester négatif.

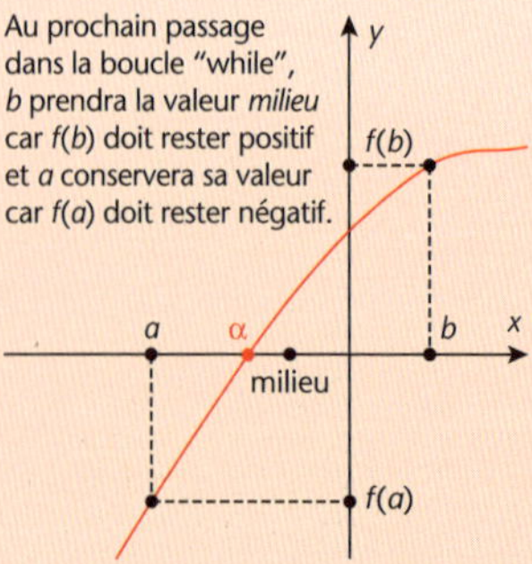

Au prochain passage dans la boucle "while", *a* prendra la valeur *milieu* car *f*(*a*) doit rester négatif et *b* conservera sa valeur car *f*(*b*) doit rester positif.

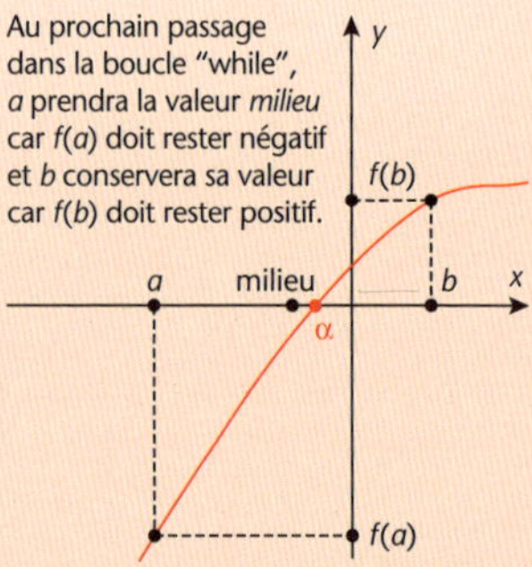

Définition et propriétés du logarithme népérien

I Étude de la fonction logarithme népérien

1. Définition

- La fonction logarithme népérien, notée ln, est l'unique fonction définie sur $]0\,;+\infty[$ qui s'annule en 1 et qui a pour dérivée la fonction inverse $x \mapsto \dfrac{1}{x}$.
- Il est équivalent de dire que la fonction logarithme népérien est l'unique primitive de la fonction inverse sur $]0\,;+\infty[$ qui s'annule en 1.
- **Conséquences immédiates :** l'ensemble de définition de ln est $]0\,;\,+\infty[$; $\ln'(x)=\dfrac{1}{x}$; $\ln(1)=0$.

2. Variations

- Sa dérivée étant positive, la fonction ln est strictement croissante sur $]0\,;+\infty[$; d'où le tableau de variations ci-contre.

x	0		1	$+\infty$
$\ln(x)$	‖ $-\infty$	↗	0	↗ $+\infty$

- On démontre que $\lim\limits_{x\to 0^+}\ln(x)=-\infty$ et $\lim\limits_{x\to+\infty}\ln(x)=+\infty$.
- On constate que $\ln(x)\geqslant 0 \Leftrightarrow x\geqslant 1$ et $\ln(x)\leqslant 0 \Leftrightarrow 0<x\leqslant 1$. Donc $\ln(x)$ n'est pas toujours positif.
- Pour tout $x>0$ et tout $y>0$: $\ln(x)=\ln(y) \Leftrightarrow x=y$ et $\ln(x)\geqslant\ln(y) \Leftrightarrow x\geqslant y$.

3. Courbe

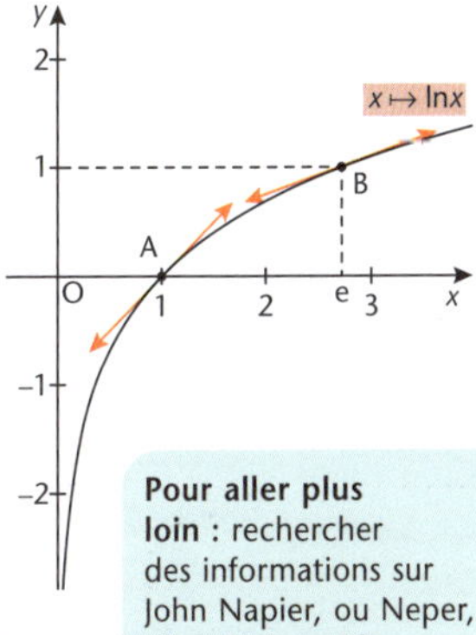

- La courbe de la fonction logarithme népérien est concave et est symétrique à celle de l'exponentielle par rapport à la première bissectrice (d'équation $y = x$) dans un repère orthonormé.
- **Équations de tangentes :**
  - au point d'abscisse 1, $y = x - 1$;
  - au point d'abscisse e : $y=\dfrac{1}{\text{e}}x$ (elle passe par l'origine).
- L'axe des ordonnées est asymptote à la courbe.

Pour aller plus loin : rechercher des informations sur John Napier, ou Neper, père du logarithme.

II Propriétés algébriques

- Soit a et b deux nombres réels **strictement positifs**, n une fraction.

1	**Logarithme d'un produit**	$\ln(ab) = \ln(a) + \ln(b)$
2	**Logarithme de l'inverse**	$\ln\left(\frac{1}{b}\right) = -\ln(b)$
3	**Logarithme d'un quotient**	$\ln\left(\frac{a}{b}\right) = \ln(a) - \ln(b)$
4	**Logarithme d'une puissance**	$\ln(a^n) = n\ln(a)$

- Les propriétés 2, 3 et 4 se déduisent toutes de la propriété 1, appelée propriété fondamentale de la fonction logarithme népérien.
- Ainsi, $\ln\left(\frac{1}{b} \times b\right) = \ln(1) = 0$. D'autre part, $\ln\left(\frac{1}{b} \times b\right) = \ln\left(\frac{1}{b}\right) + \ln(b)$ d'après 1. Donc $\ln\left(\frac{1}{b}\right) + \ln(b) = 0$, ce qui implique que $\ln\left(\frac{1}{b}\right) = -\ln(b)$, ce qui démontre la propriété 2.
- D'autre part, $\ln\left(\frac{a}{b}\right) = \ln\left(a \times \frac{1}{b}\right) = \ln(a) + \ln\left(\frac{1}{b}\right) = \ln(a) - \ln(b)$, ce qui démontre la propriété 3.
- La propriété 4 se démontre par récurrence dans le cas où n est un entier naturel.
- Dans le cas où $n = \frac{1}{2}$, la propriété 4 s'applique encore et $\ln\left(a^{\frac{1}{2}}\right) = \frac{1}{2}\ln(a) \Rightarrow \ln(\sqrt{a}) = \frac{1}{2}\ln(a)$.
- Dans le cas où $n = -\frac{1}{2}$, la propriété 4 s'applique encore et : $\ln\left(a^{-\frac{1}{2}}\right) = -\frac{1}{2}\ln(a) \Rightarrow \ln\left(\frac{1}{\sqrt{a}}\right) = -\frac{1}{2}\ln(a)$.

Ne pas confondre les expressions $\ln(x^2)$ et $(\ln(x))^2$.

III Liens entre les fonctions exponentielles et logarithmes

La symétrie des deux courbes par rapport à la première bissectrice résulte de ce que les deux fonctions sont réciproques. Cela signifie que $\forall\, x > 0, \forall\, y \in \mathbb{R}, y = \ln(x) \Leftrightarrow e^y = x$. En particulier, pour tout $x > 0$ et tout $y \in \mathbb{R}$, $e^{\ln(x)} = x$ et $\ln(e^y) = y$.

Logarithme, (in)équations et limites

FICHE 26

I Équations et inéquations

1. Résolutions élémentaires

Théorème : soit a un nombre réel.

- L'équation, d'inconnue x, $\ln x = a$ admet une solution unique qui est e^a. Donc $\ln x = a \Leftrightarrow x = e^a$.
- L'inéquation, d'inconnue x, $\ln x \leqslant a$ a pour solutions les nombres de l'intervalle $]0\,;e^a]$. Donc $\ln x \leqslant a \Leftrightarrow 0 < x \leqslant e^a$.
- L'inéquation, d'inconnue x, $\ln x \geqslant a$ a pour solutions les nombres de l'intervalle $[e^a\,;+\infty[$. Donc $\ln x \geqslant a \Leftrightarrow x \geqslant e^a$.

2. Résolutions utilisant les propriétés du logarithme

Exemples :

1. Résoudre l'équation $\ln(x-2) = 2\ln 8 - \ln(x-32)$.

L'idée est de se ramener à une équation du type $\ln(a) = \ln(b)$.
Sous réserve d'existence, l'équation équivaut successivement à :

$$\ln(x-2) + \ln(x-32) = \ln(8^2)$$
$$\ln((x-2)(x-32)) = \ln(64)$$
$$(x-2)(x-32) = 64$$
$$x^2 - 34x + 64 = 64$$
$$x(x-34) = 0$$

On trouve donc les **solutions possibles** 0 et 34. On vérifie que **seule la solution 34 convient** en remplaçant x successivement par 0 et par 34 dans l'égalité initiale.
Finalement, l'équation proposée admet une solution unique qui est 34.

2. Résoudre l'inéquation $\dfrac{(x-e)(2-\ln x)}{x-3} \geqslant 0$.

On dresse un tableau de signes. Il faut se rappeler que $e < 3$ car $e < 2{,}72$.

De plus, $2 - \ln x = 0 \Leftrightarrow \ln x = 2 \Leftrightarrow x = e^2$. On en déduit la ligne de $2 - \ln x$.
En conclusion, les solutions de l'inéquation sont les nombres de l'ensemble $]0\,;e] \cup]3\,;e^2]$.

x	0		e		3		e^2		$+\infty$
$x-e$		−	0	+		+		+	
$2-\ln(x)$	‖	+		+		+	0	−	
$x-3$		−		−	0	+		+	
$Q(x)$	‖	+	0	−	‖	+	0	−	

II Limites

1. Croissances comparées

- **Intuitivement :** lorsque l'on est en présence d'une forme indéterminée mettant en jeu un logarithme et des puissances de x, on considère le logarithme comme une constante car il est négligeable devant n'importe quelle puissance strictement positive de x qui croît beaucoup plus vite que lui.
- **Formellement :** $\forall n \in \mathbb{N}^*, \lim\limits_{x \to +\infty} \dfrac{\ln x}{x^n} = 0$ et $\lim\limits_{x \to 0^+} x^n \ln x = 0$.
- On reconnaît des formes indéterminées : $\dfrac{+\infty}{+\infty}$ pour la première et $0 \times (-\infty)$ pour la seconde. Si $n < 0$, on utilise les théorèmes sur les limites.
- On voit donc que $\lim\limits_{x \to +\infty} \dfrac{\ln x}{x^n} = \lim\limits_{x \to +\infty} \dfrac{1}{x^n} = 0$ et $\lim\limits_{x \to 0^+} x^n \ln x = \lim\limits_{x \to 0^+} x^n = 0$.
- On démontre aussi que $\lim\limits_{x \to +\infty} \dfrac{\ln(x)}{\sqrt{x}} = 0$ et $\lim\limits_{x \to 0^+} \sqrt{x} \ln x = 0$.

2. Autres formes indéterminées

Calculer $\lim\limits_{x \to \frac{1}{2}} \dfrac{\ln(2x)}{2x - 1}$. On reconnaît la forme indéterminée $\dfrac{0}{0}$.

- On utilise le nombre dérivé de la fonction $x \mapsto \ln(2x)$.

Pour tout $x > 0$ et $x \neq \dfrac{1}{2}$, $\dfrac{\ln(2x)}{2x-1} = \dfrac{1}{2} \dfrac{\ln(2x)}{x - \frac{1}{2}}$. Or, si on pose $f(x) = \ln(2x)$, $\dfrac{\ln(2x)}{x - \frac{1}{2}} = \dfrac{f(x) - f\left(\frac{1}{2}\right)}{x - \frac{1}{2}}$. La limite de ce rapport quand x tend vers $\dfrac{1}{2}$ est $f'\left(\dfrac{1}{2}\right)$, c'est-à-dire 2.

- Par conséquent :

$$\lim_{x \to \frac{1}{2}} \frac{\ln(2x)}{2x - 1} = \frac{1}{2} \times 2 = 1.$$

- **Remarque :**

$$f(x) = \ln 2 + \ln x \Rightarrow f'(x) = \frac{1}{x}.$$

Pour aller plus loin : effectuer des recherches sur la façon dont étaient construites les anciennes tables de logarithmes décimaux.

Étude d'une fonction avec un logarithme

On considère la fonction f définie sur $]0\,;+\infty[$ par

$f(x)=\dfrac{x^2-2x-2-3\ln(x)}{x}$ dont

la représentation graphique est donnée ci-contre.

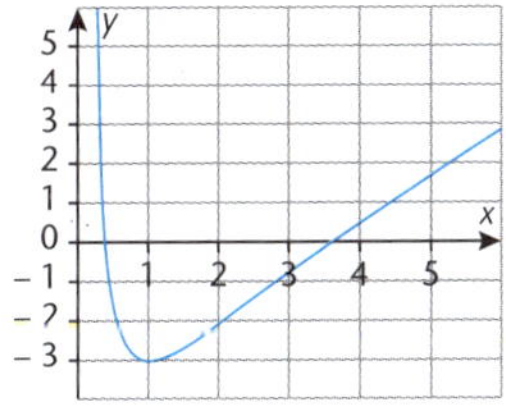

1. Soit φ la fonction définie sur $]0\,;+\infty[$ par :

$\varphi(x)=x^2-1+3\ln(x)$

a. Calculer $\varphi(1)$ et la limite de φ en 0.

b. Étudier les variations de φ sur $]0\,;+\infty[$.

c. En déduire le signe de $\varphi(x)$ selon les valeurs de x.

2. a. Calculer les limites de f en 0 et $+\infty$.

b. On admet que sur $]0\,;+\infty[$: $f'(x)=\dfrac{\varphi(x)}{x^2}$ En déduire le tableau de variations de f.

c. Prouver que l'équation $f(x)=0$ admet une unique solution α sur $]0\,;1]$.

3. Écrire un programme en Python affichant une valeur de α à 10^{-14} par la méthode de dichotomie.

→ Se rappeler de la limite de ln(x) en 0 et $\ln'(x)=\dfrac{1}{x}$.

1. a. $\varphi(1)=0$ car $\ln(1)=0$ et $\lim\limits_{x\to0}\varphi(x)=-\infty$ car $\lim\limits_{x\to0}\ln(x)=-\infty$.

1. b. $\forall\, x\in\,]0\,,+\infty[$: $\varphi'(x)=2x+\dfrac{3}{x}\Rightarrow\varphi'(x)>0$. Donc φ est strictement croissante sur $]0\,,+\infty[$.

→ Dresser le tableau de variations de φ.

1. c. On a donc le tableau de variations suivant, sachant que $\lim\limits_{x\to+\infty}\ln(x)=+\infty$.

x	0	1	$+\infty$
$\varphi'(x)$		+	
$\varphi(x)$	$-\infty$ ↗	0	↗ $+\infty$

Il en résulte que

$x\in\,]0\,,1]\Rightarrow\varphi(x)\leqslant0$

$x\in\,]1\,,+\infty[\,\Rightarrow\varphi(x)>0$.

Pour la limite en $+\infty$, décomposer la fonction en deux parties, puis utiliser les croissances comparées.

2. a. $\forall\ x \in]0\ ,+\infty[\ : f(x) = \dfrac{x^2 - 2x - 2}{x} - \dfrac{3\ln(x)}{x}$.

Or, $\lim\limits_{x \to +\infty} \dfrac{x^2 - 2x - 2}{x} = \lim\limits_{x \to +\infty} \dfrac{x^2}{x} = \lim\limits_{x \to +\infty} x = +\infty$ et $\lim\limits_{x \to +\infty} \dfrac{\ln(x)}{x} = 0$.

Donc, par somme, $\lim\limits_{x \to +\infty} f(x) = +\infty$.

De plus, $\lim\limits_{x \to 0} x^2 - 2x - 2 - \ln(x) = +\infty$ et $\lim\limits_{x \to 0} x = 0$. Par quotient (et puisque $x > 0$), on trouve : $\lim\limits_{x \to 0} f(x) = +\infty$

2. b. En utilisant les résultats de la question n° 1, on trouve le tableau de variations suivant.

x	0		1		$+\infty$
$f'(x)$		$-$	0	$+$	
$f(x)$	$+\infty$	↘	$f(1)$	↗	$+\infty$

Utiliser le tvi et ses corollaires.

2. c. On sait que f est continue sur $]0\ ,+\infty[$ car toutes les fonctions qui la composent le sont. Comme $f(1) = -3$, f prend des valeurs positives puis négatives sur $]0\ ,1]$. Comme, de plus, elle est strictement décroissante sur cet intervalle, un corollaire du tvi assure l'existence et l'unicité d'une solution à l'équation $f(x) = 0$ sur $]0\ ,1]$.

Utiliser la méthode de la fiche 23 sans oublier que ln n'est pas définie en 0.

3.

```
from math import *
def f(x):
        return((x**2-2*x-2*log(x))/x)
a,b=0.000001,1 #on ne peut pas choisir a = 0
while abs(a-b)>10**-14:
        milieu=(a+b)/2
        if f(milieu)>0:
                a=milieu
        else:
                b=milieu
print(milieu)
```

On trouve 0.412702879834208б.

Logarithme népérien

QUIZ-Mémorisation active

1 Définition et propriétés algébriques

Questions	Réponses
Parmi les affirmations suivantes, lesquelles sont vraies ? **a.** Un logarithme est toujours positif. **b.** $\ln(0) = 1$ **c.** $\ln(e) = 1$	**a.** Fausse : $0 < x < 1 \Rightarrow \ln(x) < 0$ et $x > 1 \Rightarrow \ln(x) > 0$. **b.** Fausse : $\ln(1) = 0$. **c.** Vraie.
Parmi les affirmations suivantes, lesquelles sont vraies ($a > 0$ et $b > 0$) ? **a.** $\ln a + \ln b = \ln(ab)$ **b.** $\ln(a - b) = \frac{\ln a}{\ln b}$ **c.** $\frac{1}{\ln b} = -\ln b$	**a.** Vraie : c'est la propriété fondamentale. **b.** Fausse : $\ln\left(\frac{a}{b}\right) = \ln a - \ln b$. **c.** Fausse : $\ln\left(\frac{1}{b}\right) = -\ln b$.
Quels liens y a-t-il entre la fonction logarithme népérien et la fonction exponentielle ?	Les fonctions logarithme népérien et exponentielle sont réciproques, c'est-à-dire : pour tout $x > 0$: $e^{\ln x} = x$ et pour tout $y \in \mathbb{R}$: $\ln(e^y) = y$.

2 (In)équations

Questions	Réponses
Parmi les affirmations suivantes, lesquelles sont vraies ? **a.** $\ln x = -1 \Leftrightarrow x = \frac{1}{e}$ **b.** $\frac{1}{\ln x} = 1 \Leftrightarrow x = e$ **c.** $\ln x = \frac{1}{2}\ln x \Leftrightarrow x = \sqrt{e}$ **d.** L'équation $\ln x = -10$ n'a pas de solution.	**a.** Vraie : $e^{-1} = \frac{1}{e}$ **b.** Vraie : $\frac{1}{\ln x} = 1 \Leftrightarrow \ln x = 1 \Leftrightarrow x = e$ **c.** Fausse : $\frac{1}{2}\ln(x) = \ln(\sqrt{x})$ et $x = \sqrt{x} \Leftrightarrow x = 0$ (à exclure) ou $x = 1$. **d.** Fausse : $x = e^{-10}$
Quelles sont les inéquations qui n'ont pas de solutions ? **a.** $\ln(x) < 0$ **b.** $\ln(-x^2 + 1) \geqslant 0$	Les deux inéquations ont des solutions. **a.** $]0 ; 1[$ **b.** Seul le nombre 0 est solution car $\ln(-x^2 + 1) \leqslant 0$ puisque $-x^2 + 1 \leqslant 1$.

SCHÉMAS-BILANS

Dans la suite, on suppose que l'on a $a > 0$, $b > 0$ et $u(x) > 0$.

Pour résoudre des (in)équations avec logarithmes

Retenir

- $\ln(ab) = \ln(a) + \ln(b)$
- $\ln\left(\frac{a}{b}\right) = \ln(a) - \ln(b)$
- $\ln\left(\frac{1}{b}\right) = -\ln(b)$
- $\ln(a^2) = 2\ln(a)$
- $\ln(1) = 0$

Attention

- $\ln(a + b) \neq \ln a + \ln b$
- $\frac{\ln a}{\ln b} \neq \ln(a) - \ln(b)$
- $\frac{1}{\ln(b)} \neq -\ln(b)$
- $(\ln(a))^2 \neq 2\ln(a)$
- $\ln(0)$ n'existe pas.

Pour étudier des fonctions avec logarithmes

Retenir

- $\ln(x)$ peut être négatif si $x \in]0\,;\,1]$.
- La dérivée de $\ln x$ est $\frac{1}{x}$.
- Une primitive de $\frac{1}{x}$ sur $]0\,;\,+\infty[$ est $\ln x$.
- $\lim_{x \to 0^+} \ln x = -\infty$.

Attention

- Il est faux de dire que $\ln x$ est toujours positif.
- La dérivée de $\ln(u)$ n'est pas $\frac{1}{u}$ mais $\frac{u'}{u}$.
- Une primitive de $\frac{1}{u}$ n'est pas $\ln(u)$; une primitive de $\frac{u'}{u}$ est $\ln(u)$.
- $\lim_{x \to -\infty} \ln x$ n'existe pas.

Équations différentielles

1 Résolution de $y' = ay + b$ $a \in \mathbb{R}^*$ et $b \in \mathbb{R}$

- Résolution dans le cas particulier $b = 0$: il s'agit de trouver toutes les fonctions f définies et dérivables sur $\mathbb{R}$ telles que $\forall x \in \mathbb{R} : f'(x) = af(x)$. On sait que ces fonctions sont de la forme $x \mapsto ke^{ax}$ où k est une constante réelle arbitraire.

Pour aller plus loin : les équations de Clairault et Riccati doivent leurs noms aux mathématiciens qui les ont étudiées.

- Résolution du cas général

Théorème : l'équation différentielle $y' = ay + b$ admet une infinité de solutions.

Elles sont de la forme $x \mapsto ke^{ax} - \frac{b}{a}$ où k est une constante réelle arbitraire.

Preuve : soit f une solution de l'équation différentielle (E) : $y' = ay$. Posons $g(x) = e^{-ax}f(x)$. Alors $g'(x) = e^{-ax}f'(x) - ae^{-ax}f(x) = e^{-ax}(f'(x) - af(x)) = 0$ car f est une solution de (E).

Comme $g'(x) = 0$, g est constante. Il existe donc $k \in \mathbb{R}$ tel que pour tout x de $\mathbb{R}$ $e^{-ax}f(x) = k$, ce qui implique $f(x) = ke^{ax}$. Toute solution de (E) est donc bien de la forme $x \mapsto ke^{ax}$.

Soit φ la fonction constante, $x \mapsto -\frac{b}{a}$ et h une solution de l'équation $y' = ay + b$.

Alors $h - \varphi$ est solution de l'équation (E) car $(h - \varphi)'(x) = h'(x) - \varphi'(x)$

$$= \underbrace{ah(x) + b}_{h'(x)} - \underbrace{0}_{\varphi'(x)} = a\left(h(x) + \frac{b}{a}\right) \Leftrightarrow (h - \varphi)'(x) = a(h(x) - \varphi(x)).$$

Il existe donc une constante $k \in \mathbb{R}$ telle que $h(x) + \frac{b}{a} = k\, e^{ax} \Leftrightarrow h(x) = k\, e^{ax} - \frac{b}{a}$.

Réciproquement, toute fonction de la forme $x \mapsto k\, e^{ax} - \frac{b}{a}$ est solution de l'équation différentielle $y' = ay + b$. Ce qu'il fallait démontrer.

II Autres équations différentielles

1. Équations $y' = ay + g$ où g est une fonction simple

• **Méthode**

1. Soit f la forme de la solution générale. On cherche une solution particulière, notée f_0.

2. On a alors $\begin{cases} f'(x) = af(x) + g(x) \\ f_0'(x) = af_0(x) + g(x) \end{cases}$ et par soustraction

$(f - f_0)'(x) = a(f(x) - f_0(x))$. Donc $f - f_0$ est solution de l'équation $y' = ay$.

3. Comme on a $f(x) - f_0(x) = ke^{ax}$, on trouve $f(x) = f_0(x) + ke^{ax}$.

Exemple : résoudre l'équation différentielle $y' = 2y + x^2 - 2x + 5$ sachant qu'une solution particulière est un polynôme de degré 2.

1. Une solution particulière f_0 est de la forme $ax^2 + bx + c$, donc $f_0'(x) = 2ax + b$. Pour tout $x \in \mathbb{R}$, on a donc :

$$\underbrace{2ax + b}_{f_0'(x)} - 2\underbrace{(ax^2 + bx + c)}_{f_0(x)} = x^2 - 2x + 5$$

$$\Leftrightarrow -2ax^2 + (2a - 2b)x + b - 2c = \underbrace{1}_{-2a} x^2 + \underbrace{(-2)}_{2a-2b} x + \underbrace{(5)}_{b-2c}$$

Par identification, $\begin{cases} -2a = 1 \\ 2a - 2b = -2 \\ b - 2c = 5 \end{cases} \Leftrightarrow \begin{cases} a = -\dfrac{1}{2} \\ b = \dfrac{1}{2} \\ c = -\dfrac{9}{4} \end{cases}$.

Donc $f_0(x) = -\dfrac{1}{2}x^2 + \dfrac{1}{2}x - \dfrac{9}{4}$.

2. Soit f la forme de la solution générale. Alors $f - f_0$ est solution de l'équation $y' = 2y$ donc il existe une constante k telle que pour tout $\in \mathbb{R}$ $f(x) - f_0(x) = ke^{2x}$.

3. Les solutions de l'équation différentielle sont donc de la forme $x \mapsto f_0(x) + ke^{2x}$ c'est-à-dire $x \mapsto -\dfrac{1}{2}x^2 + \dfrac{1}{2}x - \dfrac{9}{4} + ke^{2x}$.

2. Équations différentielles $y'' = -\omega^2 y$

On rencontre ces équations différentielles en physique. Ses solutions sont de la forme $x \mapsto k\cos(\omega x) + h\sin(\omega x)$ où k et h sont deux constantes arbitraires.

On peut aussi écrire ces solutions sous la forme $x \mapsto A\cos(\omega x + \varphi)$ où A et φ sont des constantes arbitraires.

FICHE 30

Primitives usuelles

I Théorie

1. Lien entre primitives et dérivée

Soit f une fonction continue sur un intervalle I.

- **Définition :** dire que F est une **primitive** de f sur I signifie que F est dérivable sur I et que, pour tout $x \in I$, $F'(x) = f(x)$.

> **Exemple :** $\frac{1}{2}e^{2x} - 10$ est une primitive de e^{2x} sur $\mathbb{R}$ car la dérivée de $\frac{1}{2}e^{2x} - 10$ est égale à e^{2x}.

- Si F est une primitive de f, alors toute fonction de la forme $x \mapsto F(x) + k$, où k est une constante, est aussi une primitive de f.

- On parle d'**une** primitive de f alors qu'on parle de **la** dérivée de f parce que toute fonction continue sur I admet une infinité de primitives (et une seule dérivée, quand celle-ci existe).

Théorème : soit f une fonction continue sur un intervalle I, x_0 un nombre de I et λ une constante. Il existe une et une seule primitive F de f sur I prenant la valeur λ en x_0. Autrement dit, il existe une et une seule primitive F de f sur I telle que $F(x_0)=\lambda$.

On écrit alors $F(x) = \int_{x_0}^{x} f(t)\,\mathrm{d}t + \lambda$. (→ *voir fiche 32*)

> **Exemple :** pour tout $x \in]0\,;+\infty[$, $\ln(x) = \int_1^x \frac{1}{t}\,\mathrm{d}t$ (→ *voir fiche 25*)
>
> car la fonction ln est l'unique fonction définie sur $]0\,,+\infty[$, s'annulant en 1 et dont la dérivée est $t \mapsto \frac{1}{t}$.

- Soit f et g deux fonctions définies sur le même intervalle I, α et β deux nombres ; une primitive de $\alpha f + \beta g$ est $\alpha F + \beta G$.

> Une primitive de fg n'est pas FG.

II Tableau des primitives usuelles

• u est une fonction dérivable, a, b des constantes, n un nombre rationnel.

$f(x)$	$F(x)$	Remarques
x^n	$\dfrac{x^{n+1}}{n+1}$	$n \neq -1$ *et* $x \neq 0$ éventuellement
$\dfrac{1}{x}$	$\ln(x)$	$x > 0$
$(ax+b)^n$	$\dfrac{1}{a}\dfrac{(ax+b)^{n+1}}{n+1}$	$a \neq 0$, $n \neq -1$ et $ax+b \neq 0$
$\dfrac{1}{ax+b}$	$\dfrac{1}{a}\ln(ax+b)$	$a \neq 0$ et $ax+b > 0$
$u'(x)u(x)^n$	$\dfrac{u(x)^{n+1}}{n+1}$	$n \neq -1$ et $u(x) \neq 0$ ou $u(x) > 0$
$\dfrac{u'(x)}{\sqrt{u(x)}}$	$2\sqrt{u(x)}$	Cas particulier de $u'u^n$ avec $n = \dfrac{1}{2}$; $u(x) > 0$
$\dfrac{u'(x)}{u(x)}$	$\ln(u(x))$	$u(x) > 0$
e^{ax+b}	$\dfrac{1}{a}e^{ax+b}$	$a \neq 0$
$u'(x)e^{u}(x)$	$e^{u(x)}$	
$\sin(ax+b)$	$-\dfrac{1}{a}\cos(ax+b)$	$a \neq 0$
$\cos(ax+b)$	$\dfrac{1}{a}\sin(ax+b)$	$a \neq 0$

III Application

• **Énoncé**

Sachant que la fonction $x \overset{F}{\mapsto} (x^2 - 2x + 2)e^x - 5e^{-1}$ est l'unique primitive de $x \overset{f}{\mapsto} x^2e^x$ qui prend la valeur 0 en –1, écrire une équation de la tangente à la courbe représentant F au point d'abscisse –1.

• **Solution**

L'équation cherchée est $y = F'(-1)(x+1) + F(-1)$

$\Leftrightarrow y = f(-1)(x+1) + 0 \Leftrightarrow y = e^{-1}(x+1) \Leftrightarrow y = e^{-1}x + \dfrac{1}{e}$.

BILAN

FICHE 31

Primitives et équations différentielles

QUIZ-Mémorisation active

1 Équations différentielles

Questions	Réponses
Quelle est la forme des solutions de l'équation différentielle $y' = ay$ où $a \neq 0$?	La forme générale des solutions de l'équation différentielle est $x \mapsto ke^{ax}$ où k est une constante.
Quelle est la forme générale des solutions de l'équation différentielle $y' = ay + b$ où $a \neq 0$?	La forme générale des solutions de l'équation différentielle est $x \mapsto ke^{ax} - \frac{b}{a}$ où k est une constante.

2 Primitives

Questions	Réponses
Toute fonction f continue sur un intervalle I admet-elle une infinité de primitives sur I ?	Oui. Si F est l'une d'elles, alors toute autre s'écrit sous la forme $x \mapsto F(x) + k$ où k est une constante.
Comment peut-on définir la fonction logarithme népérien à l'aide de la notion de primitive ?	La fonction logarithme népérien est l'unique primitive de $x \mapsto \frac{1}{x}$ sur $]0, +\infty[$ qui s'annule en 1.
Pourquoi une primitive de fg n'est-elle pas FG bien qu'une primitive de $f + g$ soit $F + G$?	Comme $(F + G)' = F' + G' = f + g$, $F + G$ est une primitive de $f + g$. Cependant $(FG)' = F'G + FG' = fG + Fg$. En général, ce résultat est différent de fg.
Comment savoir si $x \overset{F}{\mapsto} (-x^2 - 2x - 2)e^{-x}$ est une primitive de $x \overset{f}{\mapsto} x^2e^{-x}$?	Il suffit de calculer $F'(x) = (-2x - 2)e^{-x} + (-x^2 - 2x - 2)(-1)e^{-x} = x^2e^{-x}$. Donc F est une primitive de f.

SCHÉMAS-BILANS

Résoudre une équation différentielle $y' = ay + g$ où a est une constante non nulle et g une fonction simple

Chercher une solution particulière (méthode donnée dans l'énoncé) notée f_0.

↓

Suivre la méthode indiquée par l'énoncé.

↓

Les solutions sont de la forme $x \mapsto ke^{ax} + f_0(x)$ où k est une constante.

Trouver les primitives d'une fonction

Utiliser le tableau de la fiche 30

↓

Lire de droite à gauche le tableau des dérivées de la fiche 20.

↓

L'énoncé demande de prouver que F est une primitive de f : prouver que l'on a $F' = f$.

Intégrale : introduction

FICHE 32

I Cas d'une fonction continue positive

- **Définition :** soit f une continue et **positive** sur un intervalle I et a et b ($a \leqslant b$) deux points de I. On appelle intégrale de f sur I et on note $\int_a^b f(x)\mathrm{d}x$, $\int_a^b f(t)\mathrm{d}t$, etc. ou simplement $\int_a^b f$ l'aire du domaine compris entre la courbe $\mathscr{C}_f$, l'axe des abscisses et les verticales $x = a$ et $x = b$.
- Sur la figure, l'intégrale est l'aire du domaine rose.

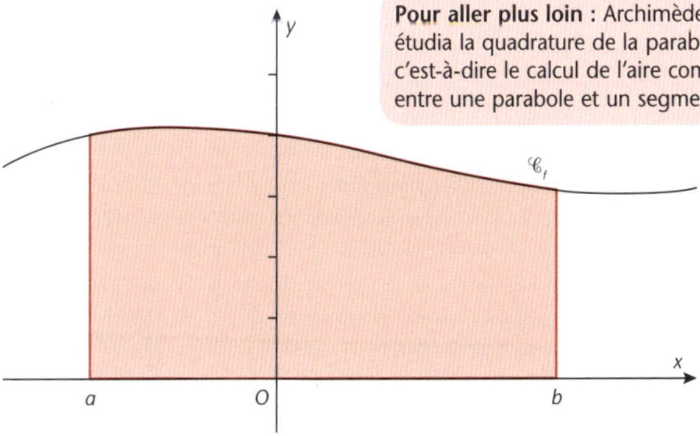

Pour aller plus loin : Archimède étudia la quadrature de la parabole, c'est-à-dire le calcul de l'aire comprise entre une parabole et un segment.

- **Remarques : 1.** Dans les cas où f est une fonction affine (donc éventuellement constante), le calcul de son intégrale est simple puisque le domaine considéré est un polygone (triangle ou quadrilatère).

Sur la figure 1, $\int_{-3}^{1} f = 4 \times 2 = 8$ car l'aire d'un rectangle est égale au produit de sa longueur par sa largeur.

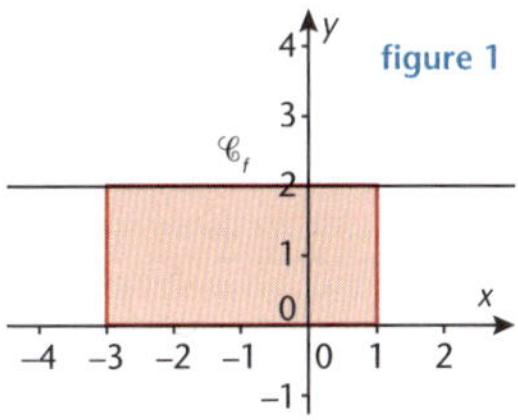

Sur la figure 2, $\int_{-2}^{1} f = \dfrac{3 \times 3}{2} = 4,5$ car l'aire du triangle rectangle est égale à la moitié de l'aire du carré de côté 3.

En général, l'aire d'un triangle est égale à $\dfrac{\textit{base} \times \textit{hauteur}}{2}$.

Sur la figure 3, $\int_{-2}^{1} f = \dfrac{(4+1)\times 3}{2} = 7,5$ car

l'aire du trapèze est égale à $\dfrac{(\textit{petite base} + \textit{grande Base}) \times \textit{hauteur}}{2}$.

Les deux bases du trapèze sont ici verticales.

figure 2

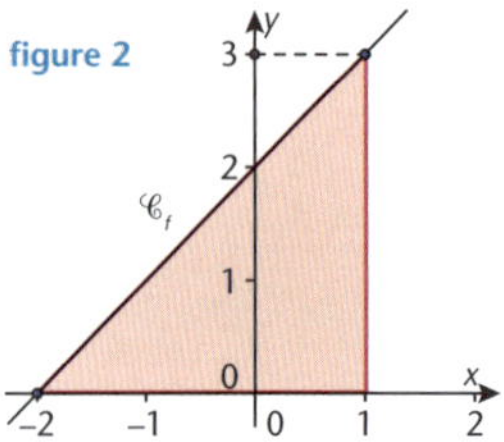

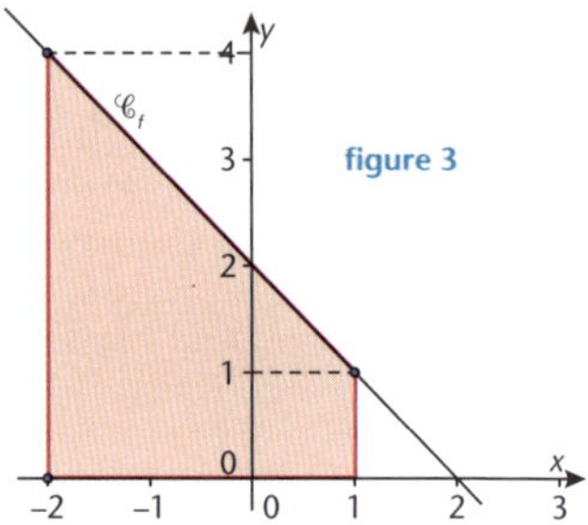

figure 3

2. On constate que, dans les cas simples précédents, il n'est pas indispensable de connaître l'expression de f pour calculer une intégrale.

II Cas général

- **Définition :** soit f une fonction continue sur un intervalle I, a et b deux points de I. L'intégrale de f entre a et b se note $\int_a^b f(x)\mathrm{d}x$ ou $\int_a^b f(t)\mathrm{d}t$, etc. ou simplement $\int_a^b f$.

Quelle que soit la primitive F choisie on a :

$$\int_a^b f = F(b) - F(a) = [F]_a^b.$$

- **Remarque :** dans la définition générale de l'intégrale, on voit que :
– la fonction f n'est pas nécessairement positive ;
– on peut très bien avoir $a > b$;
– l'intégrale d'une fonction de signe quelconque ne représente pas nécessairement une aire.

Le nombre $\int_a^b f$ mesure une aire dans le **seul cas** où f est **positive et** $a \leqslant b$.

Propriétés de l'intégrale et intégration par parties

FICHE 33

I Propriétés de l'intégrale

Soit f, g, … des fonctions continues sur un intervalle I, a, b … des points de I. α, β, m, M, … sont des nombres.

- **Linéarité de l'intégrale**

$$\int_a^b (f(t)+g(t))\mathrm{d}t = \int_a^b f(t)\mathrm{d}t + \int_a^b g(t)\mathrm{d}t = [F(t)]_a^b - [G(t)]_a^b$$

$$\int_a^b \alpha f(t)\mathrm{d}t = \alpha\int_a^b f(t)\mathrm{d}t = \alpha[F(t)]_a^b$$

Exemple : $\int_0^1 (2\mathrm{e}^x + 3x)\mathrm{d}x = 2\int_0^1 \mathrm{e}^x\mathrm{d}x + 3\int_0^1 x\mathrm{d}x = 2[\mathrm{e}^x]_0^1 + 3\left[\frac{x^2}{2}\right]_0^1$

$= 2(\mathrm{e}^1 - \mathrm{e}^0) + 3\left(\frac{1}{2} - 0\right) = 2(\mathrm{e}-1) + \frac{3}{2} = 2\mathrm{e} - 2 + \frac{3}{2} = 2\mathrm{e} - \frac{1}{2}$

- **Intégrale et ordre**

On suppose $a \leqslant b$.

– **Positivité de l'intégrale** d'une fonction positive : pour tout $x \in I$,

$$f(x) \geqslant 0 \Rightarrow \int_a^b f(x)\mathrm{d}x \geqslant 0.$$

– **Conservation de l'ordre :** pour tout $x \in I$,

$$f(x) \geqslant g(x) \Rightarrow \int_a^b f(x)\mathrm{d}x \geqslant \int_a^b g(x)\mathrm{d}x$$

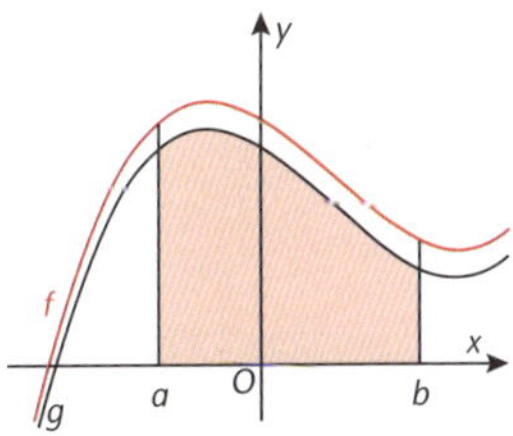

On démontre la deuxième inégalité à partie de la première, en posant $h(x) = f(x) - g(x)$ qui est positive. Donc

$$\int_a^b h(x)\mathrm{d}x \geqslant 0 \Rightarrow \int_a^b f(x)\mathrm{d}x - \int_a^b g(x)\mathrm{d}x \geqslant 0$$

Géométriquement, dans le cas où les deux fonctions sont positives, l'inégalité va de soi car l'aire sous la courbe de f (non colorée) est supérieure à l'aire sous la courbe de g (colorée en rose).

En particulier, si pour tout $x \in [a\ ;\ b]$, $m \leqslant f(x) \leqslant M$, alors $m(b-a) \leqslant \int_a^b f(x)\mathrm{d}x \leqslant M(b-a)$.

Géométriquement, on interprète cette double inégalité ainsi : dans le cas d'une fonction positive, l'aire du domaine coloré est supérieure à l'aire du rectangle *BEFC*, qui est de largeur *m* et de longueur $b - a$, et inférieure à l'aire du rectangle *AEFD*, qui est de largeur *M* et de longueur $b - a$.

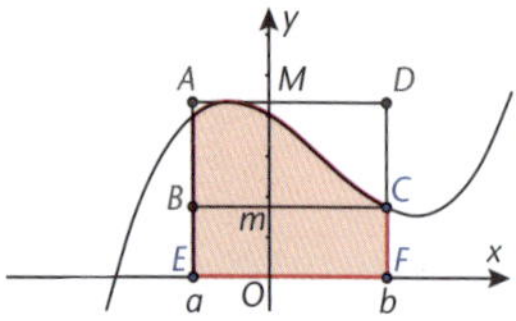

- **Échange des bornes :** $\int_a^b f(x)\mathrm{d}x = -\int_b^a f(x)\mathrm{d}x$.

- **Relation de Chasles :** $\int_a^b f(x)\mathrm{d}x + \int_b^c f(x)\mathrm{d}x = \int_a^c f(x)\mathrm{d}x$.

En particulier, $\int_a^a f(x)\mathrm{d}x = 0$.

II Intégration par parties

Étant donné des fonctions *u* et *v* usuelles, *a* et *b* deux nombres :

$$\int_a^b u'(x)v(x)\,dx = [u(x)v(x)]_a^b - \int_a^b u(x)v'(x)\,dx$$

- Cette formule est utile lorsque l'on doit calculer l'intégrale d'une fonction qui est écrite sous forme d'un produit.

- Au départ, l'un des facteurs du produit est une fonction que **l'on a déjà dérivée** (u') et dont on doit trouver une primitive (u) et l'autre facteur (v) est une fonction qui **doit être dérivée**.

Exemple : calculer $I = \int_0^1 xe^{2x}\,dx$.

Posons : $\begin{cases} u'(x) = e^{2x} \\ v(x) = x \end{cases}$. Alors $\begin{cases} u(x) = \frac{1}{2}e^{2x} \\ v'(x) = 1 \end{cases}$. Donc :

$$I = \left[\frac{1}{2}xe^{2x}\right]_0^1 - \frac{1}{2}\int_0^1 e^{2x}\,dx = \frac{1}{2}e^2 - 0 - \frac{1}{2}\left[\frac{1}{2}e^{2x}\right]_0^1 = \frac{1}{4}e^2 + \frac{1}{4}.$$

- L'étape $\begin{cases} u'(x) = \dots \\ v(x) = \dots \end{cases}$ doit obligatoirement comporter deux facteurs dont le produit est égal à la fonction que l'on doit intégrer.

Calculs d'aires et valeur moyenne

FICHE 34

I Théorie

On considère un intervalle I et deux réels a et b tels que $a \leqslant b$ ainsi qu'une fonction f continue sur I.

1. Calcul d'aires

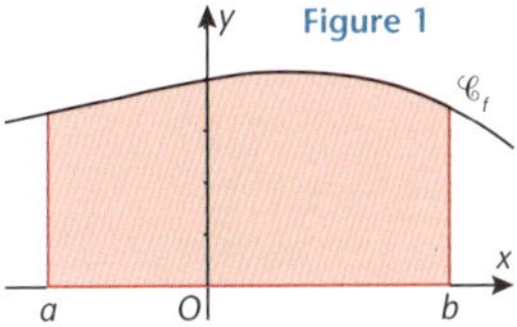

Figure 1

- **Théorème :** l'aire du domaine compris entre la courbe, l'axe des abscisses et les droites d'équations $x = a$ et $x = b$ est égale à :

1. $\int_a^b f$ si f est positive (figure 1)
2. $-\int_a^b f = \int_b^a f$ si f est négative (figure 2)
3. $\int_a^c f - \int_c^b f$ en général (figure 3)

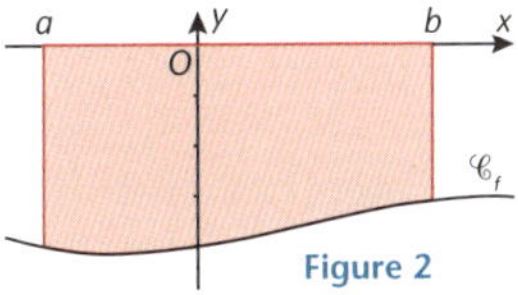

Figure 2

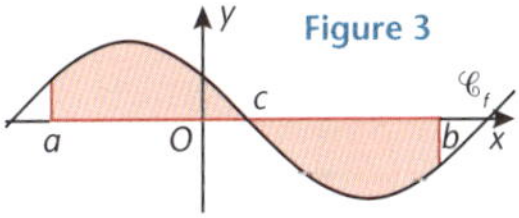

Figure 3

- **Remarque :** on note aussi $\int_a^b f(x)\mathrm{d}x$ ou $\int_a^b f(t)\mathrm{d}t$, etc.

2. Unité d'aire

- **Question :** quand on calcule une aire, dans quelle unité est-elle mesurée ?

- **Réponse :** l'aire s'exprime en unités d'aire (u.a.). Une unité d'aire est l'aire d'un rectangle dont les côtés sont les longueurs de $\vec{i}$ et de $\vec{j}$ dans un repère $(O\,;\vec{i},\vec{j})$.

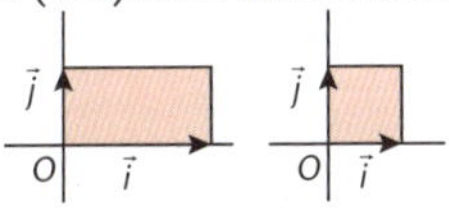

Le rectangle est un carré lorsque le repère est orthonormé.

3. Valeur moyenne d'une fonction

C'est le nombre $\dfrac{1}{b-a}\displaystyle\int_b^a f(x)dx$.

4. Aire sandwich

L'aire du domaine compris entre C_f, C_g et les droites d'équations $x = a$ et $x = b$ est égale à $\int_a^b (f - g)$ dans le cas où $f(x) \geqslant g(x)$.

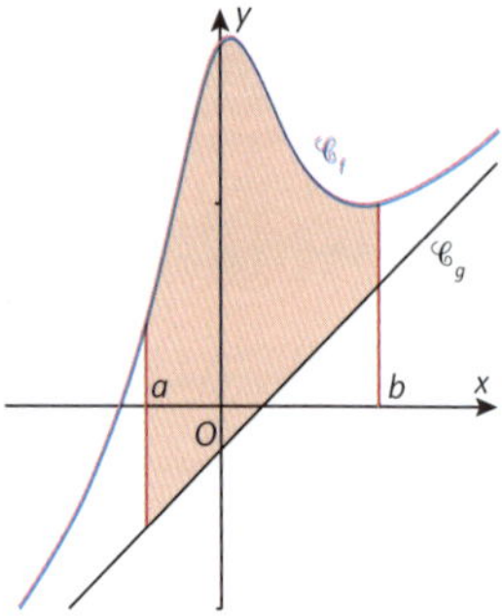

• **Remarque :** le calcul de cette aire est indépendant du signe de chacune des fonctions en jeu. Il dépend de la position relative de chaque fonction.

II Pratique

• **Énoncé :** on pose $f(x) = e^x$ et $g(x) = x + 2$. On se propose de calculer l'aire, en cm², du domaine coloré. Les courbes sont tracées dans un repère orthogonal d'unités 1 cm sur l'axe des abscisses et 2 cm sur l'axe des ordonnées (ce n'est pas le cas sur la figure).

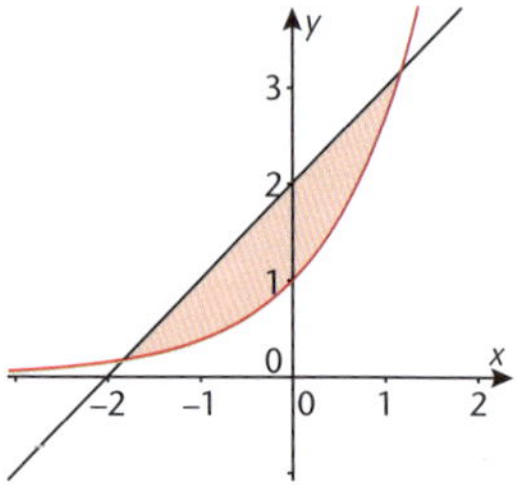

1. On pose $h(x) = f(x) - g(x)$. Montrer que l'équation $h(x) = 0$ admet deux solutions, notées α et β, sur l'intervalle $[-3 ; 2]$ et en déduire le signe de $h(x)$ sur $[-3 ; 2]$.

2. À l'aide d'une calculatrice, calculer l'aire demandée.

• **Solution : 1.** $h(x) = e^x - x - 2 \Rightarrow h'(x) = e^x - 1$. Comme $e^x = 1 \Leftrightarrow x = 0$ on en déduit le tableau de variations.

$m = e^{-3} + 1 \Rightarrow m > 0$ et $M = e^2 - 4 \Rightarrow M > 0$. Le théorème des valeurs intermédiaires montre l'existence de α et β.

x	-3	α	0	β	2
$h'(x)$		$-$	0	$+$	
$h(x)$	m ↘	0 ↘	-1	↗ 0	↗ M

2. En u.a., l'aire demandée est égale à $\int_\alpha^\beta h$. Pour trouver son expression en cm², on le multiplie par 1 cm × 2 cm c'est-à-dire 2 cm². On trouve, à l'aide d'une calculatrice, 1,949 u.a. ou 3,898 cm².

Pour aller plus loin :
Galilée et Cavalieri ébauchent la théorie des aires avec la méthode des indivisibles.

La méthode de Monte-Carlo pour calculer une intégrale

La méthode de Monte-Carlo utilise le hasard pour obtenir une approximation de nombres calculés à partir d'une formule. On se propose ici de calculer $\int_a^b \ln(x)\,\mathrm{d}x$, où $0 < a < b$.

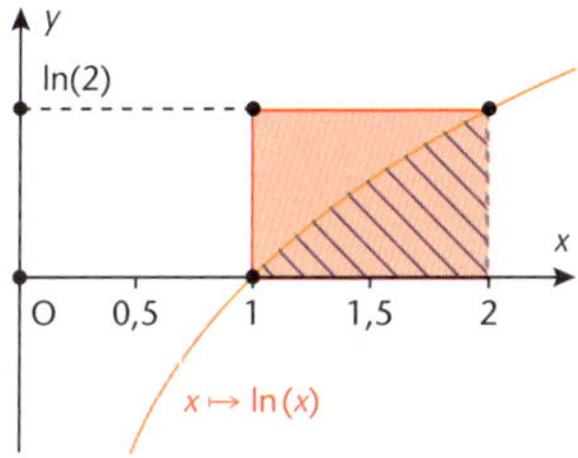

On choisit $a = 1$ et $b = 2$. (On généralise sans peine.)
On « bombarde » alors le rectangle construit ci-dessus de points dont les coordonnées $(x\ ,\ y)$ sont aléatoires : $1 \leqslant x \leqslant 2$ et $0 \leqslant y \leqslant \ln(2)$.
Certains sont sous la courbe : on les compte et ils serviront au calcul de l'aire. Les autres ne participent pas au calcul.
Le programme Python tient compte de ces données.

```
1  from math import *
2  from random import *
3  a,b,aire,n=1,2,0,10000
4  for i in range (n):
5          x=a+random()
6          y=log(b)*random()
7          if y<=log(x):
8                  aire=aire+1
9  print(aire*log(b)/n)
```

1. De combien de points « bombarde-t-on » le rectangle ?

2. Quelle est le rôle de la variable *aire* ?

3. Quel est le nombre retourné par l'instruction de la ligne n° 9 ?

4. L'exécution du programme fournit 0.3889248830121853.
Évaluer la précision de l'approximation sachant qu'une primitive de $\ln(x)$ est $x \overset{F}{\mapsto} x\ln(x) - x$.

→ Interpréter la boucle débutant à la ligne n° 4.

1. La boucle *for* qui commence à la ligne n° 4 ordonne d'exécuter 10 000 fois les instructions des lignes n° 5 à 8.
Le rectangle rouge sera donc criblé de 10 000 points (certains seulement seront retenus).

→ Examiner l'initialisation de la variable *aire* ainsi que la façon dont son contenu change.

2. Au départ, la variable *aire* contient 0 (ligne n° 3). Son contenu augmente de 1 à chaque fois que le point de coordonnées (x , y) réalise la condition $y \leq \ln(x)$ (ligne n° 7). À la fin du « bombardement », *aire* contient tous les points qui font partie du domaine hachuré.

→ Les 10 000 points obtenus au hasard sont censés représenter l'aire du rectangle rouge.

3. Ici, une unité d'aire (u.a.) est un point de cordonnées (x , y). Donc $10\,000 u.a. = \ln(2) \Rightarrow 1\ u.a. = \frac{\ln(2)}{10\,000}$. Donc aire $\times \frac{\ln(2)}{10\,000}$ donne

une approximation de l'aire du domaine hachuré.

→ Calculer F(2) – F(1).

4. On sait que $\int_1^2 \ln(x)\,dx = F(2) - F(1) = 2\ln(2) - 2 - (1\ln(1) - 1)$

$$\Rightarrow \int_1^2 \ln(x)\,dx = 2\ln(2) - 1 \Rightarrow \int_1^2 \ln(x)\,dx \approx 0.3862943611199$$

(à la calculatrice). La méthode semble donc fournir une approximation au centième.

La figure ci-contre montre le résultat de 10 000 bombardements. La forme obtenue est une approximation du domaine dont on calcule l'aire.

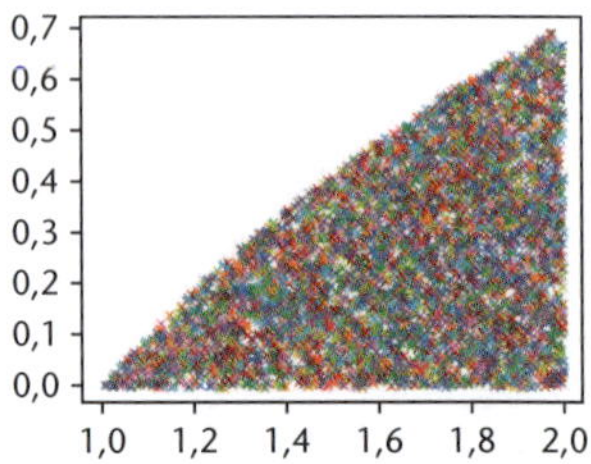

Calcul intégral

QUIZ-Mémorisation active

1 Introduction de l'intégrale

Questions	Réponses
Dans quels cas simples n'est-il pas nécessaire de connaître une primitive F de f pour calculer $\int_a^b f$?	Lorsque la représentation graphique de f sur $[a\ ,\ b]$ est un polygone et lorsque f a un signe constant sur cet intervalle, $\int_a^b f$ est l'aire d'un trapèze ou d'un triangle dont on peut calculer la valeur par des formules usuelles sans connaître F.

2 Propriétés de l'intégrale

Questions	Réponses
f et g sont deux fonctions continues sur un intervalle I, a et b deux points de I. Quelles sont les affirmations vraies ? **a.** $\int_a^b 2f = 2\int_a^b f$ **b.** $\int_a^b fg = \int_a^b f \int_a^b g$ **c.** $\int_a^b (f+g) = \int_a^b f + \int_a^b g$	Les affirmations **a.** et **c.** sont vraies. L'affirmation **b.** est fausse car l'intégrale d'un produit n'est pas égal au produit des intégrales.
Pour calculer $\int_a^b f$, est-il obligatoire que l'on ait $a \leq b$?	Non. On a toujours $\int_a^b f = F(b) - F(a)$ quelles que soient les valeurs de a et b.
La formule d'intégration par parties peut-elle s'écrire $\int_a^b v'u = \left[uv\right]_a^b - \int_a^b vu'$?	Oui. L'important est de déclarer que l'intégrale que l'on cherche à évaluer est constituée d'un produit d'un facteur qui est déjà dérivé (ici v') et d'un facteur que l'on va dériver (ici u).

3 Calculs d'aires et valeur moyenne

Questions	Réponses
Quelles sont les conditions pour que $\int_a^b f(x)\mathrm{d}x$ mesure une aire ?	Il faut à la fois que $a \leq b$ et que $f(x)$ soit positive sur $[a , b]$.
Lorsque l'on calcule l'aire sandwich comprise entre deux courbes C_f et C_g, le signe des fonctions f et g est-il important ?	Non. L'important est la position de C_f et C_g, c'est-à-dire le signe de $f - g$. Si $f - g \geq 0$, alors l'aire sandwich est l'intégrale de $f - g$ et sinon c'est l'intégrale de $g - f$.
Qu'est-ce que la valeur moyenne d'une fonction f sur $[a , b]$?	La valeur moyenne de f sur $[a , b]$ est le nombre $\frac{1}{b-a}\int_a^b f$. Lorsque f est positive et $a < b$, c'est la hauteur d'un rectangle de côté $[a , b]$ qui a pour aire $\int_a^b f$.

SCHÉMA-BILAN

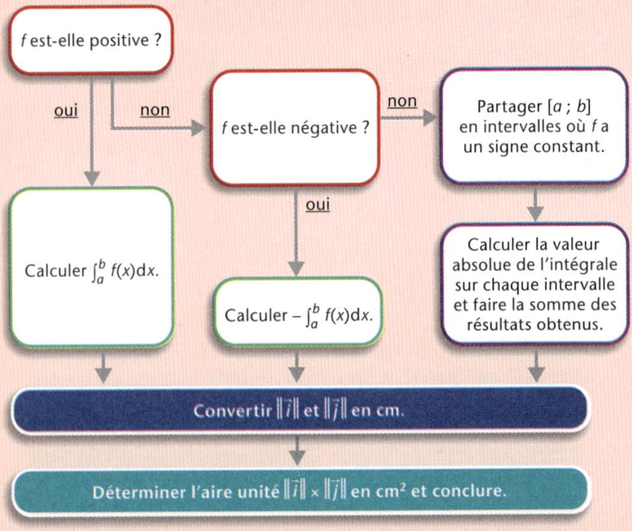

FICHE 37

Dénombrement

Rappel. Soit X un ensemble, $card(X)$ est le nombre d'éléments de X.

I Produits cartésiens

• **Définition :** le produit cartésien de k ensembles $A_1,\ldots,A_k$ se note $A_1 \times \ldots \times A_k$ et est l'ensemble de tous les $k-uplets$ $(a_1, \ldots, a_k)$ où $a_1 \in A_1, \ldots a_k \in A_k$.

• **Théorème :** le nombre de $k-uplets$ de $A_1 \times \ldots \times A_k$ est $\text{card}(A_1) \times \ldots \times \text{card}(A_k)$.

- Un 2-uplet est un couple, un 3-uplet un triplet, etc.
- Lorsque tous les ensembles sont égaux, on note $E^k = E \times \ldots\ldots E$.

• **Énoncé :** on jette trois dés cubiques, combien de résultats peut-on envisager ?

• **Réponse :** un jet peut se symboliser par un triplet de l'ensemble $\{1, 2, \ldots, 6\}^3$. On peut donc envisager 6^3 résultats, c'est-à-dire 216.

II Factorielles et arrangements

On dispose d'un ensemble E à n éléments ($n \geqslant 1$)

1. Factorielles

• **Définition :** la factorielle d'un entier naturel non nul n se note $n!$ et est le produit des entiers naturels non nuls inférieurs ou égaux à n : $n! = n(n-1) \times \ldots \times 1$.

- $1! = 1$, $2! = 2$, $3! = 6$… et par convention : $0! = 1$.
- $n! = (n-1)! \times n$

• **Énoncé :**

Quelle est la mission du programme Python suivant ?

```
def fac(n):
        if n==1:
                return(1)
        return(fac(n – 1)*n)
```

• **Réponse :**

Ce programme définit une fonction qui renvoie $n!$. En effet, la fonction s'appelle elle-même (ligne n° 4) (on dit qu'elle est récursive) et revient donc à la ligne n° 1 en demandant le calcul de $(n-1)! \times n$ pour les valeurs successives décroissantes de n jusqu'à ce que $n = 1$ auquel cas fac(n) renvoie 1 et arrête le calcul.

Le programme utilise $n! = (n-1)! \times n$.

2. k-arrangements

• **Définition :** soit $k \in \mathbb{N}^*$. On appelle k-arrangement de E tout k-uplet d'éléments deux à deux distincts de E. Un n-arrangement de E est une permutation de E.

• **Théorème :** le nombre de k-arrangements de E se note A_n^k et est égal à $\underbrace{n(n-1)\dots(n-k+1)}_{\text{produit de } k \text{ facteurs consécutifs}}$.

• $A_n^k = \dfrac{n!}{(n-k)!}$, $A_n^n = A_n^{n-1} = n!$, $A_n^0 = 1$ et $A_n^1 = n$.

III Combinaisons

• **Définition :** soit $k \in \mathbb{N}^*$. On appelle k-combinaison de E toute partie de E contenant k éléments.

• **Théorème :** pour tout $n \in \mathbb{N}$ et tout entier $k \in [0 , n]$, le nombre de k-combinaisons de E se note $\dbinom{n}{k}$ (lire : k parmi n) et est égal à :

$$\frac{n(n-1)(n-2)\dots(n-k+1)}{k!} = \frac{A_n^k}{k!} = \frac{n!}{k!(n-k)!}$$

$$\binom{n}{0} = \binom{n}{n} = 1, \quad \binom{n}{1} = \binom{n}{n-1} = n, \quad \binom{n}{2} = \frac{n(n-1)}{2}$$

• Formule de Pascal : $\dbinom{n+1}{k+1} = \dbinom{n}{k+1} + \dbinom{n}{k}$

Cette formule permet de construire le **triangle de Pascal** (ici, $n = 3$ et $k = 1$)

$$\binom{4}{2} = \binom{3}{2} + \binom{3}{1}$$

$k\rightarrow$ / $n\downarrow$	0	1	2	3	4
0	1				
1	1	1			
2	1	2	1		
3	1	3	3	1	
4	1	4	6	4	1

Schéma de Bernoulli et loi binomiale

FICHE 38

I Bernoulli

1. Épreuve de Bernoulli

- **Définition :**
  - Une épreuve de Bernoulli est une **épreuve à deux issues** : vrai/faux, pile/face, blanc/noir, etc.
  - On convient d'appeler « **succès** » et « **échec** » les deux résultats possibles de cette épreuve.
  - La probabilité d'un succès est généralement notée p ($p \in [0 , 1]$) et la probabilité d'un échec est notée $q = 1 - p$.

Pour aller plus loin :
Ars Conjectandi de Jacques Bernoulli est un ouvrage fondateur du calcul des probabilités.

Exemples :

1. On prélève une boule au hasard dans une urne contenant des boules blanches (en proportion p) et des boules noires (en proportion $q = 1 - p$).

2. On jette un dé cubique ordinaire et on appelle « succès » l'événement « le dé a amené un 4 » Alors $p = \frac{1}{6}$ et $q = \frac{5}{6}$.

2. Variable de Bernoulli

- **Définition :** une **variable aléatoire de Bernoulli** est une variable aléatoire caractérisée ainsi :
  - $X(\Omega) = \{0 ; 1\}$ (X ne prend que deux valeurs) ;
  - $P(X=1) = p$ et donc $P(X=0) = q$.

3. Schéma de Bernoulli

- **Définition :** un schéma de Bernoulli est la **répétition** de la même épreuve de Bernoulli un certain nombre de fois (noté n), chaque fois étant indépendante des autres.

On peut schématiser la succession d'épreuves comme ci-après, d'où le terme de « schéma ».

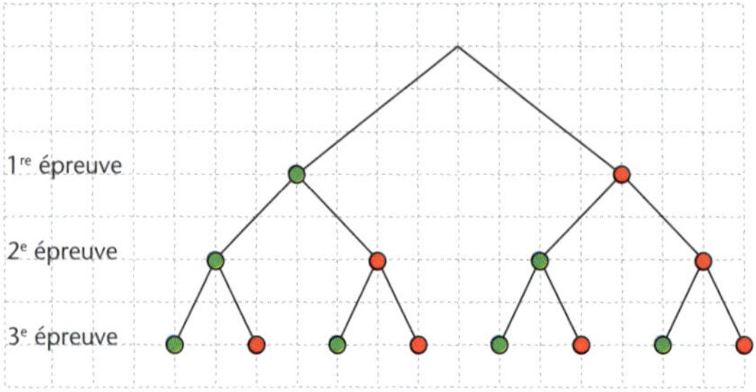

II Loi binomiale

- **Théorème 1 :** on considère un schéma de Bernoulli à n répétitions. Soit X la variable aléatoire comptant le nombre de succès obtenus. Alors :
  - $X(\Omega) = \{0, 1, \ldots, n\}$.
  - Pour tout $k \in X(\Omega)$: $P(x = k) = \binom{n}{k} p^k q^{n-k}$.
- On dit que X suit une loi binomiale dont les paramètres sont n et p et on écrit : $X \hookrightarrow B(n, p)$
- **Théorème 2 :** si $X \hookrightarrow B(n, p)$ alors $E(X) = np$ et $V(X) = npq$.
- **Remarques :**

1. La loi binomiale s'appelle aussi la loi du nombre de succès au cours d'une répétition de n épreuves identiques et indépendantes.
2. Si $n = 1$ la variable aléatoire s'appelle une variable aléatoire de Bernoulli. Dans ce cas $E(X) = p$ et $V(X) = pq$.

III Pratique

- **Énoncé :** on fait des paquets de 10 sucettes en prélevant dans une grande réserve des sucettes à l'orange (il y en a 60 %) et au citron (il y en a 40 %). En raison de la taille de la réserve, on peut assimiler le choix de chacune des 10 sucettes à un tirage aléatoire d'une sucette avec remise, indépendant des autres.
On prend un paquet au hasard. Soit X le nombre de sucettes à l'orange qu'il contient. Déterminer la loi de X.
- **Réponse :** selon l'énoncé, la loi de X est la loi binomiale de paramètres 10 et 0,6. Donc $X(\Omega) = \{0, 1, 2, \ldots, 10\}$ et, pour tout entier $k \in [0 ; 10]$, $p(X = k) = \binom{10}{k} 0{,}6^k\, 0{,}4^{10-k}$.

Somme de deux variables indépendantes

FICHE 39

I Théorie

1. Somme de variables aléatoires

- **Définition** : considérons deux variables aléatoires X et Y définies sur le même univers Ω. On définit naturellement la variable aléatoire $X + Y$ ainsi : $\forall\, \omega \in \Omega : (X + Y)(\omega) = X(\omega) + Y(\omega)$.

> **Pour aller plus loin :** rechercher la théorie des erreurs chez Laplace et Legendre.

Exemple : on lance simultanément un dé cubique et un dé tétraédrique (4 faces) et on note respectivement C et T les faces apparues. Soit S la somme obtenue. On a $S = C + T$ et $S(\Omega) = \{2, 3, 4, 5, 6, 7, 8, 9, 10\}$

- On généralise la définition à n variables aléatoires.

2. Espérance et variance

- **Théorème :** étant donné deux variables aléatoires X et Y définies sur le même univers Ω :

1. $E(X + Y) = E(X) + E(Y)$
   - On généralise à n variables aléatoires.
2. $\forall\, a \in \mathbb{R} : E(aX) = aE(X),\ V(aX) = a^2V(X)$
   - En particulier : $E(X - Y) = E(X) - E(Y)$

- **Théorème :** si, **de plus**, X et Y sont **indépendantes**, alors $V(X + Y) = V(X) + V(Y)$.
  - D'après le théorème précédent, on a aussi $V(X - Y) = V(X) + V(Y)$.
  - Dans le contexte d'une somme de variables aléatoires, leur indépendance repose sur le bon sens. Par exemple, les variables aléatoires C et T ci-dessus sont évidemment indépendantes.

II Applications

1. Loi binomiale

- Toute variable aléatoire X, suivant une loi binomiale $B(n\,,\,p)$, est somme de n variables aléatoires $X_1, \ldots, X_n$ de Bernoulli indépendantes de paramètre p.

Ainsi, $E(X) = E(X_1) + \ldots + E(X_n) = np$ et $V(X) = V(X_1) + \ldots + V(X_n) = npq$.

- On constate que si deux variables aléatoires suivent respectivement des lois binomiales $B(n, p)$ et $B(n, q)$, elles ont la même variance. Leurs histogrammes ont donc la même structure et sont symétriques par rapport à la droite d'équation $x = \frac{n}{2}$.

C'est ce que suggère la figure ci-contre.

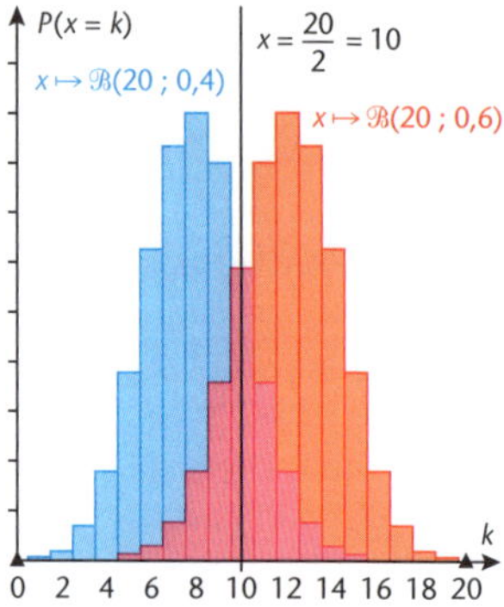

- **Théorème :** soit X et X' deux variables aléatoires suivant les lois binomiales $B(n,p)$ et $B(n', p)$. Alors $X + X'$ suit la loi binomiale $B(n + n', p)$.

- **Remarque :** si l'on suppose que l'on effectue d'abord n tirages avec remise d'une boule dans une urne U puis, par vice, qu'on en fasse de nouveau n' dans la même urne, tout se passe comme si on en avait prélevé $n + n'$ d'emblée !

2. Échantillon d'une loi de probabilité

- Un **échantillon** de taille n d'une loi de probabilité est une suite de n variables aléatoires indépendantes et de même loi.

- Soit $(X_1, \ldots, X_n)$ un échantillon de taille n d'une loi de probabilité d'espérance μ et de variance σ^2 (donc d'écart-type σ).

On pose $S_n = X_1 + \ldots + X_n$ et $M_n = \frac{1}{n}(X_1 + \ldots + X_n)$, appelé moyenne de l'échantillon. Alors :

$$E(S_n) = n\mu,\ V(S_n) = n\sigma^2 \Rightarrow \sigma(S_n) = \sqrt{n}\sigma$$

$$E(M_n) = \mu,\ V(M_n) = \frac{1}{n}\sigma^2 \Rightarrow \sigma(M_n) = \frac{1}{\sqrt{n}}\sigma.$$

- **Énoncé :** déterminer l'espérance et la variance d'un échantillon de taille n d'une loi binomiale $B(n,p)$.

- **Réponse :** on cherche à calculer $E(M_n)$ et $V(M_n)$ sachant que $\mu = np$ (espérance d'une loi binomiale $B(n,p)$) et $\sigma^2 = npq$ (variance d'une loi binomiale $B(n,p)$). On a donc $E(M_n) = np$ et $V(M_n) = \frac{1}{n}npq = pq$.

Inégalité de Bienaymé-Tchebychev et loi des grands nombres

FICHE 40

I Inégalité de Bienaymé-Tchebychev (BT)

• Soit X une variable aléatoire de moyenne μ et d'écart-type σ.

• Pour tout $\varepsilon > 0$, $P(|X - \mu| \geqslant \varepsilon) \leqslant \dfrac{\sigma^2}{\varepsilon^2}$.

Pour aller plus loin : effectuez des recherches sur Irénée-Jules Bienaymé et Paftouni Tchebychev.

• **Interprétation :** si $X \hookrightarrow B(10\,;0{,}5)$, alors $\mu = 10 \times 0{,}5 = 5$, $\sigma^2 = V(X) = 2{,}5$.

Donc, en posant $\varepsilon = 4$, $P(|X - 5| \geqslant 4) \leqslant \dfrac{2{,}5}{16} \Rightarrow P(|X - 5| \geqslant 4) \leqslant 0{,}16$.
Or, $(|X - 5| \geqslant 4) = (X = 0) \cup (X = 1) \cup (X = 9) \cup (X = 10)$. Donc un calcul direct fournit $P(|X - 5| \geqslant 4) \approx 0{,}02$. On voit que l'inégalité de BT fournit une indication médiocre. Cependant, elle est utile pour prouver la loi des grands nombres.

II Loi des grands nombres

• **Théorème (loi faible des grands nombres) :** soit $(X_1, \ldots, X_n)$ un échantillon d'une loi de probabilité de moyenne μ et de variance σ^2 (donc d'écart-type σ). Soit M_n la moyenne de l'échantillon (→ *voir fiche 39*). Alors :

$$\forall \varepsilon > 0 \ : P(|M_n - \mu| \geqslant \varepsilon) \leqslant \frac{\sigma^2}{n\varepsilon^2}$$

• **Preuve :** on sait que $M_n = \dfrac{X_1 + \ldots + X_n}{\ldots}$ et $E(M_n) = \mu$ et $V(M_n) = \dfrac{\sigma^2}{n}$ (→ *voir fiche 39*) D'après l'inégalité de BT :

$P(|M_n - \mu| \geqslant \varepsilon) \leqslant \dfrac{\frac{\sigma^2}{n}}{\varepsilon^2} = \dfrac{\sigma^2}{n\varepsilon^2}$, ce qu'il fallait démontrer.

• **Théorème d'or de Bernoulli :** soit $(X_1, \ldots, X_n)$ un échantillon d'une loi de Bernoulli de paramètre p et M_n la moyenne de l'échantillon. Alors : $\forall \varepsilon > 0 : P(|M_n - p| \geqslant \varepsilon) \leqslant \dfrac{1}{4n\varepsilon^2}$.

• **Remarque :** en utilisant un événement contraire, on a aussi $P(|M_n - p| < \varepsilon) \geqslant 1 - \dfrac{1}{4n\varepsilon^2}$ car $P(|M_n - p| < \varepsilon) = 1 - P(|M_n - p| \geqslant \varepsilon)$.

• **Preuve :** on sait que la variance σ^2 d'une variable aléatoire de Bernoulli de paramètre p est égale à $pq = p(1-p)$. L'étude de la parabole $y = p(1-p)$ sur $[0\ ,1]$ montre que $p(1-p) \leqslant \frac{1}{4}$, donc $\sigma^2 \leqslant \frac{1}{4}$

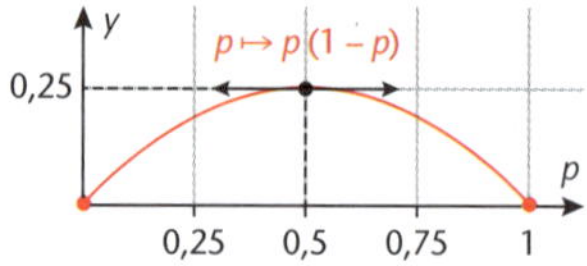

C'est pourquoi, d'après la loi faible des grands nombres

$$P\left(|M_n - p| \geqslant \varepsilon\right) \leqslant \frac{\sigma^2}{n\varepsilon^2} \Rightarrow P(|M_n - \mu| \geqslant \varepsilon) \leqslant \frac{1}{4n\varepsilon^2},$$

ce qu'il fallait démontrer.

• **Interprétation :** on dispose d'une pièce de monnaie. La probabilité d'obtenir PILE est p. Supposons qu'on la lance n fois ; soit X_k la variable aléatoire égale à 1 si PILE apparaît au lancer numéro k et à 0 sinon. Alors M_n est la fréquence d'apparition de PILE au cours des n lancers. Le théorème d'or dit que la probabilité pour que cette fréquence s'écarte de p de plus de ϵ tend vers 0 quand $n \to +\infty$.

Autrement dit, plus le nombre de lancers est grand et plus la fréquence observée de PILE se rapproche de sa valeur théorique.

• **Énoncé :** on a lancé 4 030 fois une pièce de monnaie et on a obtenu 2 051 fois PILE dont la probabilité p est inconnue. Trouver un intervalle tel que la probabilité pour que p s'y trouve soit au moins égale à 0,95.

• **Réponse :** ici $n = 4\,030$ et $M_n = \frac{2\,051}{4\,030} \approx 0{,}509$. Cherchons un intervalle centré de la forme

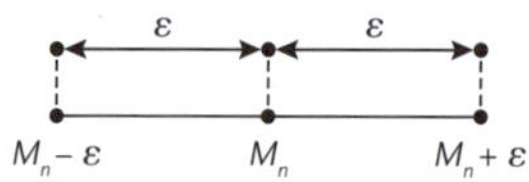

$[M_n - \varepsilon\ ,\ M_n + \varepsilon]$ tel que $P(p \in]M_n - \varepsilon,\ M_n + \varepsilon[) \geqslant 0{,}95$ c'est-à-dire $P(|M_n - p| < \varepsilon) \geqslant 0{,}95$ car p appartient à l'intervalle indiqué si, et seulement si, sa distance à son centre, c'est-à-dire $|M_n - p|$ est inférieure à ε. Or, $P(|M_n - p| < \varepsilon) \geqslant 1 - \frac{1}{4n\varepsilon^2}$. Il suffit donc de choisir $1 - \frac{1}{4n\varepsilon^2} \geqslant 0{,}95 \Leftrightarrow 0{,}05 \geqslant \frac{1}{4 \times 4030\varepsilon^2} \Leftrightarrow \varepsilon^2 \geqslant \frac{1}{806}$.

Il suffit donc de choisir $\varepsilon \approx 0{,}0353$.
On peut choisir l'intervalle $]0{,}4737\ ;\ 0{,}5443[$.

Alors $p \in]0{,}4737\ ;\ 0{,}5443[$ avec une probabilité supérieure ou égale à 0,95.

BILAN

Dénombrement et probabilités

FICHE 41

QUIZ-Mémorisation active

1 Dénombrement

Questions	Réponses
Combien y a-t-il de dominos dans un jeu ordinaire ?	Un domino qui n'est pas un double est une partie à deux éléments de l'ensemble $\{0,1,\ldots,6\}$, qui en compte 7. Il y en a donc $\binom{7}{2}$ = **21** dominos non doubles et 7 dominos doubles, donc 28 au total.
Comment peut-on simplifier $\frac{(n+1)!}{n+1}$, n étant un entier naturel ?	$(n+1)! = (n+1) \times n! \Rightarrow \frac{(n+1)!}{n+1} = n!$
De combien de façons peut-on colorier les cinq cercles du drapeau olympique (en utilisant seulement les couleurs olympiques) ?	Nommons *BJNVR* les anneaux du drapeau olympique (*Bleau*, *Jaune*, …). Ce drapeau est donc un 5-uplet d'éléments tous distincts. On peut en faire $A_5^5 = 5! = 120$.

2 Schéma de Bernoulli et loi binomiale

Questions	Réponses
Dans quel contexte utilise-t-on une loi binomiale ?	On utilise une loi binomiale lorsqu'on répète la même épreuve de Bernoulli un certain nombre de fois (n), les répétitions étant indépendantes.
Si une variable aléatoire suit une loi binomiale $B(n,p)$, qui sont n et p ?	n est le nombre de répétitions d'une épreuve de Bernoulli dont le paramètre est p, probabilité de succès au cours de l'épreuve.
Si $X \hookrightarrow B(n,p)$ et $E(X) = 30$, $V(X) = 21$, que valent n et p ?	$E(X) = np \Rightarrow np = 30$ $V(X) = npq \Rightarrow \underbrace{np}_{30}q = 21$ $\Rightarrow q = \frac{21}{30} = 0{,}7 \Rightarrow p = 0{,}3.$ $n\underbrace{p}_{0,3} = 30 \Rightarrow n = \frac{30}{0{,}3} = 100$

3 Somme de variables aléatoires et inégalité de Bienaymé-Tchebychev

Questions	Réponses
Si X et Y sont deux variables aléatoires, que peut-on dire de l'espérance et de la variance de $X + Y$?	On a $E(X + Y) = E(X) + E(Y)$ quelles que soient X et Y mais $V(X + Y) = V(X) + V(Y)$ ne vaut que si X et Y sont indépendantes.
Pourquoi l'inégalité de Bienaymé-Tchebychev n'est-elle pas intéressante pour de petites valeurs de ε ?	Si ε est petit (disons nettement inférieur à 1) alors ε^2 est encore plus petit et $\frac{1}{\varepsilon}$ très grand donc $\frac{\sigma^2}{\varepsilon^2}$ est en général très grand aussi. L'inégalité de BT affirme alors qu'une probabilité est inférieure à un nombre très grand, ce qui est évident car une probabilité est inférieure ou égale à 1.

SCHÉMA-BILAN

Utiliser la loi binomiale

Il est évident qu'il y a répétition à l'identique d'une même expérience

ou

L'énoncé dit qu'on peut assimiler la question à une répétition à l'identique d'une même expérience

↓

L'expérience a deux issues : S, $\overline{S}$

↓

Les répétitions sont indépendantes

↓

La probabilité de k succès est égale à $\binom{n}{k}p^k(1-p)^{n-k}$

↓

$E(X) = np$ et $V(X) = npq$ où $q = 1 - p$

Préparation au Grand Oral

FICHE 42

I L'épreuve

Durée : 20 minutes
Coefficient : 10

- Le but du Grand Oral est de développer vos compétences dans l'expression orale, notamment argumenter, convaincre, échanger et capter l'attention d'un groupe.
- Le Grand Oral (GO) se déroule au mois de juin face à un jury composé de deux professeurs.
- Dans un premier temps (5 minutes), vous serez interrogé sur une question portant sur l'un des enseignements de spécialité que vous aurez choisis. Viendra ensuite un temps d'échange avec le jury sur cette question (10 minutes) et sur votre projet d'orientation (5 minutes).

II Comment préparer le Grand Oral de mathématiques ?

- Le Grand Oral se prépare dès la classe de première avec l'aide de vos professeurs.
- Vous devrez y montrer ce que vous avez acquis et retenu pendant vos années de première et de terminale.

1. Quels thèmes choisir pour l'exposé ?

- Il faut que le thème des questions vous intéresse. Cela va de soi, mais si l'on vous a imposé un thème que vous ne vous êtes pas approprié, vous serez moins à l'aise pour présenter votre sujet et le jury le remarquera inévitablement dans l'échange qu'il aura avec vous.
- Pour vous aider dans la construction de votre projet, vous trouverez dans les encadrés de certaines fiches des pistes suggérant des thèmes qui vous permettront une mise en perspective des notions techniques qui y sont abordées. Il vous appartiendra de les explorer et de les développer.
- Les programmes de mathématiques, que vos examinateurs connaîtront, recommandent explicitement « d'éclairer le cours par des éléments de contextualisation d'ordre historique, épistémologique ou culturel ». C'est pourquoi nombre de pistes font référence à l'histoire des mathématiques. D'autres renvoient à des applications pratiques des

mathématiques, telle le chiffrement selon la méthode RSA, ou encore à des notions surprenantes, comme le modèle « proie-prédateur ».

2. Un exemple : Pascal et les probabilités

- Blaise Pascal (1623-1666) fonde avec Pierre de Fermat, avec qui il correspondait, la théorie des probabilités en résolvant de façon consistante le problème des partages (qu'on nommait à son époque « problèmes des partis », le terme « partis » signifiant ici « partages ») après des tentatives infructueuses des mathématiciens italiens Pacioli, Tartaglia et Cardan.
- On peut schématiser le problème ainsi : deux joueurs A et B misent chacun 32 € et jouent à pile ou face. Si pile apparaît, A marque un point. Sinon, B marque un point. Le joueur ayant totalisé 3 points le premier a gagné la totalité des 64 €.
- Il se trouve que la partie est interrompue lorsque le joueur A a 2 points et le joueur B a 1 point. Comment répartir équitablement leurs mises initiales ?
- Si la partie s'était poursuivie, il y aurait eu deux possibilités au coup suivant : PILE (alors A a 3 points et B a 1 point) ou FACE (alors A a 2 points et B a 2 points).
- Dans le premier cas, A aurait gagné les 64 €. Dans le second cas, il aurait eu une chance sur deux de gagner et le score aurait été de A = 2 et B = 2. Il aurait été alors équitable de donner à chacun sa mise initiale de 32 € car ils auraient eu chacun une chance sur deux de gagner. En cas d'interruption, il est donc juste de donner à A *au moins* 32 €. Il reste les 32 autres euros à répartir. Comme il y a une chance sur deux pour que PILE apparaisse au jet suivant, il faut les répartir équitablement. Ainsi A doit recevoir $32 + \frac{1}{2}32 = 48$ et B recevra alors le reste, c'est-à-dire 16 €.
- Pascal raisonne de manière analogue dans les autres cas, au moment de l'interruption. Par exemple, si A = 2 et B = 0, alors A reçoit 56 € : 48 € au minimum si au coup suivant on a A = 2 et B = 1 et la moitié du reste si on a A = 3 et B = 0 : $\left(48 + \frac{1}{2}(64 - 48)\right)$ et B 8 €.
- D'un simple jeu de hasard découle une théorie mathématique !
- En 1655, Pascal publie une étude détaillée du triangle qui porte son nom en Occident mais que les mathématiciens chinois Zhu Shi Jie et perse al-Kashi connaissaient déjà dès le XIVe siècle.
- Conseils : il est intéressant de comparer les solutions proposées par les mathématiciens italiens, et Fermat, avec celle de Pascal. Celui-ci ne considère que le nombre de jets qui manquent aux joueurs.

Forme algébrique et calculs

FICHE 43

I ℂ, ensemble des nombres complexes

1. Le nombre *i*

• On définit un nombre i non réel vérifiant $i^2 = -1$.

i et $-i$ sont les deux nombres dont le carré est égal à -1.

2. Définition et premières propriétés

• **Remarque :** un nombre complexe z est un nombre de la forme $x + iy$ où x et y sont deux **réels**.

La partie imaginaire est un nombre réel

x s'appelle la partie réelle de z ($x = Re(z)$), y sa partie imaginaire ($y = Im(z)$) et $x + iy$ s'appelle **la forme algébrique** de z.

• **Remarque :** $\mathbb{R} \subset \mathbb{C}$ (il suffit de choisir $y = 0$)

• **Définition :** $i\mathbb{R}$ est l'ensemble des nombres de la forme iy. On les nomme **imaginaires purs**.

• **Propriétés :** soit $z = x + iy$ et $z' = x' + iy'$ deux nombres complexes.

1. $z = z' \Leftrightarrow Re(z) = Re(z')$ ET $Im(z) = Im(z')$.
2. $z + z' = (x + x') + i(y + y')$.
3. $zz' = (xx' - yy') + i(xy' + x'y)$.
4. $z \in \mathbb{R} \Leftrightarrow Im(z) = 0$ et $z \in i\mathbb{R} \Leftrightarrow Re(z) = 0$. On dispose ainsi d'un moyen de caractériser les nombres réels et imaginaires purs.

3. Conjugué d'un nombre complexe

• **Définition :** le nombre complexe conjugué de $z = x + iy$ est le nombre complexe $\bar{z}$ (z barre) défini par $\bar{z} = x - iy$

• **Propriétés immédiates :**

Remarquer la division par 2 et par $2i$.

1. $Re(z) = Re(\bar{z})$ et $Im(z) = -Im(\bar{z})$.
2. $z = \bar{z} \Leftrightarrow z \in \mathbb{R}$ et $z = -\bar{z} \Leftrightarrow z \in i\mathbb{R}$.
3. $z + \bar{z} = 2x \Leftrightarrow Re(z) = \dfrac{z + \bar{z}}{2}$ et $z - \bar{z} = 2iy \Leftrightarrow Im(z) = \dfrac{z - \bar{z}}{2i}$.

• **Conjugué et opérations :**

1. La conjugaison est involutive, c'est-à-dire $\bar{\bar{z}} = z$.
2. $z\bar{z} = x^2 + y^2$ (donc $z\bar{z}$ est un nombre réel positif).
3. Somme : $\overline{z + z'} = \bar{z} + \bar{z}'$ et produit : $\overline{zz'} = \bar{z}\,\bar{z}'$.
4. Division : lorsque $z' \neq 0$: $\overline{\left(\dfrac{z}{z'}\right)} = \dfrac{\bar{z}}{\bar{z}'}$ donc $\overline{\left(\dfrac{1}{z'}\right)} \neq \dfrac{1}{\bar{z}'}$.

II Calculs dans $\mathbb{C}$

Pour trouver la forme algébrique de $\frac{z}{z'}$ on utilise le conjugué de z'.

1. Forme algébrique d'un quotient

- Soit $x + iy$ la forme algébrique d'un nombre complexe non nul z. Alors :

$$\frac{1}{z} = \frac{\bar{z}}{z\bar{z}} = \frac{x - iy}{x^2 + y^2} = \frac{x}{x^2 + y^2} - i\frac{y}{x^2 + y^2}.$$

- **Définition :** plus que le résultat lui-même, c'est la méthode qu'il faut retenir. Elle est fondée sur l'égalité $z\bar{z} = x^2 + y^2$ qui est un nombre réel. Alors $\frac{z}{z'} = z \times \frac{1}{z'}$ et on utilise les formes algébriques de l'inverse et du produit.

2. Application

- **Énoncé :** pour tout nombre complexe z différent de 4, on définit $Z = \frac{iz - 4}{z - 4}$. Déterminer l'ensemble des points M d'affixe z du plan tels que Z soit réel (on appellera A le point de coordonnées (4 , 0)).
- **Réponse :** posons $z = x + iy$ ($(x , y) \in \mathbb{R}^2$). Alors :

$$Z = \frac{i(x + iy) - 4}{x + iy - 4} = \frac{-y - 4 + ix}{(x - 4) + iy} = \frac{(-y - 4 + ix)(x - 4 - iy)}{(x - 4)^2 + y^2}.$$

Cette étape est nécessaire pour écrire le dénominateur sous forme algébrique afin d'en prendre convenablement le conjugué.
Comme on sait que $z\bar{z} = x^2 + y^2$, on connaît immédiatement l'expression du dénominateur : $(x - 4)^2 + y^2$. Donc :

$$Z = \frac{-4x + 4y + 16 + i(x^2 + y^2 - 4x + 4y)}{(x - 4)^2 + y^2}$$

$$= \frac{-4x + 4y + 16}{(x - 4)^2 + y^2} + i\frac{(x^2 + y^2 - 4x + 4y)}{(x - 4)^2 + y^2}.$$

Donc $\text{Im}(Z) = \frac{x^2 + y^2 - 4x + 4y}{(x - 4)^2 + y^2}$.

C'est pourquoi :

$Z \in \mathbb{R} \Leftrightarrow x^2 + y^2 - 4x + 4y = 0 \Leftrightarrow (x - 2)^2 + (y + 2)^2 - 16 = 0$
$\Leftrightarrow (x - 2)^2 + (y + 2)^2 = 16 \Leftrightarrow IM^2 = 16$ où I le point de coordonnées (2 , –2).

Donc Z est réel si, et seulement si, IM = 4 et M ≠ A c'est-à-dire M appartient au cercle de centre I et de rayon 4 privé de A.

Module, argument et trigonométrie

FICHE 44

I Module et argument

Dans la suite, x et y sont des réels et on se place dans le plan muni d'un repère orthonormé direct $(O ; \vec{u} ; \vec{v})$.

1. Module

• **Définitions :** l'**affixe** d'un point $M(x ; y)$ est le nombre complexe $z = x + iy$. Le point M est l'**image** de z. Le **module** du nombre complexe $z = x + iy$ est le **nombre réel** $|z| = \sqrt{x^2 + y^2}$.

• **Propriétés :** pour tous nombres complexes z et z' :

1. $|z|^2 = z\bar{z}$;
2. $|zz'| = |z|\,|z'|$; $\left|\dfrac{1}{z'}\right| = \dfrac{1}{|z'|}$; $\left|\dfrac{z}{z'}\right| = \dfrac{|z|}{|z'|}$ à condition que $z' \neq 0$;
3. $|z + z'| \leqslant |z| + |z'|$: inégalité triangulaire.

2. Argument

• **Définition :** soit z un nombre complexe non nul d'image $M(x ; y)$. On appelle argument de z une mesure de l'angle orienté $(\vec{u} ; \overrightarrow{OM})$ à 2π près. On le note $\arg(z)$.

• **Propriétés :** pour tous nombres complexes z et z' non nuls :

1. $\arg(zz') = \arg(z) + \arg(z')$;
2. $\arg\left(\dfrac{1}{z}\right) = -\arg(z)$;
3. $\arg\left(\dfrac{z}{z'}\right) = \arg(z) - \arg(z')$;
4. pour tout entier relatif n, $\arg(z^n) = n\arg(z)$;
5. $\arg(\bar{z}) = -\arg(z)$;
6. $z \in \mathbb{R} \Leftrightarrow \arg(z) = k\pi$ ($k \in \mathbb{Z}$) et $z \in i\mathbb{R} \Leftrightarrow \arg(z) = \dfrac{\pi}{2} + k\pi$ ($k \in \mathbb{Z}$).

3. Interprétation géométrique

La figure ci-contre résume les paragraphes précédents. On voit notamment que l'image de $\bar{z}$ est symétrique de celle de z par rapport à l'axe des abscisses.

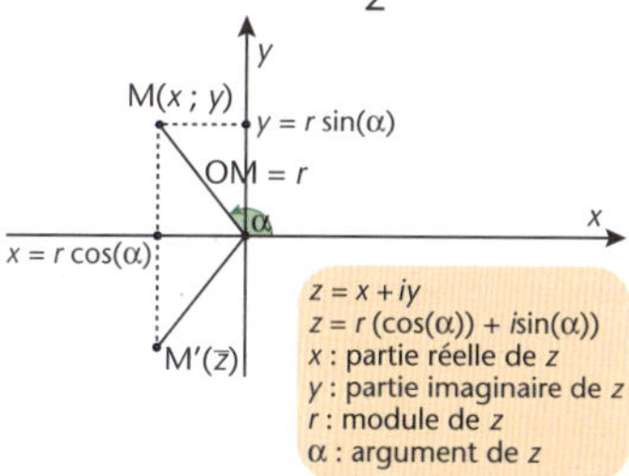

II Forme trigonométrique

1. Définition et formule de Moivre

• La forme trigonométrique d'un nombre complexe de module r et d'argument α est l'écriture $r(\cos\alpha + i\sin\alpha)$.

• **Conséquences** : si $z = r(\cos\alpha + i\sin\alpha)$ et $z' = r'(\cos\alpha' + i\sin\alpha')$, alors : $zz' = rr'(\cos(\alpha + \alpha') + i\sin(\alpha + \alpha'))$.

Cela résulte de ce que $|zz'| = |z||z'| = rr'$
et $\arg(zz') = \arg(z) + \arg(z') = \alpha + \alpha'$.

• En utilisant le produit des formes trigonométriques, on trouve :

$$\begin{aligned} zz' &= r(\cos\alpha + i\sin\alpha)r'(\cos\alpha' + i\sin\alpha') \\ &= rr'(\cos\alpha\cos\alpha' - \sin\alpha\sin\alpha' + i(\cos\alpha\sin\alpha' + \sin\alpha\cos\alpha')). \end{aligned}$$

• Par identification, on retrouve les formules d'addition :
- $\cos(\alpha + \alpha') = \cos\alpha\cos\alpha' - \sin\alpha\sin\alpha'$;
- $\sin(\alpha + \alpha') = \cos\alpha\sin\alpha' + \sin\alpha\cos\alpha'$.

• **Formule de Moivre**

Les formules précédentes conduisent, par un raisonnement par récurrence à : $\forall n \in \mathbb{Z} : (\cos\alpha + i\sin\alpha)^n = \cos(n\alpha) + i\sin(n\alpha)$.

En particulier : $\dfrac{1}{\cos\alpha + i\sin\alpha} = \cos(-\alpha) + i\sin(-\alpha) = \cos\alpha - i\sin\alpha$

2. Liens entre forme algébrique et forme trigonométrique

• Soit $x + iy$ la forme algébrique d'un nombre complexe z. Pour trouver sa forme trigonométrique, il faut calculer le module r de z puis trouver α satisfaisant les deux conditions $\cos\alpha = \dfrac{x}{r}$ et $\sin\alpha = \dfrac{y}{r}$.

Exemple : $z = 1 + i \Rightarrow z = \sqrt{2}\left(\cos\dfrac{\pi}{4} + i\sin\dfrac{\pi}{4}\right)$. En effet :
$|z| = \sqrt{1^2 + 1^2} = \sqrt{2}$ et $\cos\alpha = \dfrac{1}{\sqrt{2}}$ et $\sin\alpha = \dfrac{1}{\sqrt{2}}$.

• Il y a des formes trigonométriques plus immédiates.

Exemples : $i = 1\left(\cos\dfrac{\pi}{2} + i\sin\dfrac{\pi}{2}\right)$; $1 = 1(\cos 0 + i\sin 0)$, etc.

• D'autres formes nécessitent l'emploi d'une calculatrice.

Exemple : $z = 1 - 2i = \sqrt{5}\left(\dfrac{1}{\sqrt{5}} + \dfrac{i(-2)}{\sqrt{5}}\right)$. On trouve $\alpha \approx -116°$ à l'unité près.

Géométrie et forme exponentielle

FICHE 45

I Affixes et arguments utiles

• Dans le plan rapporté à un repère orthonormé $(O\,;\vec{u}\,;\vec{v})$, on considère des points M, A,… d'affixes respectives z_M, z_A,… et des nombres réels λ, μ,…

Objet	Affixe
$\overrightarrow{OM}$	$z_{\overrightarrow{OM}} = z_M$
$\overrightarrow{AB}$	$z_{\overrightarrow{AB}} = z_B - z_A$
$\vec{u} + \vec{v}$	$z_{\vec{u}} + z_{\vec{v}}$
$\lambda\vec{u}$	$\lambda z_{\vec{u}}$
Milieu de [AB]	$\dfrac{z_A + z_B}{2}$

• On a aussi $\arg(z_B - z_A) = (\vec{u}\,;\overrightarrow{AB})$.

• Illustration de l'**inégalité triangulaire** (→ *fiche 44*) : $|z + z'| \leqslant |z| + |z'|$.

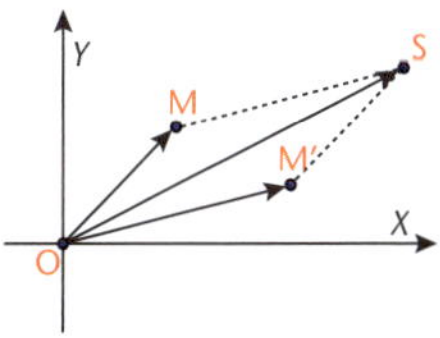

En effet, si l'on pose $\overrightarrow{OM} + \overrightarrow{OM'} = \overrightarrow{OS}$,
$|z + z'| = |z_{\overrightarrow{OM}+\overrightarrow{OM'}}| = OS$
et $|z| + |z'| = OM + OM'$,
on a bien $OS \leqslant OM + OM'$.

• **Application :** l'interprétation géométrique du quotient $\dfrac{z_B - z_A}{z_C - z_A}$ est particulièrement utile. En effet, $\left|\dfrac{z_B - z_A}{z_C - z_A}\right| = \dfrac{AB}{AC}$ et

$$\arg\left(\frac{z_B - z_A}{z_C - z_A}\right) = \arg(z_B - z_A) - \arg(z_C - z_A) = (\vec{u}\,;\overrightarrow{AB}) - (\vec{u}\,;\overrightarrow{AC}).$$

$$\Rightarrow \arg\left(\frac{z_B - z_A}{z_C - z_A}\right) = (\overrightarrow{AC}\,;\overrightarrow{AB}).$$

• **Énoncé type :** on considère les points A, B, C d'abscisses respectives $-3 + 4i$, $-6 + 5i$ et $-4 + i$. Montrer que le triangle ABC est rectangle et isocèle en A.

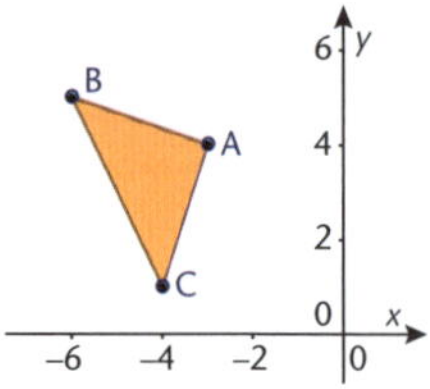

• **Réponse :** on trouve $\frac{z_B - z_A}{z_C - z_A} = -i$.

Alors $\frac{AB}{AC} = 1$ et $(\overrightarrow{AC} ; \overrightarrow{AB}) = -\frac{\pi}{2}$,
donc $AB = AC$ et $\widehat{BAC} = 90$ °.

II Forme exponentielle

• **Définition :** soit z un nombre complexe non nul de module r et dont un argument est α. La forme exponentielle de z est l'écriture $re^{i\alpha}$.

• r doit être strictement positif.
• Le nombre e est le nombre de Néper et i le nombre complexe habituel.
• On a bien sûr $re^{i\alpha} = r(\cos\alpha + i\sin\alpha)$.
• $e^{i(\alpha+2k\pi)} = e^{i\alpha}$ pour tout entier relatif k.
• Les propriétés de la fonction exponentielle s'appliquent : par exemple, $e^{-i\alpha} = \frac{1}{e^{i\alpha}}$.

| **Exemples :** $e^{i2k\pi} = 1$; $e^{i\pi} = -1$; $e^{\frac{i\pi}{2}} = i$.

• **Formules d'Euler**

$$\forall\alpha \in \mathbb{R} : \cos\alpha = \frac{e^{i\alpha} + e^{-i\alpha}}{2} \quad \sin\alpha = \frac{e^{i\alpha} - e^{-i\alpha}}{2i}$$

Elles résultent de $e^{i\alpha} = \cos\alpha + i\sin\alpha$ et $e^{-i\alpha} = \cos\alpha - i\sin\alpha$ que l'on additionne pour $\cos\alpha$ et soustrait pour $\sin\alpha$.

• La forme exponentielle est utile pour calculer des puissances de nombres complexes :

• **Énoncé :** calculer $\left(\frac{1}{2} + \frac{i\sqrt{3}}{2}\right)^{2022}$.

• **Réponse :** Posons $z = \frac{1}{2} + i\frac{\sqrt{3}}{2}$. On sait que

$$\frac{1}{2} + i\frac{\sqrt{3}}{2} = \cos\frac{\pi}{3} + i\sin\frac{\pi}{3} \Rightarrow z = e^{\frac{i\pi}{3}}.$$

Donc $z^{2022} = \left(e^{\frac{i\pi}{3}}\right)^{2022} = e^{\frac{i2022\pi}{3}} = e^{i674\pi} = e^{i(2\times 337\pi)} = 1$.

Par conséquent $\left(\frac{1}{2} + \frac{i\sqrt{3}}{2}\right)^{2022} = 1$.

FICHE 46

Polynômes dans $\mathbb{C}$

I Résolution de $ax^2 + bx + c = 0$

Soit a, b et c trois nombres **réels** et $\Delta = b^2 - 4ac$ le discriminant de l'équation $ax^2 + bx + c = 0$.

- **Si $\Delta > 0$**, alors l'équation a deux solutions qui sont $\dfrac{-b-\sqrt{\Delta}}{2a}$ et $\dfrac{-b+\sqrt{\Delta}}{2a}$.
- **Si $\Delta = 0$**, alors l'équation a une seule solution qui est $-\dfrac{b}{2a}$.
- **Si $\Delta < 0$**, alors l'équation a deux solutions non réelles $\dfrac{-b-i\sqrt{-\Delta}}{2a}$ et $\dfrac{-b+i\sqrt{-\Delta}}{2a}$. Dans ce cas, les deux solutions sont conjuguées.
- **Remarques :** a, b et c étant réels, Δ est aussi un réel. Quelle que soit la nature des deux racines x_1 et x_2, on a toujours la factorisation $ax^2 + bx + c = a(x - x_1)(x - x_2)$. La relation d'ordre usuelle sur $\mathbb{R}$ ne se prolonge pas dans $\mathbb{C}$, c'est pourquoi on ne résout pas l'inéquation $ax^2 + bx + c \geqslant 0$ (ou $\leqslant 0$) lorsque $\Delta < 0$.

Exemple : résoudre dans $\mathbb{C}$ l'équation $x^2 + x + 1 = 0$.

On calcule $\Delta = 1^2 - 4 \times 1 \times 1 = -3$. L'équation a donc deux solutions non réelles conjuguées qui sont $\dfrac{-1-i\sqrt{3}}{2}$ et $\dfrac{-1+i\sqrt{3}}{2}$.

On peut donc factoriser ainsi :

$$x^2 + x + 1 = \left(x - \frac{-1-i\sqrt{3}}{2}\right)\left(x - \frac{-1+i\sqrt{3}}{2}\right).$$

$$= \frac{1}{4}(2x + 1 + i\sqrt{3})(2x + 1 - i\sqrt{3})$$

II Application

- **Énoncé type :** on considère le polynôme suivant :
$P(z) = z^3 + (-6 + 4i)z^2 + (13 - 24i)z + 52i$.

1. Trouver le nombre réel y tel que $P(iy) = 0$ et en déduire que l'équation $P(z) = 0$ a une solution imaginaire pure unique.

2. Trouver trois nombres réels a, b et c tels que, pour tout nombre complexe z, $P(z) = (z + 4i)(az^2 + bz + c)$.

3. Résoudre l'équation $P(z) = 0$ et placer les images des solutions dans le plan muni d'un repère orthonormé $(O ; \vec{u} ; \vec{v})$.

4. Soit D le point d'affixe 2. Montrer, en calculant des affixes de vecteurs, que le point D appartient une droite passant par deux des images précédentes.

• **Réponses : 1.** $P(iy) = (iy)^3 + (-6 + 4i)(iy)^2 + (13 - 24i)(iy) + 52i$.

Après développement, compte tenu de $i^3 = -i$ et $i^2 = -1$, on trouve :

$P(iy) = (6y^2 + 24y) + i(-y^3 - 4y^2 + 13y + 52)$.

Par conséquent : $P(iy) = 0 \Leftrightarrow \begin{cases} 6y(y+4) = 0 \\ -y^3 - 4y^2 + 13y + 52 = 0 \end{cases}$.

On peut raisonner ainsi car $y \in \mathbb{R}$. La première équation fournit $y = 0$ qui ne convient pas, et $y = -4$ qui convient. On vient de prouver que l'équation $P(z) = 0$ a une solution imaginaire pure qui est $-4i$.

2. Développons et ordonnons suivant les puissances décroissantes de z : $(z + 4i)(az^2 + bz + c) = az^3 + (b + 4ai)z^2 + (c + 4ib)z + 4ic$.

Par identification, on trouve $\begin{cases} a = 1 \\ 4c = 52 \\ b + 4ai = -6 + 4i \end{cases}$ ce qui fournit $c = 13$ et $b = -6$.

Pour tout $z \in \mathbb{C}$: $P(z) = (z + 4i)(z^2 - 6z + 13)$.

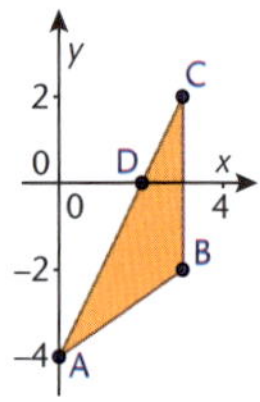

3. $P(z) = 0 \Leftrightarrow z = -4i$ ou $z^2 - 6z + 13 = 0$. La résolution de cette dernière équation conduit à $\Delta = 36 - 52 = -16$, et aux deux solutions non réelles conjuguées $\frac{6 - i\sqrt{16}}{2}$ et $\frac{6 + i\sqrt{16}}{2}$, c'est-à-dire $3 - 2i$ et $3 + 2i$. En conclusion, les solutions de l'équation $P(z) = 0$ sont $-4i$, $3 - 2i$, $3 + 2i$.

4. Avec les notations de la figure, démontrons que $D \in (AC)$, sachant que $z_A = -4i$, $z_D = 2$ et $z_C = 3 + 2i$.

$z_{\overrightarrow{DC}} = z_C - z_D = 1 + 2i$ et $z_{\overrightarrow{AC}} = z_C - z_A = 3 + 6i = 3(1 + 2i)$

$\Rightarrow z_{\overrightarrow{AC}} = 3z_{\overrightarrow{DC}}$.

Il en résulte que les vecteurs $\overrightarrow{DC}$ et $\overrightarrow{AC}$ sont colinéaires, donc que les points A, D, C sont alignés, ce qu'il fallait démontrer.

Pour aller plus loin : effectuez des recherches sur la résolution d'équations polynomiales par Albert Girard.

Nombres complexes

QUIZ-Mémorisation active

1 Conjugués et calculs dans $\mathbb{C}$

Questions	Réponses
Soit z un nombre complexe. Comment relier $Re(z)$ et $Im(z)$ avec z et son conjugué $\overline{z}$?	Si on note $z = x + iy$ avec $x \in \mathbb{R}$ et $y \in \mathbb{R}$, alors $\overline{z} = x - iy$ et donc $Re(z) = x = \frac{1}{2}(z + \overline{z})$ et $Im(z) = y = \frac{1}{2i}(z - \overline{z})$.
Soit k un entier relatif. Donner la forme algébrique de i^{4k}, i^{4k+1}, i^{4k+2}, i^{4k+3}.	Comme $i^4 = (i^2)^2 = (-1)^2 = 1$, on a successivement $i^{4k} = (i^4)^k = 1$, $i^{4k+1} = i^{4k} \times i = i$, $i^{4k+2} = i^{4k+1} \times i = i^2 = -1$ et $i^{4k+3} = i^{4k+2} \times i = (-1) \times i = -i$.
Le conjugué du nombre complexe $1 + iz$ est-il toujours $1 - iz$?	Non. En général. Le conjugué de $1 + iz$ est $1 - iz$ uniquement dans le cas où $z \in \mathbb{R}$ car alors $z = \overline{z}$.

2 Module et argument

Questions	Réponses
Le module d'un produit est-il égal au produit des modules ?	Oui. Cela signifie que $\lvert zz' \rvert = \lvert z \rvert \lvert z' \rvert$.
L'argument d'un produit est-il égal au produit des arguments ?	Non. Lorsque z et z′ sont non nuls, on a $\arg(zz') = \arg(z) + \arg(z')$.
Le module d'une somme est-il égal à la somme des modules ?	Non. Cependant, on dispose de l'inégalité triangulaire $\lvert z + z' \rvert \leq \lvert z \rvert + \lvert z' \rvert$.
L'argument d'une somme est-il égal à la somme des arguments ?	Non. Par exemple, $\arg(1 + i) = \frac{\pi}{4}$ et $\arg(1) = 0$ et $\arg(i) = \frac{\pi}{2}$, le tout modulo 2π.

3 Formes trigonométriques et équations

Questions	Réponses
Quelles sont les formes trigonométriques parmi : a. $\sin\frac{\pi}{3} + i\cos\frac{\pi}{3}$ b. $\cos\frac{\pi}{6}\left(\cos\frac{3\pi}{2} + i\sin\frac{3\pi}{2}\right)$ c. $-2\left(\cos\frac{\pi}{4} + i\sin\frac{\pi}{4}\right)$	Seule la réponse b. est vraie. Une forme trigonométrique est nécessairement de la forme $r(\cos x + i\sin x)$ où r est un réel strictement positif. Seule la forme b convient car $\cos\frac{\pi}{6} = \frac{\sqrt{3}}{2} > 0$.
Lorsqu'un polynôme du deuxième degré à coefficients réels a deux racines non réelles, quelle est la particularité de leurs images dans le plan ?	Un tel polynôme a deux racines qui sont conjuguées, dont les images sont symétriques par rapport à l'axe des abscisses.

SCHÉMAS-BILANS

Comment calculer le module de z et un argument ?

Module $r = |z|$

Avec la forme algébrique $x + iy$

$|z| = \sqrt{x^2 + y^2}$

Avec la forme trigonométrique

$r(\cos\alpha + i\sin\alpha)$

Avec la forme exponentielle

$re^{i\alpha}$

Argument $\alpha = \arg(z)$

Avec la forme algébrique $x + iy$

$\cos\alpha = \frac{x}{r}$ et $\sin\alpha = \frac{y}{r}$
d'où on déduit α

Avec la forme trigonométrique

On a directement r et α.

Avec la forme exponentielle

On a directement r et α.

Formules de Moivre et Euler

Moivre

$\forall x \in \mathbb{R}, \forall n \in \mathbb{Z}$

$(\cos x + i\sin x)^n = \cos(nx) + i\sin(nx)$

$\Leftrightarrow (e^{ix})^n = e^{inx}$

Euler

$\forall x \in \mathbb{R}$ $\cos x = \frac{e^{ix} + e^{-ix}}{2}$

et $\sin x = \frac{e^{ix} - e^{-ix}}{2i}$

Divisibilité et congruences

FICHE 48

I Divisibilité

1. Diviseurs et multiples

• Soit a et b deux nombres relatifs. Dire que a divise b (on note $a \mid b$) signifie qu'il existe un entier relatif k tel que $b = ak$. On dit alors que a est un **diviseur** de b et que b est un **multiple** de a.

• **Propriétés :** soit a, b, c, u et v des entiers relatifs.

1. Réflexivité : $a \mid a$.
2. Transitivité : $(a \mid b \text{ et } b \mid c) \Rightarrow a \mid c$.
3. Antisymétrie : $(a \mid b \text{ et } b \mid a) \Rightarrow a = b$.
4. Si c divise a et b, alors c divise toute combinaison linéaire de a et b, c'est-à-dire tout nombre de la forme $au + bv$. En particulier, $c \mid a + b$ et $c \mid a - b$.

• Tout entier relatif x a au moins deux diviseurs : 1 et -1 et, s'il est distinct de -1 et de 1, il a au moins quatre diviseurs : -1, 1, x, $-x$.

0 est un multiple de tout entier relatif.

2. Division euclidienne

• **Théorème :** soit a un entier relatif et b un entier relatif non nul. Il existe un unique couple d'entiers (q, r) tels que $a = bq + r$ avec $0 \leqslant r < |b|$. Le procédé qui permet de trouver q et r est la division euclidienne de a par b.

• a est un multiple de b si, et seulement si, le reste de la division euclidienne de a par b est nul.

• L'inégalité $0 \leqslant r < |b|$ assure l'unicité de q et de r.

II Congruences

1. Théorie

• Soit n un entier naturel non nul. Dire que l'entier relatif a est congru à l'entier relatif b modulo n, ou que a et b sont congrus modulo n signifie que a et b ont le même reste dans la division euclidienne par n. On écrit **$a \equiv b\ [n]$ (a congru à b modulo n)**.

- **Propriétés :** soit a, b, c des entiers relatifs, et $n \in \mathbb{N}^*$.

1. $a \equiv b\,[n]$ équivaut à $a - b$ est divisible par n.
2. $a \equiv 0\,[n]$ signifie que a est divisible par n.
3. $a \equiv a\,[n]$ (réflexivité).
4. $(a \equiv b\,[n]$ et $b \equiv c\,[n]) \Rightarrow a \equiv c\,[n]$ (transitivité).

- **Définition :** si $a \equiv b\,[n]$ et si $0 \leqslant b < n$, alors b s'appelle le résidu de a modulo n. Il y a donc n résidus modulo n : 0, 1,…, $n - 1$.

L'inverse et la division ne sont pas des opérations usuelles en arithmétique car l'inverse d'un entier n'est pas nécessairement un entier.

- **Théorème :** la relation de congruence est compatible avec l'addition et la multiplication. Autrement dit : $(a \equiv b\,[n]$ et $c \equiv d\,[n]) \Rightarrow (a + c \equiv b + d\,[n]$ et $ac \equiv bd\,[n])$.

- **Corollaires :** soit a et b deux entiers relatifs, et n et p deux entiers de $\mathbb{N}^*$:

$$a \equiv b\,[n] \Rightarrow a^p \equiv b^p\,[n].$$

2. Pratique

- **Énoncé**

1. Résoudre dans $\mathbb{Z}$ l'équation $8x \equiv 7\,[5]$.
2. Démontrer que, pour tout entier naturel, $3^{n+3} \equiv 4^{4n+2}[11]$.

- **Réponses**

1. Il suffit de raisonner sur les résidus modulo 5 et de construire une table de multiplication.

x	0	1	2	3	4
3	0	3	1	4	2

$8x \equiv 7\,[5] \Leftrightarrow 3x \equiv 2\,[5]$. En effet, $8 \equiv 3\,[5]$ et $7 \equiv 2\,[5]$.

On voit que $x \equiv 4\,[5]$ car $3 \times 4 \equiv 2[5]$. On en déduit que les solutions sont les nombres relatifs de la forme $5k + 4$ où $k \in \mathbb{Z}$.

2. « Nettoyons » modulo 11. $3^{n+3} = 3^3\,3^n = 27 \times 3^n \Rightarrow 3^{n+3} \equiv 5 \times 3^n$ car $27 = 2 \times 11 + 5 \Rightarrow 27 \equiv 5\,[11]$

$4^{4n+2} = 4^2(4^4)^n = 4^2((4^2)^2)^n \Rightarrow 4^{4n+2} \equiv 5 \times (5^2)^n \equiv 5 \times 3^n$, ce qu'il fallait démontrer.

En effet, $4^2 = 16 = 11 + 5 \Rightarrow 4^2 \equiv 5\,[11] \Rightarrow (4^2)^2 \equiv 5^2[11]$. Or $5^2 = 25 = 2 \times 11 + 3 \Rightarrow 5^2 \equiv 3\,[11]$.

PGCD et applications

I PGCD

- **Définition :** soit a et b deux entiers relatifs dont l'un au moins est non nul. Le PGCD de a et b est leur plus grand diviseur commun. On le note **PGCD(a, b)** ou **$a \wedge b$**. On a donc PGCD(a, b) $\geqslant 0$.
- Lorsque $a \wedge b = 1$, les deux entiers a et b sont dits **premiers entre eux**.
- Soit a, b des entiers relatifs :

$a \wedge 0 = |a|$ $\quad$ $a \wedge 1 = 1$ $\quad$ $a \wedge b = |a| \wedge |b|$

$a \mid b \Rightarrow a \wedge b = |a|$ donc si a est un diviseur de b, alors PGCD(a, b) = $|a|$.

- Soit a, b des entiers **naturels** non nuls, avec $b > a$. Soit r le reste de la division euclidienne de a par b ; alors $a \wedge b = b \wedge r$. Autrement dit, quels que soient a, b : $a = bq + r \Rightarrow \text{PGCD}(a\,;b) = \text{PGCD}(b\,;r)$. C'est le principe de l'**algorithme d'Euclide**.
- Les diviseurs communs à a et b sont les diviseurs de leur PGCD.
- $\text{PGCD}(ka, kb) = |k|\text{PGCD}(a, b)$ (k appartient à $\mathbb{Z}$).
- δ est le PGCD de a et b si, et seulement si, $\dfrac{a}{\delta}$ et $\dfrac{b}{\delta}$ sont premiers entre eux.

L'algorithme d'Euclide permet de déterminer le PGCD de a et b par divisions euclidiennes successives : c'est le dernier reste non nul du processus.

Exemple : déterminer le PGCD de 322 et 69.

a	b	r	
322	69	46	$322 = 69 \times 1 + 46$
69	46	23	$69 = 46 \times 1 + 23$
46	23	0	$46 = 23 \times 2 + 0$

On a donc $322 \wedge 69 = 23$.

- Le programme Python suivant définit la fonction pgcd qui fournit 23 lorsqu'on saisit pcgd(322,69) à la console (a%b renvoie le reste de la division euclidienne de a par b)

```
def pgcd(a,b):
        if b==0:
                return a
        else:
                return pgcd(b,a%b)
```

II Applications

1. Propositions de Bézout

• **Identité de Bézout :** soit a et b deux entiers relatifs non nuls dont le PGCD est d. Alors il existe deux entiers relatifs u et v tels que $au + bv = d$.

• **Théorème de Bézout :** deux entiers relatifs a et b sont premiers entre eux si, et seulement si, il existe deux entiers relatifs u et v tels que $au + bv = 1$.

• **Remarque :** dans les deux cas, les entiers u et v ne sont pas uniques.

2. Théorème de Gauss

• **Théorème :** soit a, b, c trois entiers relatifs non nuls. Si a divise bc et si a et b sont premiers entre eux, alors a divise c. Autrement dit : $(a \mid bc \text{ et } a \wedge b = 1) \Rightarrow a \mid c$.

• **Corollaire :** supposons **a et b premiers entre eux**. Si chacun d'eux est un diviseur de c, alors leur produit est aussi un diviseur de c. Autrement dit : $(a \mid c,\ b \mid c,\ a \wedge b = 1) \Rightarrow ab \mid c$.

• **Remarque :** l'hypothèse « a et b premiers entre eux » est essentielle. En effet, 3 et 6 divisent 12, mais 3×6 ne divise pas 12 ! Donc 3 et 6 ne sont pas premiers entre eux.

3. Application

• **Énoncé :** trouver tous les entiers relatifs x et y vérifiant $17x - 5y = 7$, sachant que le couple $(1 ; 2)$ est solution.

• **Réponse :** on a $\begin{cases} 17x - 5y = 7 \\ 17 \times 1 - 5 \times 2 = 7. \end{cases}$

Par soustraction : $17(x-1) - 5(y-2) = 0 \Rightarrow 17(x-1) = 5(y-2)$.
5 et 17 sont premiers entre eux ; 5 divise $17(x - 1)$ donc 5 divise $x - 1$ d'après le théorème de Gauss. On a donc $x - 1 = 5k$, donc $x = 1 + 5k$, k étant un entier relatif quelconque. Il en résulte que $17 \times 5k = 5(y-2) \Rightarrow y = 17k + 2$. On trouve donc $x = 1 + 5k$ et $y = 2 + 17k$, k étant un entier relatif quelconque.

FICHE 50

Nombres premiers

I Théorie

1. Définition

• Un **nombre premier** est un entier naturel qui a exactement deux diviseurs.

- 1 n'est pas premier ; en effet, il n'a qu'un seul diviseur : 1.
- Les deux diviseurs d'un nombre premier sont 1 et lui-même.
- Tous les nombres premiers sont impairs, sauf 2.

2. Propriétés

• Soit n un nombre entier non premier. Le plus petit diviseur de n autre que 1 est un nombre premier.

En effet, soit $d > 1$ le plus petit diviseur de n. Si d n'était pas premier, il aurait un diviseur d' qui serait strictement plus petit que d. d' serait un diviseur de n et cela contredirait le statut de d.

• On en déduit que tout nombre strictement supérieur à 1 admet au moins un diviseur premier.

• Tout nombre premier p est premier avec tout entier qui n'est pas divisible par p.

• Deux nombres premiers distincts sont premiers entre eux.

• Si p est premier et divise le produit ab, alors p divise a ou p divise b.

> Il faut bien différencier « nombre premier » (au singulier) et « nombres premiers entre eux » (au pluriel).

> p peut également diviser les deux. Cette propriété ne vaut pas pour les nombres non premiers : $6|(3 \times 4)$ mais 6 ne divise ni 3 ni 4.

• **Décomposition en facteurs premiers :** tout entier naturel x strictement supérieur à 1 se décompose de manière unique en un produit de puissances de nombres premiers. Plus précisément : il existe n nombres premiers uniques $p_1, p_2, \ldots, p_n$ et n entiers strictement positifs uniques $\alpha_1, \alpha_2, \ldots, \alpha_n$ tels que $x = p_1^{\alpha_1} p_2^{\alpha_2} \ldots p_n^{\alpha_n} = \prod_{i=1}^{i=n} p_i^{\alpha_i}$. On en déduit que la décomposition de tout diviseur de x s'écrit sous la forme $\prod_{i=1}^{i=n} p_i^{\beta_i}$ où les nombres β_i sont des entiers compris au sens large entre 0 et α_i.

II Applications

1. Calcul du PGCD

• **Théorème :** soit a et b deux entiers naturels. Le PGCD de deux entiers a et b est égal à 1 ou au produit des nombres premiers communs aux deux décompositions élevés chacun à leur plus petite puissance.

Exemple : si $a = 3^7 \times 11^3 \times 19^4$ et $b = 2^5 \times 3^4 \times 7^8 \times 19^3$, alors $\text{PGCD}(a\,;b) = 3^4 \times 19^3$.

• On peut obtenir la décomposition en facteurs premiers d'entiers naturels « pas trop grands » grâce à des logiciels de calcul formel ou sur certaines calculatrices.

Exemple : avec Xcas, ifactor(87654321) donne $3^2 \times 1\,997 \times 4\,877$ et ifactor(4 877) donne 4 877 ce qui signifie que 4 877 est premier.

2. Nombre de diviseurs d'un entier

• **Énoncé**

1. Combien 198 a-t-il de diviseurs ? Les écrire tous.

2. Combien un entier naturel $x > 0$ a-t-il de diviseurs ?

• **Réponse**

1. On utilise la décomposition de 198 en facteurs premiers :
$198 = 2 \times 99 = 2 \times 9 \times 11 \Rightarrow 198 = 2 \times 3^2 \times 11$.

Tout diviseur de 198 s'écrit donc sous la forme $2^{\beta_1} \times 3^{\beta_2} \times 11^{\beta_3}$ avec $0 \leqslant \beta_1 \leqslant 1$, $0 \leqslant \beta_2 \leqslant 2$ et $0 \leqslant \beta_3 \leqslant 1$. Il y a donc deux choix pour β_1, trois pour β_2 et deux pour β_3, soit $2 \times 3 \times 2$ c'est-à-dire 12 choix en tout, donc 12 diviseurs. Ce sont : 1 et 198,2 et 99,3 et 66,6 et 33,9 et 22,11 et 18.

2. Si $x = \prod_{i=1}^{i=n} p_i^{\alpha_i}$, tout diviseur de x a pour décomposition $\prod_{i=1}^{i=n} p_i^{\beta_i}$ avec $0 \leqslant \beta_i \leqslant \alpha_i$. Choisir un diviseur de x revient donc à choisir β_1, β_2, …, β_n.

Il y a $\alpha_1 + 1$ choix pour β_1 : $0, 1, \ldots, \alpha_1$.

Il y a $\alpha_2 + 1$ choix pour β_2 : $0, 1, \ldots, \alpha_2 \ldots$

Il y a $\alpha_n + 1$ choix pour β_n : $0, 1, \ldots, \alpha_n$.

Au total, il y a donc $(\alpha_1 + 1)(\alpha_2 + 1)\ldots(\alpha_n + 1)$ choix possibles, donc $(\alpha_1 + 1)(\alpha_2 + 1)\ldots(\alpha_n + 1)$ diviseurs de x.

Résolution d'un système et programmation

On veut résoudre le système suivant, où x et y sont deux entiers naturels.

$$\begin{cases} x^2 - y^2 = 5\,440 \\ x \wedge y = 8 \end{cases}$$

1. a. Décomposer 5 440 en facteurs premiers.
b. En déduire le plus grand entier n tel que $5\,440 = n^2 \times m$ où m est un entier.
2. a. Montrer que la question revient à trouver deux entiers naturels x' et y' premiers entre eux vérifiant l'équation $x'^2 - y'^2 = 85$.
b. Résoudre l'équation précédente et conclure.
3. Cette question est indépendante des précédentes. Le programme Python suivant permet l'affichage des diviseurs associés de l'entier naturel n, c'est-à-dire les entiers naturels a et b tels que $n = ab$.

```
1. from math import *
2. n=int(input("n = "))#demande de saisie de n
3. m=floor(sqrt(n))#partie entière de la racine de n
4. for k in range(1,m+1):
5.         if n%k==0:
6.                 print(k, n/k)
```

a. Quelle est la mission de la boucle for (ligne n° 4) ?
b. Pourquoi suffit-il de faire des tests avec des entiers $\sqrt{n}$?

Utiliser les critères de divisibilité.

1. a. $5\,440 = 10 \times 544 = 2 \times 5 \times 4 \times \underbrace{136}_{4 \times 34} = 2^3 \times 5 \times 4 \times \underbrace{34}_{2 \times 17}$

$= 2^5 \times 5 \times 2 \times 17 = 2^6 \times 5 \times 17.$

Repérer les nombres premiers qui ont des exposants pairs.

1. b. On a donc $5\,440 = 2^6 \times 5 \times 17 \Rightarrow 5\,440 = 64 \times 85$.
On trouve donc $n^2 = 64 = 8^2 \Rightarrow n = 8$ et $m = 85$.

Si δ est le PGCD de *a* et *b* alors $\frac{a}{\delta}$ et $\frac{b}{\delta}$ sont premiers entre eux.

2. a. Posons $x' = \frac{x}{8}$ et $y' = \frac{y}{8}$. Alors x' et y' sont premiers entre eux. Donc : x et y existent si et seulement si $(8x')^2 - (8y')^2 = 5\,440$ c'est-à-dire $64(x'^2 - y'^2) = 64 \times 85 \Leftrightarrow x'^2 - y'^2 = 85$.

Lister les diviseurs de 85 et utiliser une identité remarquable.

2. b. $85 = 1 \times 85$ et $85 = 5 \times 17$. Les diviseurs positifs de 85 sont donc 1, 5, 17, 85. De plus : $x'^2 - y'^2 = (x' - y')(x' + y')$. Ainsi $x'^2 - y'^2 = 85 \Leftrightarrow (x' - y')(x' + y') = 85$.
On cherche donc des entiers naturels x' et y' premiers entre eux tels que $x' - y'$ et $x' + y'$ soient des diviseurs positifs de 85.

Par conséquent, $x'^2 - y'^2 = 85$ équivaut à (1)$\begin{cases} x' - y' = 1 \\ x' + y' = 85 \end{cases}$ ou

(2)$\begin{cases} x' - y' = 5 \\ x' + y' = 17 \end{cases}$ ou (3)$\begin{cases} x' - y' = 17 \\ x' + y' = 5 \end{cases}$ ou (4)$\begin{cases} x' - y' = 85 \\ x' + y' = 1 \end{cases}$.

Par addition le système (1) fournit $2x' = 86 \Rightarrow x' = 43$ et donc $y' = 42$.
De même le système (2) fournit $2x' = 22 \Rightarrow x' = 11$ et donc $y' = 6$.
Le système (3) fournit $2x' = 22 \Rightarrow x' = 11$ et $y' = -6$, solutions à rejeter car $y' < 0$.
Le système (4) fournit $2x' = 86 \Rightarrow x' = 43$ et $y' = -42$, solutions à rejeter car $y' < 0$.
Finalement les couples $(x' ; y')$ d'entiers naturels solutions de l'équation $x'^2 - y'^2 = 85$ sont (43 ; 42) et (11 ; 6).

Relier *x'*, *y'* avec *x* et *y*.

Puisque $x = 8x'$ et $y = 8y'$, on trouve donc les couples $(x ; y)$ solutions du système initial sont (344 ; 336) et (88 ; 48).

n%k renvoie le reste de la division euclidienne de *n* par *k*.

3. a. La boucle *for* teste les entiers de l'intervalle [1 ;floor($\sqrt{n}$)].
Si k est un diviseur de n, c'est-à-dire si le reste de la division euclidienne de n par k est nul alors k est un diviseur de n et donc $\frac{n}{k}$ est son diviseur associé. Par conséquent, on affiche ces deux nombres. Sinon la boucle se poursuit.

Si $n = ab$ et $a \leqslant b$ alors $a^2 \leqslant ab \Rightarrow a \leqslant \sqrt{n}$ et $ab \leqslant b^2 \Rightarrow \sqrt{n} \leqslant b$.

3. b. Si on teste les entiers naturels diviseurs de n jusqu'à la partie entière de $\sqrt{n}$ alors on obtient des diviseurs associés dont l'un est inférieur ou égal à $\sqrt{n}$ et l'autre supérieur ou égal à $\sqrt{n}$. Il est donc inutile de tester ceux qui sont $\geqslant \sqrt{n}$.

Arithmétique

QUIZ-Mémorisation active

1 Divisibilité et congruences

Questions	Réponses
Les affirmations suivantes sont-elles vraies ou fausses ? **a.** Le nombre 0 est un multiple de tout entier. **b.** Le nombre 1 est un diviseur de tout entier.	Les deux affirmations sont vraies car, pour tout entier n, $0 = 0 \times n$ et $n = 1 \times n$.
Soit a et b deux entiers. Si $ab \equiv 0\ [6]$ alors $a \equiv 0\ [6]$ ou $b \equiv 0\ [6]$. Vrai ou faux ? Justifier.	Faux. En effet, $2 \times 3 \equiv 0\ [6]$ mais on n'a ni $2 \equiv 0\ [6]$ ni $3 \equiv 0\ [6]$. Lorsque p est premier, on peut démontrer que $ab \equiv 0\ [p] \Rightarrow a \equiv 0\ [p]$ ou $b \equiv 0\ [p]$.

2 (In)équations

Questions	Réponses
Quel lien y a-t-il entre le PGCD de deux entiers et les diviseurs communs de ces deux entiers ?	On prend les nombres premiers communs aux deux décompositions et on les élève à leurs plus petits exposants.
Soit a et b deux entiers non nuls. Posons $\delta = a \wedge b$. Que peut-on dire des entiers $a' = \frac{a}{\delta}$ et $b' = \frac{a}{\delta}$?	Les entiers a' et b' sont premiers entre eux.
Soit a, b, n trois entiers naturels. $\delta = a \wedge b \Rightarrow a^n \wedge b^n = \delta^n$: vrai ou faux ?	Vrai. Il suffit de considérer la décomposition de a et b en facteurs premiers.

3 Nombre premiers

Questions	Réponses
Les affirmations suivantes sont-elles vraies ou fausses ? **a.** Tout nombre premier est impair. **b.** Si deux nombres premiers p et p' sont distincts alors ils sont premiers entre eux. **c.** Donner deux entiers non premiers et premiers entre eux.	**a.** Faux. 2 est premier et pair. C'est le seul nombre premier pair. **b.** Vrai. Les seuls diviseurs de p et p' sont 1, p et p'. Leur seul diviseur commun est donc 1. **c.** Les nombres $6 = 2 \times 3$ et $35 = 5 \times 7$ sont tous les deux non premiers et sont premiers entre eux car ils n'ont d'autre diviseur commun que 1.
Comment trouver le PGCD de deux entiers naturels connaissant leur décomposition en facteurs premiers ?	Tout diviseur commun à deux entiers est un diviseur de leur PGCD.

SCHÉMA-BILAN

Résoudre $ax + by = 1$, tous les nombres étant entiers

Si a et b sont premiers entre eux, alors on cherche des solutions particulières x_0 et y_0.

↓

On résout $\begin{cases} ax + by = 1 \\ ax_0 + by_0 = 1 \end{cases}$

$\Rightarrow a(x - x_0) = -b(y - y_0) \quad (1)$

↓

On applique le théorème de Gauss : $a|(y - y_0)$ car $a \wedge b = 1$ et on trouve $y = ka + y_0$.

↓

Donc $y - y_0 = ka \Rightarrow y = y_0 + ka \ (k \in \mathbb{Z})$

↓

On remplace dans (1) et on trouve x.

Si a et b ne sont pas premiers entre eux : pas de solution.

Éléments de base des matrices

FICHE 53

I Généralités

• **Définitions : 1.** Une matrice est un tableau de nombres à n lignes et p colonnes. Si $n = p$, la matrice est dite carrée d'ordre n. Si $n = 1$, c'est une matrice ligne et si $p = 1$, c'est une matrice colonne.

On note $a_{i,j}$ l'élément de la ligne i et de la colonne j.

n	p	Exemple	Nom	$a_{i,j}$: exemple
2	2	$\begin{pmatrix} a & b \\ c & d \end{pmatrix}$	Matrice carrée d'ordre 2	$a_{21} = c$ et $a_{22} = d$
1	3	$(1 \quad 2 \quad 3)$	Matrice ligne à trois colonnes	$a_{13} = 3$ et a_{31} n'existe pas
2	1	$\begin{pmatrix} a \\ b \end{pmatrix}$	Matrice colonne à deux lignes	$a_{21} = b$ et a_{12} n'existe pas
2	3	$\begin{pmatrix} 1 & 2 & 3 \\ 4 & 5 & 6 \end{pmatrix}$	Matrice à deux lignes et trois colonnes	$a_{23} = 6$ et $a_{12} = 2$

2. Une matrice **carrée** est dite **diagonale** lorsque tous ses termes sont nuls sauf éventuellement ceux de sa diagonale. Donc $i \neq j \Rightarrow a_{ij} = 0$.

Les éléments de la diagonale sont de la forme $a_{i,i}$ $(i = j)$.

3. Une matrice diagonale dont tous les termes diagonaux sont égaux à 1 s'appelle une **matrice identité** d'ordre n, notée I_n.

Exemples : $D = \begin{pmatrix} 2 & 0 & 0 \\ 0 & 0 & 0 \\ 0 & 0 & -1 \end{pmatrix}$ est une matrice diagonale.

$I_2 = \begin{pmatrix} 1 & 0 \\ 0 & 1 \end{pmatrix}$ est la matrice identité d'ordre 2.

3. Une matrice nulle est une matrice dont **tous les termes** sont nuls.

On la note 0. $N = \begin{pmatrix} 0 & 0 \\ 0 & 0 \end{pmatrix}$ est la matrice nulle d'ordre 2. Une matrice nulle est donc une matrice diagonale particulière.

- Ne pas confondre une matrice nulle avec le nombre réel 0.

II Opérations élémentaires sur les matrices

- **Addition et soustraction :** pour additionner ou soustraire deux matrices $A(a_{ij})$ et $B(b_{ij})$, il faut et il suffit qu'elles aient les mêmes dimensions, c'est-à-dire le même nombre de lignes et le même nombre de colonnes. Alors $A + B = C(a_{ij} + b_{ij})$ et $A - B = D(a_{ij} - b_{ij})$.

Exemples : si $A = \begin{pmatrix} 1 & 2 \\ 3 & 4 \end{pmatrix}$ et $B = \begin{pmatrix} -1 & 0 \\ 2 & -1 \end{pmatrix}$

alors $A + B = \begin{pmatrix} 0 & 2 \\ 5 & 3 \end{pmatrix}$.

Si $A = \begin{pmatrix} 0 \\ 1 \end{pmatrix}$ et $B = \begin{pmatrix} 1 \\ -2 \end{pmatrix}$, alors $A + B = \begin{pmatrix} 1 \\ -1 \end{pmatrix}$

- **Multiplication externe :** pour tout nombre α : $\alpha A = B(\alpha a_{ij})$.

Il suffit de multiplier chaque terme de A par α.

Exemples : si $A = \begin{pmatrix} 1 & 2 & 0 \\ 3 & 4 & 0 \\ 5 & 0 & 6 \end{pmatrix}$, alors $2A = \begin{pmatrix} 2 & 4 & 0 \\ 6 & 8 & 0 \\ 10 & 0 & 12 \end{pmatrix}$.

Si $A = (a \quad b \quad c)$, alors $\frac{1}{2} A = \begin{pmatrix} \frac{a}{2} & \frac{b}{2} & \frac{c}{2} \end{pmatrix}$.

- **Remarques : 1.** La multiplication externe d'une matrice par un nombre est en quelque sorte une distributivité dans la mesure où le nombre qui multiplie la matrice est distribué à tous les coefficients de la matrice.

2. L'usage veut qu'on écrive αA et non $A\alpha$.

3. L'opposé d'une matrice A est la matrice notée $-A$ dont les coefficients sont les opposés des coefficients de A. Ainsi

$$A = \begin{pmatrix} 1 & a \\ b & -2 \end{pmatrix} \Rightarrow -A = \begin{pmatrix} -1 & -a \\ -b & 2 \end{pmatrix}.$$

On a $A + (-A) = 0$ et $-A = (-1)A$.

Pour aller plus loin : effectuez des recherches sur le théorème de Cayley-Hamilton.

FICHE 54

Multiplication de matrices

I Règle de calcul

• Pour effectuer le produit AB de deux matrices A et B, il faut et il suffit que le nombre de colonnes de A soit égal au nombre de lignes de B. On remarque que :

- AB a autant de lignes que A ;
- AB a autant de colonnes que B.

• On trouve un coefficient du produit $AB = P$ selon le modèle ci-contre.

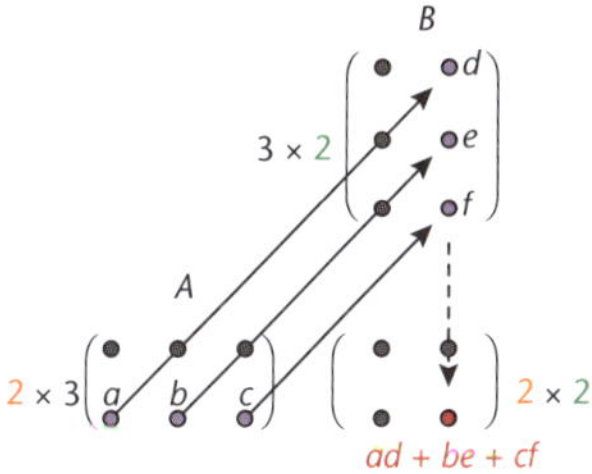

Exemple : Pour trouver le coefficient p_{21}, on a effectué :

$$a_{21}b_{11} + a_{22}b_{21} + a_{23}b_{31}$$

Observer les codes couleurs des indices.

• **Remarque :** Il est possible de calculer le produit BA car le nombre de colonnes de B est égal au nombre de lignes de A. Cependant, le résultat comporte trois lignes et trois colonnes, donc est différent de AB.

• On peut combiner la multiplication externe et la multiplication (ordinaire) des matrices.

Pour tout nombre α : $\alpha(AB) = (\alpha A)B = A(\alpha B)$. Autrement dit, on peut calculer d'abord $AB = P$ et ensuite αP ou d'abord $\alpha A = Q$ et ensuite QB ou enfin $\alpha B = R$ et ensuite AR.

II Propriétés

1. Particularités du produit des matrices

• En général, même quand on peut effectuer les deux produits, $AB \neq BA$ (la multiplication des matrices n'est pas commutative).

Exemples : 1. $\begin{pmatrix} 2 & 0 \\ 1 & -1 \end{pmatrix}\begin{pmatrix} -3 & -2 \\ 0 & 1 \end{pmatrix} = \begin{pmatrix} -6 & -4 \\ -3 & -3 \end{pmatrix}$

et $\begin{pmatrix} -3 & -2 \\ 0 & 1 \end{pmatrix}\begin{pmatrix} 2 & 0 \\ 1 & -1 \end{pmatrix} = \begin{pmatrix} -8 & 2 \\ 1 & -1 \end{pmatrix}$.

2. En revanche si on pose $A = \begin{pmatrix} 1 \\ 2 \end{pmatrix}$ et $B = (0 \quad 1)$, on peut effectuer BA mais pas AB.

- On peut avoir $AB = 0$ et en même temps $A \neq 0$ et $B \neq 0$.

Exemple : $\begin{pmatrix} 1 & 0 \\ 0 & 0 \end{pmatrix}\begin{pmatrix} 0 & 0 \\ 0 & 1 \end{pmatrix} = \begin{pmatrix} 0 & 0 \\ 0 & 0 \end{pmatrix}$

- Le produit de deux matrices peut être une matrice à une ligne et une colonne, que l'on assimile à un nombre.

Exemple : $(4 \quad 2 \quad 1)\begin{pmatrix} -1 \\ 2 \\ 1 \end{pmatrix} = 1$

2. Produits particuliers

- Le produit de deux matrices **diagonales** est une matrice diagonale. On trouve les coefficients du produit en effectuant naturellement les produits des coefficients diagonaux.

$$\begin{pmatrix} a & 0 & 0 \\ 0 & b & 0 \\ 0 & 0 & c \end{pmatrix}\begin{pmatrix} a' & 0 & 0 \\ 0 & b' & 0 \\ 0 & 0 & c' \end{pmatrix} = \begin{pmatrix} aa' & 0 & 0 \\ 0 & bb' & 0 \\ 0 & 0 & cc' \end{pmatrix}$$

- Si $D\,(d_{ij})$ est diagonale, alors pour tout $k \in \mathbb{N}$, D^k est diagonale et a pour coefficients (d_{ij}^k). On élève chaque terme de D à la puissance k.

$$\begin{pmatrix} a & 0 \\ 0 & b \end{pmatrix}^k = \begin{pmatrix} a^k & 0 \\ 0 & b^k \end{pmatrix}$$

- Pour toute matrice carrée A d'ordre n : $AI_n = I_nA = A$. La matrice identité agit comme le nombre 1 pour la multiplication des nombres.

- Soit A et B deux matrices. Alors, lorsqu'on peut effectuer les opérations :

1. Si B est une matrice colonne AB l'est aussi.

Par exemple : $\begin{pmatrix} 1 & 0 & 2 \\ -1 & -2 & 0 \\ 0 & -1 & 3 \end{pmatrix}\begin{pmatrix} 0 \\ -4 \\ 2 \end{pmatrix} = \begin{pmatrix} 4 \\ 8 \\ 10 \end{pmatrix} = 2\begin{pmatrix} 2 \\ 4 \\ 5 \end{pmatrix}$

2. Si A est une matrice ligne, alors AB l'est aussi.

Par exemple : $(0 \quad -1 \quad 2)\begin{pmatrix} 0 & 2 & -1 \\ 1 & 0 & -2 \\ -3 & 0 & 1 \end{pmatrix} = (-7 \quad 0 \quad 4)$.

Les logiciels de calcul formel et les calculatrices permettent d'opérer sur les matrices (Menu MATRIX).

FICHE 55

Matrice inverse

I Introduction

- **Définition :** dire qu'une matrice M est inversible signifie qu'il existe une matrice, notée M^{-1}, telle que $MM^{-1} = M^{-1}M = I_n$.

Pour déterminer M^{-1}, on peut utiliser une calculatrice (Menu MATRIX) ou un logiciel de calcul formel.

- **Théorème 1 :** on donne deux matrices A et B et on cherche à trouver la matrice X (si elle existe) telle que $AX = B$. Il s'agit donc d'une équation d'inconnue X.

Cette équation a une solution unique si, et seulement si, A est inversible et on a $X = A^{-1}B$

En effet, $A(A^{-1}B) = (AA^{-1})B = I_nB = B$.

En général, $A^{-1}B \neq BA^{-1}$.

- **Théorème 2 :** toute matrice diagonale dont **aucun élément diagonal n'est nul** est inversible. Son inverse est égale à la matrice diagonale dont les éléments diagonaux sont les inverses des précédents.

Ainsi, $\begin{pmatrix} 2 & 0 \\ 0 & -3 \end{pmatrix}^{-1} = \begin{pmatrix} \frac{1}{2} & 0 \\ 0 & -\frac{1}{3} \end{pmatrix}$. Cependant, $\begin{pmatrix} 0 & 0 \\ 0 & 2 \end{pmatrix}$ est une matrice diagonale non inversible car sa diagonale comporte un zéro.

II Calcul de l'inverse

- Pour calculer M^{-1}, on utilise des relations matricielles comme dans l'exemple ci-dessous.

- **Énoncé :** on pose $M = \begin{pmatrix} 0 & 1 & -1 \\ -3 & 4 & -3 \\ -1 & 1 & 0 \end{pmatrix}$.

1. Montrer que $M^2 - 3M + 2I_3 = 0$.

2. En déduire que M est inversible et exprimer M^{-1} en fonction de M et de I_3.

- **Solution**

1. On trouve :

$$M^2 = \begin{pmatrix} 0 & 1 & -1 \\ -3 & 4 & -3 \\ -1 & 1 & 0 \end{pmatrix}\begin{pmatrix} 0 & 1 & -1 \\ -3 & 4 & -3 \\ -1 & 1 & 0 \end{pmatrix} = \begin{pmatrix} -2 & 3 & -3 \\ -9 & 10 & -9 \\ -3 & 3 & -2 \end{pmatrix}$$

et donc :

$$M^2 - 3M = \begin{pmatrix} -2 & 3 & -3 \\ -9 & 10 & -9 \\ -3 & 3 & -2 \end{pmatrix} - \begin{pmatrix} 0 & 3 & -3 \\ -9 & 12 & -9 \\ -3 & 3 & 0 \end{pmatrix} = \begin{pmatrix} -2 & 0 & 0 \\ 0 & -2 & 0 \\ 0 & 0 & -2 \end{pmatrix}$$

$$= -2I_3 \Rightarrow M^2 - 3M = -2I_3.$$

Ce qu'il fallait démontrer.

2. On en déduit que $M(M - 3I_3) = -2I_3$ et, par conséquent, $M\left(-\frac{1}{2}M + \frac{3}{2}I_3\right) = I_3$.

Cette égalité prouve que M est inversible et que :

$$M^{-1} = -\frac{1}{2}M + \frac{3}{2}I_3 = \begin{pmatrix} 0 & -\frac{1}{2} & \frac{1}{2} \\ \frac{3}{2} & -2 & \frac{3}{2} \\ \frac{1}{2} & -\frac{1}{2} & 0 \end{pmatrix} + \begin{pmatrix} \frac{3}{2} & 0 & 0 \\ 0 & \frac{3}{2} & 0 \\ 0 & 0 & \frac{3}{2} \end{pmatrix} \Rightarrow$$

$$M^{-1} = \begin{pmatrix} \frac{3}{2} & -\frac{1}{2} & \frac{1}{2} \\ \frac{3}{2} & -\frac{1}{2} & \frac{3}{2} \\ \frac{1}{2} & -\frac{1}{2} & \frac{3}{2} \end{pmatrix}.$$

Pour aller plus loin : effectuez des recherches sur les systèmes de Cramer.

Opérations sur les matrices et récurrence

Soit A une matrice carrée. Le calcul de A^n est fastidieux car, en général, il faut calculer A^2 puis A^3, etc. Il y a cependant des cas où les calculs sont très économiques.

1. Soit D la matrice diagonale $\begin{pmatrix} a & 0 & 0 \\ 0 & b & 0 \\ 0 & 0 & c \end{pmatrix}$.

Démontrer par récurrence que pour tout $n \geqslant 1$, $D^n = \begin{pmatrix} a^n & 0 & 0 \\ 0 & b^n & 0 \\ 0 & 0 & c^n \end{pmatrix}$.

2. Soit P une matrice inversible et A une matrice telles que $A = PDP^{-1}$.

a. Montrer par récurrence que, pour tout entier $n \geqslant 1$, $A^n = PD^nP^{-1}$.

b. Soit $M = \begin{pmatrix} 1 & 2 & 0 \\ 1 & 3 & 1 \\ 3 & 0 & 4 \end{pmatrix}$, $P = \begin{pmatrix} 1 & 1 & 2 \\ 2 & 0 & 1 \\ 3 & -1 & -3 \end{pmatrix}$, $Q = \begin{pmatrix} 1 & 1 & 1 \\ 9 & -9 & 3 \\ -2 & 4 & -2 \end{pmatrix}$,

$D = \begin{pmatrix} 5 & 0 & 0 \\ 0 & 1 & 0 \\ 0 & 0 & 2 \end{pmatrix}$. Sachant que $P^{-1} = \frac{1}{6} Q$ et que $M = \frac{1}{6} PDQ$, déduire de la question 2. a que, pour tout $n \geqslant 1$, $M^n = \frac{1}{6} PD^nQ$. Commenter la méthode de calcul de M^n.

→ Pour le raisonnement par récurrence (→ *voir fiche 11*).

1. Appelons E_n l'égalité $D^n = \begin{pmatrix} a^n & 0 & 0 \\ 0 & b^n & 0 \\ 0 & 0 & c^n \end{pmatrix}$.

Initialisation : E_1 est vraie car $D^1 = \begin{pmatrix} a^1 & 0 & 0 \\ 0 & b^1 & 0 \\ 0 & 0 & c^1 \end{pmatrix}$.

Hérédité : supposons E_n vraie pour un entier naturel $n \geqslant 1$. Alors :

$$D^{n+1} = D^n D = \underbrace{\begin{pmatrix} a^n & 0 & 0 \\ 0 & b^n & 0 \\ 0 & 0 & c^n \end{pmatrix}}_{\text{Hypthèse } E_n \text{ vraie}} \begin{pmatrix} a & 0 & 0 \\ 0 & b & 0 \\ 0 & 0 & c \end{pmatrix} = \begin{pmatrix} a^{n+1} & 0 & 0 \\ 0 & b^{n+1} & 0 \\ 0 & 0 & c^{n+1} \end{pmatrix}$$

Donc E_{n+1} est vraie. On en conclut que E_n est vraie pour tout entier naturel $n \geqslant 1$.

→ Attention : la multiplication des matrices n'est pas commutative !

2. a. Initialisation : l'égalité est vraie si $n = 1$ car $A^1 = A = PDP^{-1} = PD^1P^{-1}$.
Hérédité : supposons que l'égalité soit vraie pour un entier naturel $n \geqslant 1$. Alors :
$A^{n+1} = A^nA = PD^n \underbrace{P^{-1}P}_{I} DP^{-1} = PD^nIDP^{-1} = PD^{n+1}P^{-1}$. L'égalité reste

vraie pour l'entier $n + 1$. On conclut qu'elle est vraie pour tout entier $n \geqslant 1$.

→ On peut aussi écrire $M = PD\left(\frac{1}{6}Q\right)$.

b. $M = \frac{1}{6}PDQ = PD\left(\frac{1}{6}Q\right) \Rightarrow M = PDP^{-1}$. Donc, pour tout $\geqslant 1$,

$M^n = PD^nP^{-1} = PD^n\left(\frac{1}{6}Q\right) = \frac{1}{6}PD^nQ$.

On voit que le calcul de M^n ne nécessite que deux multiplications de matrices, par exemple $PD^n = R$ puis RQ, ce qui constitue un précieux gain de temps. Le calcul de D^n est immédiat puisque D est diagonale (cf. question 1.).

Matrices

QUIZ-Mémorisation active

Dans les questions suivantes, dire si les affirmations sont vraies ou fausses en justifiant les réponses.

1 Opérations sur les matrices

Questions	Réponses
a. Si A et B sont carrées de même taille, alors $AB = BA$. **b.** $AB = 0 \Rightarrow A = 0$ ou $B = 0$.	Les deux affirmations sont fausses. **a.** $\underbrace{\begin{pmatrix} 1 & 0 \\ -1 & 2 \end{pmatrix}}_{A}\underbrace{\begin{pmatrix} 0 & 2 \\ 1 & 1 \end{pmatrix}}_{B} = \begin{pmatrix} 0 & 2 \\ 2 & 0 \end{pmatrix}$ et $\underbrace{\begin{pmatrix} 0 & 2 \\ 1 & 1 \end{pmatrix}}_{B}\underbrace{\begin{pmatrix} 1 & 0 \\ -1 & 2 \end{pmatrix}}_{A} = \begin{pmatrix} -2 & 4 \\ 0 & 2 \end{pmatrix}$ **b.** $\begin{pmatrix} 1 & 0 \\ 0 & 0 \end{pmatrix}\begin{pmatrix} 0 & 0 \\ 0 & 1 \end{pmatrix} = \begin{pmatrix} 0 & 0 \\ 0 & 0 \end{pmatrix}$
a. Si A et B sont carrées de même taille, alors $(A+B)^2 = A^2 + 2AB + B^2$. **b.** $D = \begin{pmatrix} 3 & 0 \\ 0 & -1 \end{pmatrix} \Rightarrow D^3 = \begin{pmatrix} 27 & 0 \\ 0 & -1 \end{pmatrix}$.	**a.** Faux. $(A+B)^2 = (A+B)(A+B) = A^2 + AB + BA + B^2$ et, en général, $AB \neq BA$. **b.** Vraie car $3^3 = 27$ et $(-1)^3 = -1$.

2 Matrice inverse

Questions	Réponses
a. $(A^{-1})^{-1} = A$. **b.** Si A est non nulle, alors A est inversible. **c.** $D = \begin{pmatrix} 4 & 0 \\ 0 & -2 \end{pmatrix} \Rightarrow D^{-1} = \begin{pmatrix} \frac{1}{4} & 0 \\ 0 & -\frac{1}{2} \end{pmatrix}$.	**a.** Vrai car $AA^{-1} = I \Rightarrow (A^{-1})^{-1} = A$. **b.** Faux. $\underbrace{\begin{pmatrix} 1 & 0 \\ 0 & 0 \end{pmatrix}}_{A} \neq \underbrace{\begin{pmatrix} 0 & 0 \\ 0 & 0 \end{pmatrix}}_{0}$ et A n'est pas inversible. **c.** Vrai. On calcule facilement D^{-1} lorsque les éléments diagonaux sont tous non nuls.
a. Si A est inversible alors, pour tout $\lambda \neq 0$, $(\lambda A)^{-1} = \frac{1}{\lambda}A^{-1}$. **b.** Si A et B sont inversibles, alors $(AB)^{-1} = B^{-1}A^{-1}$. **c.** Pour tout entier relatif, n : $(A^{-1})^n = (A^n)^{-1}$.	**a.** Vrai. Car $\left(\frac{1}{\lambda}A^{-1}\right)(\lambda A) = \frac{1}{\lambda}\lambda AA^{-1} = 1I = I$ **b.** Vrai. $(AB)(B^{-1}A^{-1}) = A(BB^{-1})A = AIA^{-1} = AA^{-1} = I$ **c.** Vrai. On le démontre par récurrence.

SCHÉMA-BILAN

Calculs avec les matrices $A = (a_{i,j})$ et $B = (b_{i,j})$

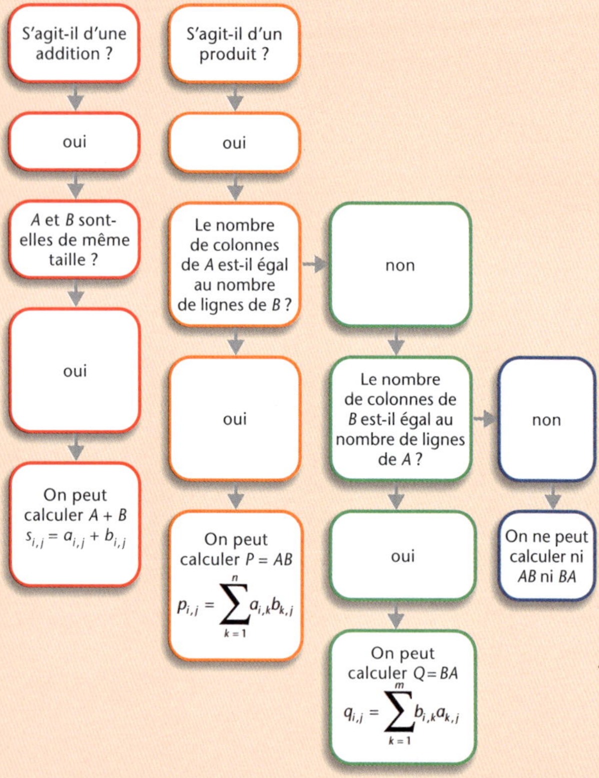

FICHE 58

Introduction aux graphes

I Définitions

• Un graphe est un ensemble de points appelés **sommets** et un ensemble **d'arêtes**, c'est-à-dire des lignes reliant deux sommets, distincts ou non. Une arête reliant le même sommet s'appelle une **boucle**.

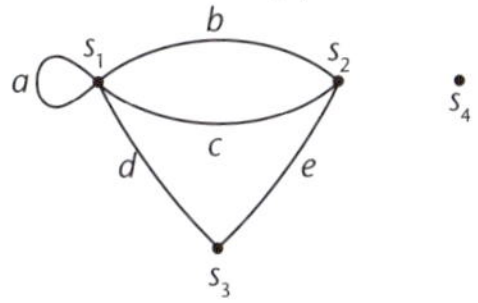

• L'**ordre** d'un graphe est le nombre de ses sommets.

• Deux sommets reliés par une arête sont dits **adjacents**.

Le graphe de la figure est d'ordre 4, comporte 5 arêtes et le sommet s_4 est dit **isolé.** L'arête a est une boucle.

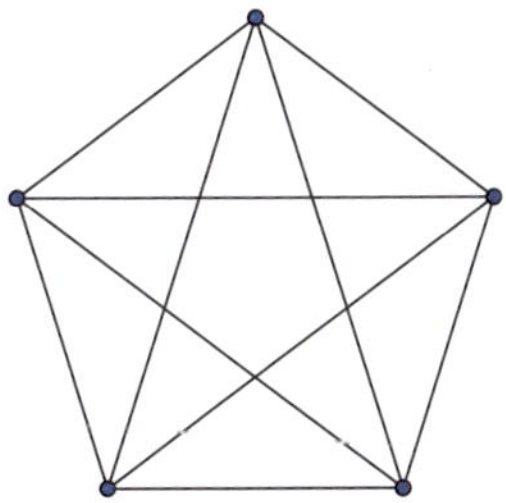

• Un graphe est dit **simple** si deux sommets quelconques sont joints par au plus une arête et s'il est sans boucle.

• Un graphe simple est dit **complet** si tous les sommets sont adjacents. Il n'existe qu'un seul graphe complet d'ordre donné. Le graphe complet d'ordre 5 est représenté sur la figure.

Il y a $\binom{5}{2} = 10$ arêtes dans ce graphe complet.

• Le **degré** d'un sommet est le nombre d'arêtes ayant pour extrémité ce sommet. Les boucles sont comptées deux fois.

Sur le graphe 1, le sommet s_1 a pour degré 5. Le degré s_4 est égal à 0.

• Une **chaîne** (on dit aussi un **chemin**) est une suite d'arêtes. La fin de l'une est le début de la suivante. La **longueur** d'une chaîne est le nombre de ses arêtes.

• Un **cycle** est une chaîne particulière : les arêtes sont prises une seule fois ET le départ de la chaîne est aussi son arrivée.

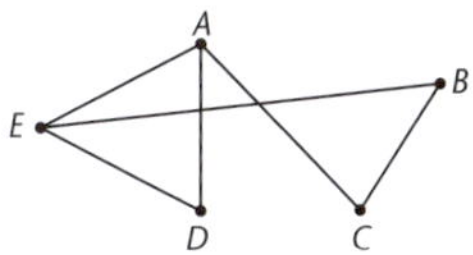

Sur la figure, $AC - CB - BE - ED$ est une chaîne de longueur 4 et $EA - AD - DE$ est un cycle de longueur 3.

• Un graphe est dit **connexe** si deux sommets quelconques sont reliés par au moins une chaîne.

Le premier graphe n'est pas connexe. Les deux autres le sont.

• Une **chaîne** est dite **eulérienne** si elle contient une fois et une seule chaque arête du graphe.

• Un **cycle eulérien** est une chaîne eulérienne dont le départ est aussi l'arrivée.

II Théorèmes

• La somme des degrés de tous les sommets d'un graphe est égale au double du nombre d'arêtes de ce graphe. C'est donc un nombre pair.

En effet, lorsqu'on fait la somme des degrés, chaque arête est comptée deux fois : une fois pour chaque sommet.

• Le nombre de sommets de degré impair est pair.

Sinon, en additionnant ce nombre avec celui des sommets de degré pair, on obtiendrait un nombre impair.

• **Théorème d'Euler**

On considère un graphe connexe.

1. Il existe une chaîne eulérienne si, et seulement si, tous les sommets sont de degré pair, sauf au plus deux.

2. S'il y a deux sommets de degré impair, alors ce sont les extrémités de la chaîne eulérienne.

3. Si le graphe n'a pas de sommet de degré impair, alors il a un cycle eulérien.

On en déduit que si un graphe comporte plus de deux sommets de degré impair, alors il ne possède pas de chaîne eulérienne. C'est le cas du graphe ci-contre. Il modélise le problème des ponts de Königsberg.

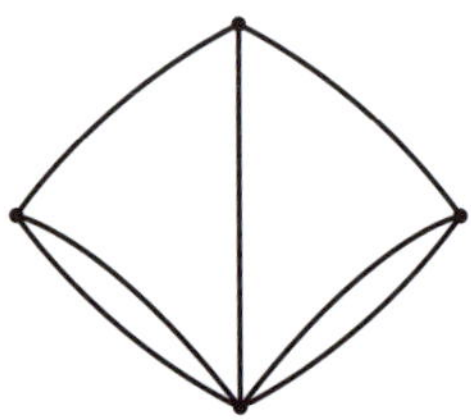

Pour aller plus loin : effectuer des recherches sur le problème des sept ponts de Königsberg.

Matrices de graphes et graphes étiquetés

FICHE 59

I Matrices de graphes

1. Graphes non orientés

• L'élément de la matrice associée à un graphe non orienté vaut 1 s'il y a une arête reliant les sommets i et j et vaut 0 sinon.

Cette matrice est symétrique. Cela signifie que $a_{i,j} = a_{j,i}$.

exemple $a_{12} = a_{21}$

On l'appelle **matrice d'adjacence**.

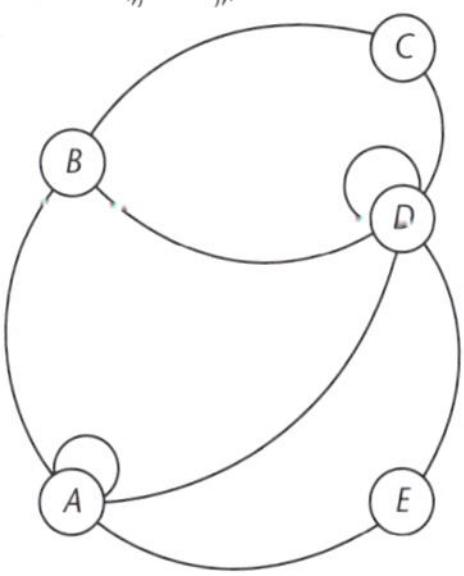

• La matrice $M =$

	A	B	C	D	E
A	1	1	0	1	1
B	1	0	1	1	0
C	0	1	0	1	0
D	1	1	1	1	1
E	1	0	0	1	0

décrit le graphe ci-contre.

Les lettres sont écrites pour mémoire.

• **Théorème :** le terme $a_{i,j}$ de la matrice M^n fournit le nombre de chaînes de longueur n reliant les sommets i et j.

$$M^3 = \begin{pmatrix} 12 & 10 & 6 & 14 & 8 \\ 10 & 6 & 6 & 11 & 5 \\ 6 & 6 & 3 & 8 & 4 \\ 14 & 11 & 8 & 16 & 9 \\ 8 & 5 & 4 & 9 & 4 \end{pmatrix}.$$

Pour aller plus loin : effectuer des recherches sur le modèle de diffusion d'Ehrenfest.

Exemple : il y a quatre chaînes de longueur 3 liant les sommets C et E.

Ce sont $CB - BA - AE$, $CB - BD - DE$, $CD - DA - AE$ et $CD - DD - DE$.

2. Graphes orientés

• Lorsque le graphe est orienté, cette matrice n'est plus symétrique. Cependant, elle suit le même principe (l'orientation étant : de la colonne vers la ligne).

La matrice $N = \begin{array}{c|ccccc} & A & B & C & D & E \\ A & 1 & 1 & 0 & 0 & 0 \\ B & 0 & 0 & 1 & 1 & 0 \\ C & 0 & 0 & 0 & 1 & 0 \\ D & 1 & 0 & 0 & 0 & 1 \\ E & 1 & 0 & 0 & 0 & 0 \end{array}$

décrit le graphe ci-contre.

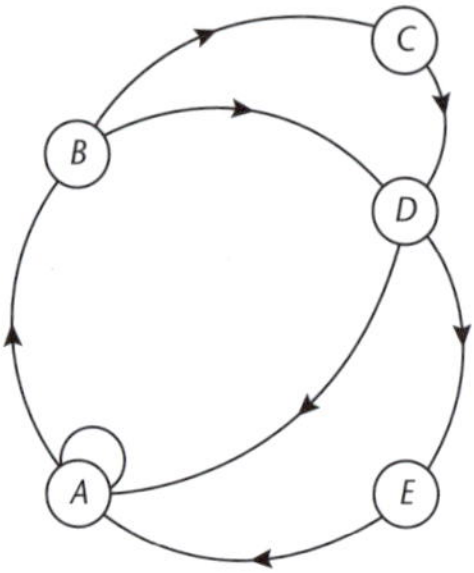

II Graphes étiquetés et pondérés

1. Graphes étiquetés

- Un graphe étiqueté est un graphe orienté comportant une entrée et une sortie obligatoires. Toutes les arêtes portent un caractère, nommé **étiquette**, issu d'un ensemble de signes. Cet ensemble s'appelle un **alphabet**. Lors du déplacement le long du graphe, on forme des **mots**.

- Tout mot lié à ce graphe commence par *C* et finit par *P*.

CJJ0DP, *C1J11102P* sont deux mots. *CJDP* et *CJ1C02P* n'en sont pas.

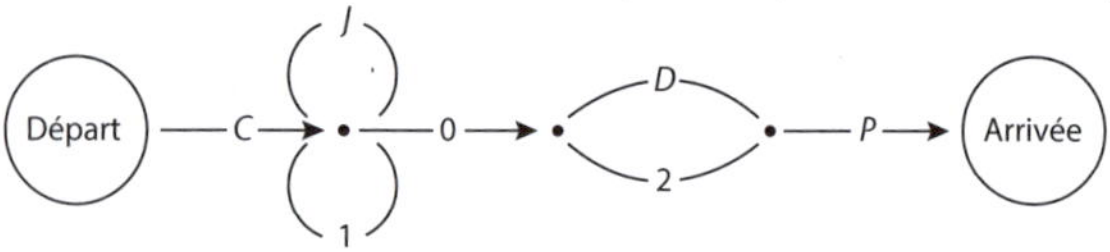

2. Graphes pondérés

- Un graphe pondéré est un graphe dont les arêtes sont obligatoirement étiquetées par des nombres, appelés poids. La somme des poids des arêtes d'une chaîne s'appelle le **poids de la chaîne**.

- Le graphe ci-contre schématise le plan d'une ville. Le sommet A représente l'emplacement des services techniques et les autres sommets des jardins publics. Une arête symbolise une voie reliant deux emplacements. Elle est pondérée par le nombre de feux tricolores situés sur le trajet.

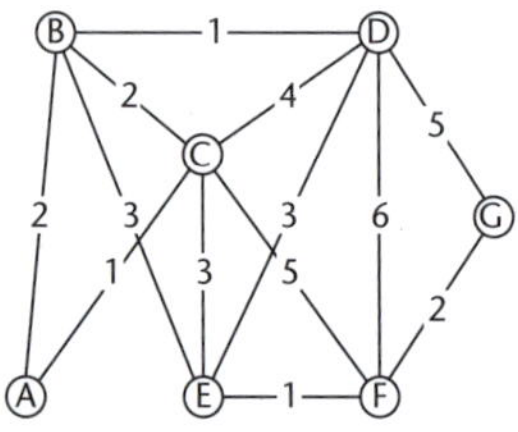

Pour aller de *A* vers *G* en rencontrant le minimum de feux rouges, il suffit de faire le trajet *ACEFG*. On rencontre alors 7 feux rouges.

Graphes probabilistes

I Introduction

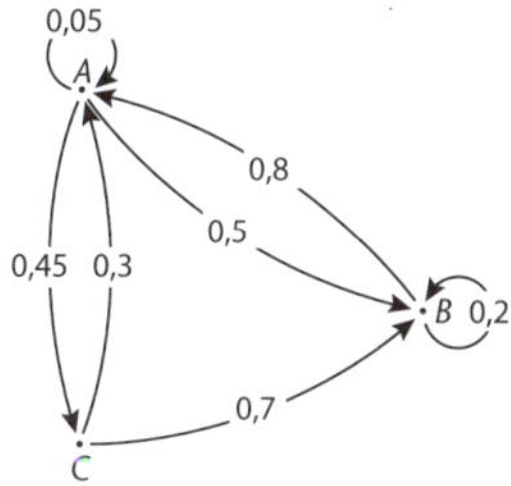

• On considère un processus aléatoire modélisé par le graphe ci-contre. Il peut prendre trois états : A, B, C.

Si à une étape le processus est dans l'état A, alors à l'étape suivante il sera dans l'état :

- A avec la probabilité 0,05 ;
- B avec la probabilité 0,5 ;
- C avec la probabilité 0,45.

On raisonne de même pour les états B et C.

On résume cela par la matrice suivante T, construite ligne par ligne, appelée **matrice de transition** (les lettres sont indiquées pour mémoire). On lit de ligne vers colonne.

	A	B	C
A	0,05	0,5	0,45
B	0,8	0,2	0
C	0,3	0,7	0

• **Propriété :** dans une matrice de transition, tous les coefficients sont compris entre 0 et 1 et la somme d'une ligne quelconque est égale à 1.

Soit $X_n = (a_n \quad b_n \quad c_n)$ la matrice-ligne des probabilités à l'étape n : par exemple la probabilité que le processus soit dans l'état C est c_n.

$$a_n + b_n + c_n = 1.$$

Alors $X_{n+1} = X_n T$ et donc $X_n = X_0 T^n$.

• **Remarque :** il est possible de modéliser le processus à l'aide de matrices colonnes. Dans le cas précédent, on aurait alors à calculer

$$PX_n \text{ où } X_n = \begin{pmatrix} a_n \\ b_n \\ c_n \end{pmatrix} \text{ et } P = \begin{pmatrix} 0{,}05 & 0{,}8 & 0{,}3 \\ 0{,}5 & 0{,}2 & 0{,}7 \\ 0{,}45 & 0 & 0 \end{pmatrix}.$$

II État stable et application

1. État stable

Théorème : soit T une **matrice de transition**. Il existe une matrice-ligne S dont les coefficients sont positifs et de somme 1 et telle que $ST = S$. La matrice S représente un état stable du processus.

2. Application

• **Énoncé :** dans le pays X, quand il fait beau (B) un jour donné, il y a 4 chances sur cinq qu'il fasse beau le lendemain et s'il ne fait pas beau un jour donné, il y a deux chances sur cinq qu'il ne fasse pas beau le lendemain. Je me rends samedi prochain dans le pays X et j'estime à une chance sur deux la probabilité qu'il fasse beau. Modéliser la situation par un graphe, trouver la matrice de l'état stable et interpréter le résultat.

• **Réponse :** on obtient facilement le graphe. Avec des notations évidentes, la matrice de transition est, en commençant par l'état B :

$$T = \begin{pmatrix} 0{,}8 & 0{,}2 \\ 0{,}6 & 0{,}4 \end{pmatrix}.$$

Soit $X_n = (b_n \quad p_n)$ (b_n : probabilité qu'il fasse beau ; p_n : probabilité qu'il ne fasse pas beau). La matrice représentant l'état du procesus à l'étape n est $X_n = X_0T^n$ et $X_0 = \begin{pmatrix} \frac{1}{2} & \frac{1}{2} \end{pmatrix}$.

On cherche $S = (x \quad y)$ pour que $ST = S \Leftrightarrow (x \quad y)\begin{pmatrix} 0{,}8 & 0{,}2 \\ 0{,}6 & 0{,}4 \end{pmatrix} = (x \quad y)$ sachant que $x + y = 1$.

On est conduit à résoudre $\begin{cases} 0{,}8x + 0{,}6y = x \\ 0{,}2x + 0{,}4y = y \end{cases}$ qui fournit la seule équation $-0{,}2x + 0{,}6y = 0$. On a donc $\begin{cases} -0{,}2x + 0{,}6y = 0 \\ x + y = 1 \end{cases}$ et on trouve $x = 0{,}75$ et $y = 0{,}25$. Donc $S = (0{,}75 \quad 0{,}25)$.

Cela signifie que si je reste un certain temps, il aura fait beau trois jours sur quatre environ.

Pour aller plus loin : effectuer des recherches sur les modèles proie-prédateur (par exemple, les chaînes de Markov).

BILAN

Graphes

FICHE 61

QUIZ-Mémorisation active

1 Introduction aux graphes

Questions	Réponses
Que signifie que deux sommets d'un graphe sont adjacents ?	Deux sommets d'un graphe sont adjacents lorsqu'ils sont reliés par au moins une arête.
Parle-t-on du degré d'un graphe ?	Non. On parle du degré d'un sommet d'un graphe. C'est le nombre d'arêtes qui ont pour extrémité ce sommet. Les boucles sont alors comptées deux fois.
Quelle est la particularité de la somme des degrés des sommets d'un graphe ?	Cette somme est un nombre pair. En effet, une arête relie deux sommets ; donc les sommets sont comptés deux fois pour une seule arête.

2 Chaînes et cycles eulériens

Questions	Réponses
Qu'est-ce qu'une chaîne eulérienne ? Un cycle eulérien ?	Une chaîne eulérienne est une chaîne contenant une et une seule fois toutes les arêtes du graphe. Un cycle eulérien est une chaîne eulérienne dont le départ et l'arrivée sont égaux.
Comment peut-on savoir si un graphe contient une chaîne eulérienne ? Un cycle eulérien ?	Un graphe contient une chaîne eulérienne si, et seulement si, il contient, au plus, deux sommets de degré impair. Ce sont les extrémités de cette chaîne. S'il n'y a que des sommets de degré pair, il contient un cycle eulérien.

3 Graphes probabilistes

Questions	Réponses
Quelle est la particularité des lignes d'une matrice de transition ?	La somme de chaque ligne est égale à 1.
Quelle relation y a-t-il entre une matrice de transition T liée à un processus probabiliste et l'état stable S de ce processus ?	On a la relation $ST = S$.

SCHÉMA-BILAN

Matrices d'adjacence

On veut construire la matrice d'adjacence A d'un graphe. On note $A = (a_{i,j})$.

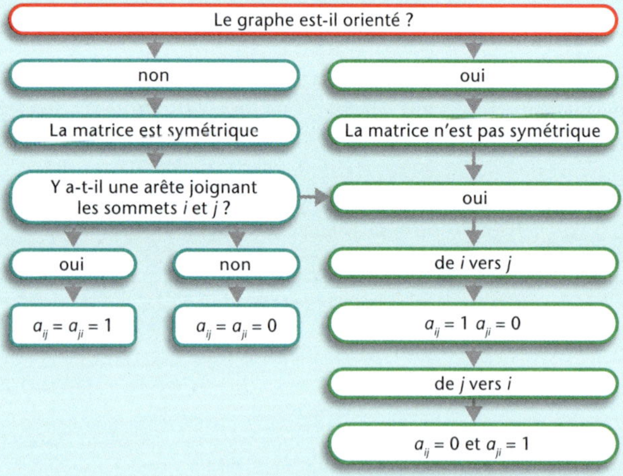

SES

Science économique

Quels sont les sources et les défis de la croissance économique ?

Quels sont les fondements du commerce international et de l'internationalisation de la production ?

Comment lutter contre le chômage ?

Comment expliquer les crises financières et réguler le système financier ?

Quelles politiques économiques dans le cadre européen ?

Sociologie et science politique

Comment est structurée la société française actuelle ?

Quelle est l'action de l'école sur les destins individuels et sur l'évolution de la société ?

Quelles sont les caractéristiques contemporaines et les facteurs de la mobilité sociale ?

Quelles mutations du travail et de l'emploi ?

Comment expliquer l'engagement politique dans les sociétés démocratiques ?

Regards croisés

Quelles inégalités sont compatibles avec les différentes conceptions de la justice sociale ?

Quelle action publique pour l'environnement ?

ANNEXES

Les sources de la croissance économique

FICHE 1

La quête de croissance économique est une priorité des pouvoirs publics. Ils espèrent, à travers l'augmentation du PIB, plus de ressources pour répondre à leurs impératifs de développement ou de lutte contre les inégalités.

Croissance : augmentation du PIB réel sur deux années consécutives, sachant que PIB = somme des valeurs ajoutées + TVA + droits de douane – subventions à l'importation.

I Les facteurs travail, capital et le résidu expliquent la croissance

1. La croissance peut être stimulée par une augmentation des facteurs de production (travail et/ou capital)

- En embauchant plus ou en investissant davantage en capital (machine-outil, par exemple), une entreprise pourrait augmenter le nombre d'unités produites, donc sa valeur ajoutée créée, et, *in fine*, le PIB du pays.
- Cette corrélation apparaît de manière évidente dans la **fonction de production** $Y = f(K,L)$; par convention en économie, L est le facteur travail et K le facteur capital.

> Exemple : si la production de stylos nécessite une machine et trois salariés, la fonction de production pourrait être : $Y = 3L + K$.

- Augmenter L ou K revient donc à augmenter Y, soit la production, et donc la croissance du pays par agrégation des productions sur le territoire national.

2. Le résidu contribue aussi à la croissance

Robert Solow, économiste américain prix Nobel d'économie en 1987, démontre en 1956 que la croissance résulte également d'un « **résidu** ». Il s'agit de la théorie de la **croissance exogène**. Ce résidu fut ensuite expliqué par les théories de la **croissance endogène** qui, dans les années 1980, insistent sur la **PGF** (productivité globale des facteurs).

II La croissance endogène et la PGF

1. L'importance des différents types de capitaux

- Pour les économistes de la **croissance endogène**, il ne suffit pas d'augmenter le facteur travail ou capital, il faut les décomposer en **différents types de capitaux** et veiller à agir sur chacun d'eux.

- Les quatre capitaux ci-dessous constituent la PGF ou productivité globale des facteurs, terme utilisé pour remplacer celui de « résidu » initialement choisi par Solow.

Capital physique	Ensemble des biens de production utilisables sur le long terme (bâtiments, machines et outils, notamment). Il correspond à l'investissement matériel (de capacité, de renouvellement ou de productivité)
Capital humain	Ensemble des aptitudes et connaissances utilisables dans le processus de production et qui accroît la productivité du travail (ex. : expérience professionnelle, diplômes)
Capital public	Ensemble des infrastructures financées par les États qui facilitent la production et les gains de productivité (ex. : systèmes de transports, écoles, hôpitaux)
Capital immatériel et technologique	Stocks de connaissances accumulées grâce aux investissements immatériels (R&D, formation du personnel, publicité ou logiciels) ou au progrès technique incorporé dans le capital

2. Le progrès technique stimule la PGF

Progrès technique : ensemble des innovations ayant un impact significatif sur les modes de production ou produits finis.

- La PGF est d'autant plus forte que les **capitaux « incorporent » du progrès technique**, selon les économistes. C'est pourquoi **l'innovation** est un enjeu pour les États ou les entreprises.

- Les **États**, par des financements publics ou des politiques fiscales incitatives, **encouragent les innovations**. Ils le font également par le choix des formations initiales (enseignement secondaire ou supérieur) ou continues (formations professionnelles) proposées, ou par les aides à la création d'entreprises ou au développement de projets innovants.

Bon à savoir : sur la page d'accueil du site de l'Insee, le taux de croissance, de chômage, d'inflation et la population sont immédiatement visibles et constamment mis à jour.

- Pour faire face à la concurrence, souvent mondiale, **les entreprises** sont également incitées à innover en investissant notamment dans la **Recherche et Développement** pour accroître leur compétitivité verticale ou horizontale (→ *voir fiche 2*).

Institutions, innovation et inégalités

FICHE 2

La croissance provient des facteurs de production et des capitaux développés par les théories de la croissance endogène (→ *voir fiche 1*). Mais les institutions ont également un rôle à jouer pour **stimuler l'innovation et éviter l'accroissement des inégalités**.

Institutions : ensemble des règles formelles et informelles qui structurent les relations sociétales.

I Les institutions sont indispensables à la croissance

Un pays ne peut se développer qu'à condition que des **règles** encadrent les comportements des individus, protègent leurs propriété privée et biens propres, veillent à une répartition des richesses par le biais de biens ou services non marchands ou par la redistribution.

Des institutions pour stimuler la croissance

Système politique, législatif et judiciaire

- Un État politiquement stable
- Un ensemble de lois définissant les droits et devoirs des citoyens
- Un système judiciaire garantissant l'application de la loi

Politiques économiques de l'État

Des politiques économiques stimulantes pour l'offre (ex. : aides à la création d'entreprises) ou pour la demande (ex. : bourse étudiante, RSA)

Politiques sociales de l'État

Des politiques qui visent une croissance inclusive en permettant l'intégration de tous (aides aux personnes handicapées, au logement, couverture maladie universelle)

Environnement culturel

Le capital humain est facteur de croissance (→ *voir fiche 1*) : festivals, musées, associations de quartier contribuent à l'accumulation de connaissances des citoyens et à la croissance du pays

II L'importance particulière de l'innovation

1. L'innovation est salvatrice pour les entreprises

L'innovation peut stimuler la croissance : elle permet aux entreprises de **lutter contre les rendements décroissants** en améliorant leurs capacités productives ou **en augmentant leur compétitivité prix, hors prix.** Les innovations sont néanmoins difficiles à réaliser car elles sont souvent coûteuses en **dépenses en R&D** et ne se traduisent pas nécessairement par un succès commercial ; d'autant plus que les concurrents peuvent simultanément effectuer des recherches plus rapides ou plus probantes.

2. Les États veillent à stimuler l'innovation

Les États doivent contribuer **au financement de la R&D**. En Europe, notamment, les pays se sont engagés à dépenser 3 % du PIB européen pour cela. Les pouvoirs publics sont aussi sollicités dans leur **mission éducative** : former au mieux les acteurs économiques d'aujourd'hui pour porter les innovations de demain.

III Le progrès technique creuse les inégalités

1. Inégalités au sein d'une nation

- Le progrès technique, par **la fracture technique** qu'il génère, a tendance à créer deux catégories de population : les **inclus**, qui bénéficient de ses atouts, les **exclus**, qui vivent hors de ces progrès ou en subissent les conséquences. Depuis les années 2000, les 10 % les plus riches ont vu leurs revenus croître, contrairement aux plus démunis dont le pouvoir d'achat a diminué.
- L'innovation est un processus de destruction créatrice, selon J. A. Schumpeter, qui en créant de nouveaux produits ou emplois peut détruire ceux qui sont devenus obsolètes. Même si le progrès technique crée davantage d'emplois qu'il n'en détruit, il modifie leur structure et les types de compétences exigées.

2. Inégalités entre les PDEM/pays émergents et les PMA

Selon J. Baghwati, la croissance peut être appauvrissante pour les pays déjà pauvres. Les pays les plus innovants, et les plus riches, les exploitent pour mieux asseoir leur propre croissance et leurs richesses. Ainsi, **l'écart se creuse entre les PDEM** (pays développés à économie de marché), les pays émergents parfois très innovants (comme la Corée du Sud) **et les PMA** (pays les moins avancés).

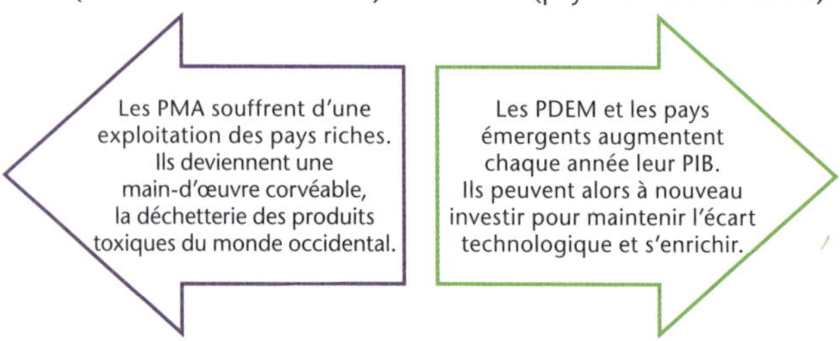

L'innovation : un levier pour une croissance soutenable ?

FICHE 3

I Concilier croissance et environnement : l'enjeu du XXIe siècle

1. La croissance économique se heurte à des limites écologiques

La quête de toujours plus de production, de consommation, de développement face à une population mondiale en croissance et très largement sensible à la société de consommation n'est pas sans conséquence.

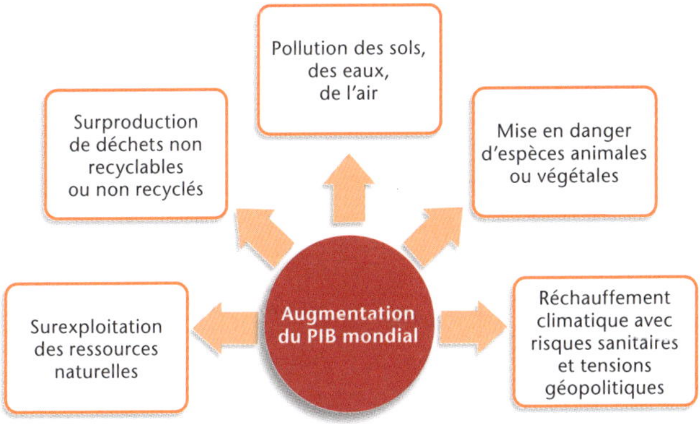

2. La croissance économique doit être soutenable

- Tous les pays doivent être concernés par la question environnementale car la planète est mondiale. Il n'y a « pas de planète B » comme le dirait Greta Thunberg.
- La croissance doit être **durable**, c'est-à-dire qu'elle doit « répondre aux besoins des générations actuelles sans compromettre le bien-être des générations futures » (rapport Brundtland, 1992). Mais elle doit également être **soutenable** pour tous, les plus pauvres comme les plus riches, les moins éduqués comme les plus instruits, les travailleurs protégés comme ceux qui devraient l'être. En cela, **l'innovation** pourrait contribuer à une **croissance plus inclusive**.

II L'innovation peut aider à repousser les limites écologiques

1. L'innovation peut encourager la croissance soutenable

L'innovation peut contribuer à une croissance soutenable par :

- le remplacement de produits polluants par d'autres plus propres
  Ex. : la voiture électrique plutôt que la voiture thermique
- la création de modes de production ou de nouveaux biens de consommation alternatifs et propres
  Ex. : les panneaux solaires pour produire de l'électricité
- le recyclage et l'économie circulaire qui évitent de créer de nouveaux déchets en prolongeant le cycle de vie du produit
  Ex. : les ventes de produits d'occasion
- l'économie collaborative pour limiter l'impact environnemental de la production et de la consommation
  Ex. : le covoiturage

2. La croissance soutenable doit être un enjeu commun

• Le monde entier ne saurait se reposer sur les potentielles innovations à venir pour lutter contre les conséquences environnementales de la croissance. D'autant plus que l'innovation peut également s'avérer désastreuse pour l'environnement.

Exemple : les serveurs des cryptomonnaies sont extrêmement énergivores et polluants.

• C'est pourquoi l'environnement est l'affaire de tous. Cela suppose un **engagement de chaque citoyen** dans son mode de vie quotidien pour réduire son empreinte écologique. Cela implique aussi, et surtout, des initiatives politiques fortes de la part des pouvoirs en place.

Exercice commenté pas à pas

Les outils de mesure de la croissance économique

Croissance du volume du commerce mondial des marchandises et du PIB réel mondial, 2011-2018 (variation annuelle en pourcentage)

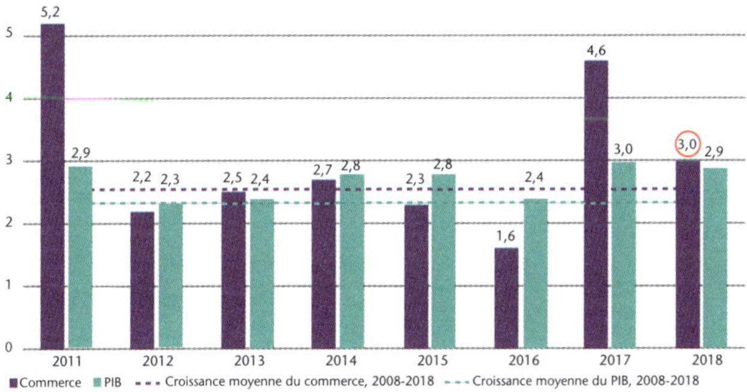

Source : *Examen statistique du commerce international*, OMC, 2019.

1. Qu'indique l'histogramme ? Qu'indiquent les droites en pointillés ?
2. Faites une phrase avec la donnée entourée.
3. En utilisant un outil statistique approprié, comparez le commerce mondial et le PIB mondial en 2017.
4. En moyenne, est-ce le PIB mondial ou le commerce mondial qui a le plus augmenté de 1990 à 2014 ?

Avant de commencer

▶ **Lire un taux de croissance** économique revient à exprimer l'évolution de la variable étudiée. Dans le cas présent, il s'agit du PIB réel mondial.

▶ Le taux de croissance est toujours exprimé à partir du PIB réel, **PIB déflaté**, c'est-à-dire que les effets de la variation des prix ont été retirés.

➝ Un histogramme est la représentation d'une variable continue (ici, colonne verticale).

1. L'histogramme indique la variation annuelle du commerce international et du PIB réel mondial. Les droites en pointillés indiquent la croissance moyenne de ces deux variables.

➝ Éviter d'utiliser l'expression « taux de croissance » pour lire un taux. Il faut écrire :

2. Selon l'OMC, en 2018, le volume du commerce mondial a diminué de 3 % par rapport à 2017.
Si l'on écrit « le taux de croissance du commerce mondial est de 3 % », on fait une simple paraphrase.
Si l'on écrit : « le taux de croissance a diminué de 3 % », c'est faux : c'est le commerce mondial qui diminue et non son taux de croissance.
Si l'on écrit : « le commerce mondial de marchandises est de 3 % », c'est faux et ça n'a aucun sens : le commerce mondial de marchandises s'exprime en unité monétaire et non pas en %.

➝ Pour comparer le commerce mondial et le PIB mondial, effectuer un calcul simple, comme un coefficient multiplicateur.

3. En 2017, le commerce mondial progressait 1,6 fois plus que le PIB réel mondial. Il progressait à peine plus que la production mondiale l'année suivante, en 2018.

➝ Observer la position des droites en pointillés pour identifier la croissance moyenne du commerce international d'une part et la croissance moyenne du PIB d'autre part, puis, dans la réponse, ne pas oublier de préciser « en moyenne ».

4. En moyenne, c'est le commerce mondial qui a le plus progressé. Chaque année, entre 2008 et 2018, il a augmenté en moyenne de 2,6 %.

Sources et défis de la croissance économique

QUIZ-Mémorisation active

Question	Indice	Réponse
Qu'est-ce que la croissance ?	PIB	La croissance correspond à l'augmentation du PIB réel sur deux années consécutives, sachant que PIB = somme des valeurs ajoutées + TVA + droits de douane – subventions à l'importation.
À quoi correspond le capital humain ?	Connais-sances	Le capital humain est l'ensemble des aptitudes et connaissances utilisables dans le processus de production et qui accroît la productivité du travail (ex. : expérience professionnelle, diplômes).
La croissance profite-t-elle à tous ?	Inégalités	Hélas, la croissance peut créer des inégalités au sein d'un pays entre les plus privilégiés et les autres. Elle peut aussi creuser les inégalités mondiales, entre les PDEM et les PMA en particulier.
L'innovation est-elle « propre » pour l'environnement ?	Oui et non	L'innovation peut contribuer à la croissance soutenable par la production de produits respectueux de l'environnement, l'économie circulaire ou collaborative, mais peut également créer de nouveaux produits polluants.
Complétez le schéma. 		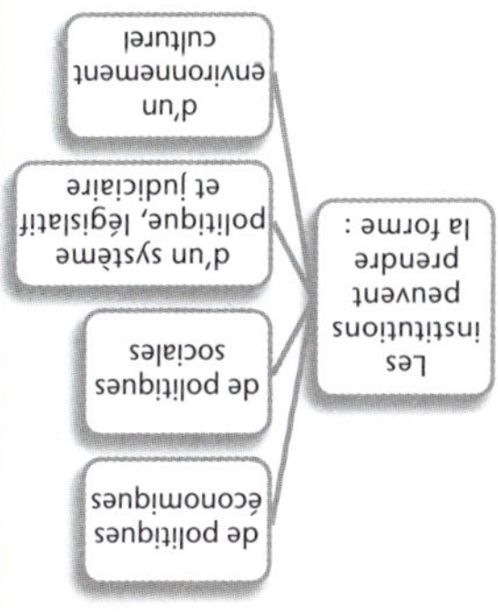

SCHÉMAS-BILANS

Est convoitée par les pouvoirs publics car elle est **source de nouvelles ressources économiques**

Suppose la mise en place de **politiques propres à chaque État** ou en collaboration

La croissance

Peut être **néfaste à l'environnement** si elle ne cherche que l'accumulation des richesses sans repenser les modes de production et de consommation

Peut permettre **l'épanouissement des uns et l'exclusion des autres**, au sein des pays ou du monde entier

→ *Nécessité de « penser global »*

Principaux facteurs de croissance et innovation

Les principaux facteurs de croissance

- Les facteurs de production
- La productivité globale des facteurs
- Les institutions

L'innovation

- Contribue à la croissance des pays
- Peut permettre de lutter contre les conséquences écologiques de la croissance
- Mais peut également creuser les inégalités intra-étatiques ou interétatiques

Dotations factorielles et spécialisation internationale

FICHE 6

Le développement du **commerce international**, particulièrement prononcé **depuis les années 1980**, demande aux États d'être stratégiques. En effet, pour faire face à la concurrence mondiale, chacun cherche des **spécialisations** adéquates à ses compétences.

I La spécialisation des pays en fonction de leurs facteurs de production

Pour profiter au maximum du commerce international, chaque pays a intérêt à se spécialiser en fonction de ses facteurs de production. Avec une spécialisation bien choisie, le pays peut espérer **maintenir ou accroître ses parts de marché** et stimuler sa croissance économique.

David Ricardo : économiste classique, référence en matière de commerce International. Dans son ouvrage *Des principes de l'économie politique et de l'impôt* (1817), il s'appuie sur les exemples du drap et du vin déjà évoqués par Adam Smith en 1776.

Auteurs	Analyse	Illustration
D. Ricardo, 1817	Les pays ont intérêt à se spécialiser en fonction de « leurs avantages comparatifs ou moindres désavantages comparatifs ».	La France est compétente dans le luxe, tandis que l'OPEP a des sources pétrolières abondantes. Chacun a intérêt à se spécialiser dans son secteur de prédilection.
Heckscher, Ohlin et Samuelson (théorème HOS), années 1940	Chaque pays a intérêt à se spécialiser dans la production qui utilise en plus grande quantité le facteur de production dont il est le mieux doté.	La Chine est fortement dotée en facteur travail ; se spécialiser dans la production de textile, qui requiert beaucoup de main-d'œuvre, est donc pertinent. Tandis que l'Allemagne, fortement dotée en facteur capital, fabrique des machines-outils.

II La spécialisation dépend également du niveau de développement

• La spécialisation des pays diffère selon le développement de chaque pays. Les plus pauvres ne pourraient prétendre, par exemple, à la production de biens et services à forte valeur ajoutée compte tenu de leur déficit en capital physique, public, technologique ou humain (→ *voir fiche 1*). La spécialisation dépend donc également du niveau de développement de chaque pays.

Les pays en développement (PED)

- Spécialisation dans des secteurs à faible valeur ajoutée : exécution des productions des pays riches qui réalisent des investissements directs sur leur territoire.
- Stratégie de remontée de filière : par assimilation, les PED s'approprient les techniques de production des PDEM et reproduisent leurs biens ou services à moindre coût.

Les pays développés à économie de marché (PDEM)

- Spécialisation dans des productions à forte valeur ajoutée en développant la qualité ou la diversité de leurs produits.
- Spécialisation dans la conception plutôt que la réalisation : conception de nouveaux biens, de nouveaux services, d'où l'importance des dépenses en R&D.

III La spécialisation des pays explique les flux commerciaux mondiaux

• Depuis 1948, le PIB mondial a été multiplié par 6 tandis que les échanges sont 150 fois plus importants (en dollars courants) ! Ceci s'explique par la **DIT** (division internationale du travail) et la **DIPP** (décomposition internationale du processus de production).

• La DIT, consécutive aux différentes stratégies de spécialisation des pays, contribue aux **développements des échanges mondiaux**. En effet, les pays ne pouvant se spécialiser dans tout type de produit achètent et vendent au reste du monde.

• Par ailleurs, pour **accroître leur compétitivité prix ou hors prix**, les entreprises décomposent leur production en plusieurs étapes (DIPP) afin de faire réaliser chaque partie du produit dans le pays le plus compétitif. L'assemblage final d'une voiture requiert ainsi des pièces produites dans quinze pays en moyenne. La spécialisation des pays a donc contribué au développement du commerce international. Hélas, cette mondialisation des échanges est lourde de conséquences d'un point de vue écologique (→ *voir fiche 3*).

Compétitivité : capacité pour une entreprise ou un État de maintenir ou accroître ses parts de marché en vendant moins cher que les concurrents (compétitivité prix), ou en misant sur la qualité (compétitivité hors prix verticale) ou la diversité des produits (compétitivité hors prix horizontale).

La chaîne de valeur et la productivité

FICHE 7

Les entreprises cherchent à maximiser leur profit, sous contrainte de coût de production dans un contexte de concurrence mondialisée.

I La chaîne de valeur

- Michael Porter, dans *L'Avantage concurrentiel* (1986), détaille l'ensemble des activités interdépendantes – chaîne de valeur – qui contribuent à l'offre de l'entreprise.
- Celles-ci relèvent de fonctions primaires, autrement dit directement productives, ou de fonctions de soutien à l'offre.

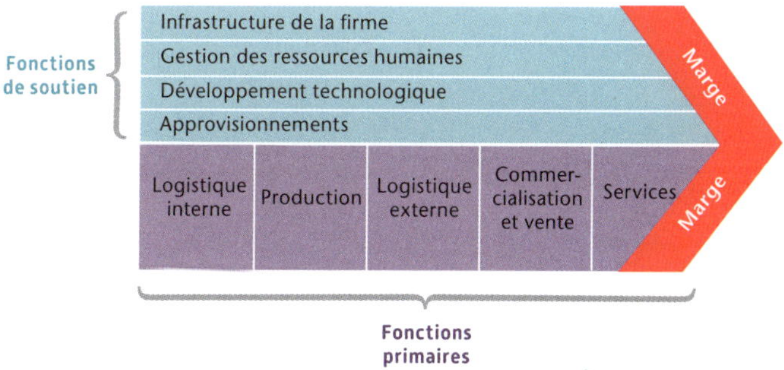

II L'internationalisation de la chaîne de valeur

- Pour maximiser leur compétitivité, les entreprises peuvent décider d'internationaliser leur chaîne de valeur pour **bénéficier des avantages comparatifs de chaque pays** (→ *voir fiche 6*).

Compétitivité : capacité, pour une entreprise, à maintenir ou accroître sa part de marché.

- Les entreprises peuvent également s'appuyer sur la division internationale du travail (DIT) pour opérer une décomposition internationale du processus de production (DIPP).

Stratégie d'une entreprise

L'entreprise réfléchit à sa stratégie de localisation de la production : sur le territoire national ou à l'étranger ?

DIT

Pour cela, elle regarde quelle est la DIT, c'est-à-dire la spécialisation des différents pays du monde.

DIPP

En fonction de sa stratégie de production et de vente, l'entreprise peut choisir de faire appel à plusieurs pays pour réaliser sa production. Pour cela, elle s'appuie sur la DIT et les avantages comparatifs de chaque pays.

• Par ailleurs, les entreprises peuvent choisir de se concentrer sur leur cœur d'activité et déléguer à d'autres la production de biens ou services annexes (emballage, gardiennage, service après-vente). Ce procédé est appelé l'**externalisation de la production**.

L'externalisation peut être réalisée par des entreprises

Sur le territoire national

- Si la proximité est un atout
- Si le bien ou le service est difficilement délocalisable
- Si la main-d'œuvre locale est compétitive

Dans le reste du monde

- Si les coûts de la main-d'œuvre sont plus bas
- Si la productivité est meilleure
- Si l'attractivité du pays d'accueil est forte

• Ainsi, la chaîne de production (ou *supply chain*) comporte de nombreuses activités. Tout l'enjeu pour une entreprise dans un marché concurrentiel mondialisé est de l'optimiser. Cela dépend de sa **stratégie** de mise en place des **fonctions primaires et de soutien**, mais aussi de sa capacité à **maximiser ses marges bénéficiaires** sous contrainte de coûts, de logistique, d'image de marque. Rentrent également en compte les **questions environnementale, politique et éthique** auxquelles les entreprises sont plus ou moins sensibles.

Les effets induits du commerce international

FICHE **8**

Le commerce international peut être une opportunité de développement ou de choix pour les entreprises et les consommateurs. Hélas, il peut tout autant être problématique pour les agents économiques.

I Le CI peut stimuler la compétitivité des entreprises

Le commerce international (CI) peut permettre aux entreprises d'augmenter leur compétitivité, c'est-à-dire leur capacité à maintenir ou accroître leur part de marché.

Le CI accroît la concurrence entre les entreprises à l'échelle nationale et internationale ❯	Les néoclassiques considèrent que la compétition entre les entreprises stimule la motivation des agents économiques.
Le CI permet, via la DIT et la DIPP (→ *voir fiche 7*), de réduire les coûts de production ❯	Les théories du commerce international de D. Ricardo, de HOS, illustrent cette idée (→ *voir fiche 6*).
Le CI offre un marché plus étendu, notamment pour les pays qui produisent des biens ou services similaires ❯	Paul Krugman démontre que le CI permet aux pays de trouver des débouchés dans des pays où la demande est proche de la demande intérieure.
Le CI permet un partage des connaissances entre les pays, étudié par l'économie des connaissances ❯	En effet, les importations et exportations permettent aux pays de s'inspirer et d'apprendre des concurrents, voire de produire ensemble pour être plus compétitifs (ex. : Airbus, en Europe).

II Le CI permet de prolonger le cycle du produit

- Raymond **Vernon**, économiste américain, présente une analyse du **cycle du produit** (1966). Après conception et développement d'un bien ou d'un service par une entreprise, le produit entamerait sa **progression de vente** pour aboutir à maturité. Cette période correspond à un taux d'équipement élevé des consommateurs cibles. De ce fait, **les ventes déclinent**, la quasi-totalité de la demande provient alors du renouvellement du produit de la part de consommateurs déjà équipés.

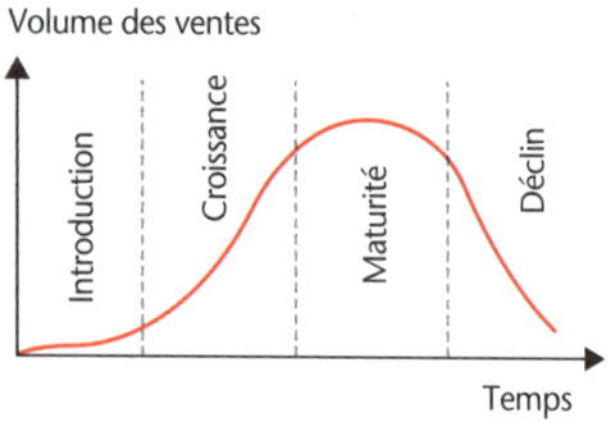

• Le commerce international permet de prolonger le cycle du produit de Vernon en donnant une nouvelle vie au produit, dans un autre pays. Par exemple, une fois le marché saturé en **Europe**, une entreprise peut pénétrer le **marché asiatique** pour vendre le même produit.

III Inégalités et détérioration des termes de l'échange

• Le commerce international n'est cependant pas toujours bénéfique pour tous. Il peut créer des **inégalités au sein d'un pays**.

• Le commerce international peut également aggraver les inégalités entre les pays, créant des perdants et des gagnants de la mondialisation. Ceci se mesure notamment par les termes de l'échange. Les pays qui exportent des matières premières à faible valeur ajoutée dont le cours baisse (ex. : café) contre des produits électroniques à forte valeur ajoutée (ex. : smartphone) voient leurs termes de l'échange se dégrader. Leurs exportations leur permettent de moins en moins le financement de leurs importations. C'est le cas en particulier du continent africain, en grande partie exclu de la mondialisation.

Représentations graphiques de fonctions simples (offre, demande, coût)

Exercice 1

1. Comment évolue la demande si le prix passe de P_1 à P_2 ?
2. Si la demande augmente sans changement de prix, est-il juste de préciser qu'il faut passer de la demande A à la demande B ?
3. Quelle est la demande la plus sensible à la variation du prix ? Justifiez votre réponse.

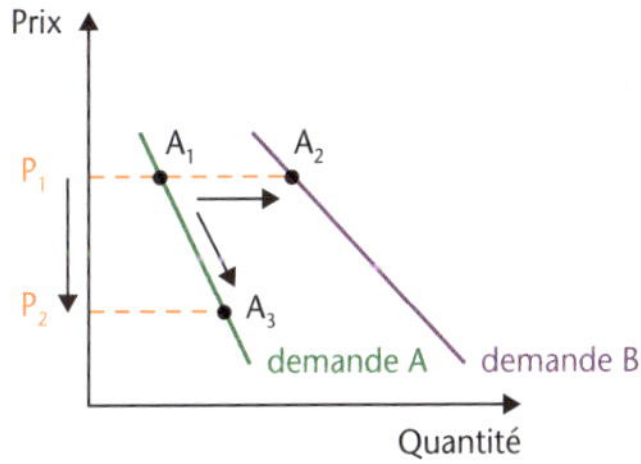

Avant de commencer

▶ Connaître la **loi de l'offre et de la demande.**

▶ Savoir qu'un déplacement de courbe est lié à l'évolution de la demande.

→ La demande est une fonction décroissante du prix : les quantités demandées diminuent quand le prix augmente.

1. La demande augmente lorsque le prix passe de P_1 à P_2, autrement dit, quand il diminue. On retrouve ici la loi de la demande.

→ Les déplacements de courbes s'expliquent par une augmentation ou une diminution de la demande en raison de divers facteurs (modification des conditions de production, évolution des modes, changement de saison, etc.).

2. Si la demande augmente sans changement de prix (pour des raisons démographiques par exemple) alors il est juste de dire qu'il faut passer de la demande A à la demande B.

La pente des courbes indique la sensibilité des quantités offertes ou demandées à une variation des prix.

3. La demande B est la plus sensible au prix. En effet, sa pente est moins forte que celle de la demande A ; aussi, une diminution du prix a un impact plus important.

Exercice 2

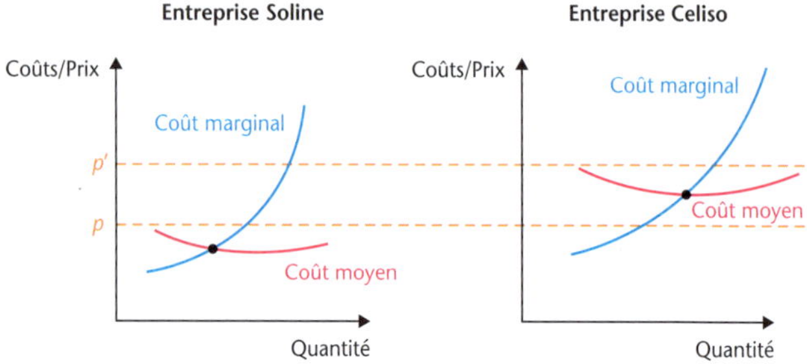

Vrai ou faux ?

1. Lorsque le prix est *p*, l'entreprise Soline ne réalise pas de bénéfice.
2. Lorsque le prix est *p'*, l'entreprise Celiso réalise un bénéfice.

Avant de commencer

▶ Le **coût moyen** est le coût d'une unité produite. Il se calcule en divisant le coût total par la quantité produite. Le **coût marginal** est le coût de la dernière unité produite.

▶ L'intersection du coût moyen et du coût marginal est appelée **seuil de rentabilité** car c'est le niveau à partir duquel l'entreprise réalise un bénéfice. Si le prix en vigueur sur le marché est supérieur à ce seuil, alors l'entreprise vend en moyenne ses produits à un prix supérieur à leur coût.

Comparer le prix de marché au seuil de rentabilité.

1. C'est faux car le prix de marché est supérieur au seuil de rentabilité.
2. C'est vrai car le prix de marché est également supérieur au seuil de rentabilité.

BILAN

Commerce international

FICHE 10

QUIZ-Mémorisation active

Complétez le texte suivant.

Les pays peuvent se spécialiser dans le commerce international en fonction de **(1)** ou en fonction de **(2)**. Au sein de chaque pays, les entreprises vont déterminer la localisation de leur production en prenant en compte **(3)**. Celle-ci précise les fonctions primaires ou de soutien. Si les entreprises décident de produire à l'étranger, elles seront alors attentives à la DIT (division internationale du travail) pour mettre au point leur **(4)**. Enfin, elles peuvent choisir de se concentrer sur leur cœur d'activité et déléguer à d'autres les tâches annexes ; il s'agit alors d'un processus **(5)** d'une partie des activités de l'entreprise.

(1) leurs facteurs de production ; (2) leur niveau de développement ; (3) leur chaîne de valeur ; (4) DIPP (décomposition internationale du processus de production) ; (5) d'externalisation.

Développez l'idée correspondant à chaque argument.

Le commerce international peut stimuler la compétitivité des entreprises.	
Arguments	**Développement des idées**
Il accroît la concurrence entre les entreprises.	Or la concurrence crée une émulation stimulante entre les entreprises, selon les néoclassiques.
Le CI permet le développement de la DIP et de la DIPP.	Ceci participe à la compétitivité des entreprises car elles peuvent choisir les pays aux avantages comparatifs les plus élevés pour produire mieux ou moins cher.
Le CI accroît le marché de consommateurs potentiels.	Les pays peuvent vendre dans le monde entier et accroître leur part de marché grâce à un plus grand nombre de consommateurs.
Le CI contribue à l'économie des connaissances.	La production et la consommation mondialisées permettent aux entreprises d'apprendre des autres.

SCHÉMA-BILAN

Pour les pays et les entreprises qui peuvent se spécialiser

Pour accroître le cycle de produit de Vernon et trouver de nouveaux débouchés

Est une opportunité de croissance

↑

Le commerce international

↓

Peut être source d'inégalités

Au sein des pays, entre les entreprises plus ou moins compétitives, les salariés plus ou moins qualifiés, les zones géographiques plus ou moins dynamiques

Entre les pays, pour lesquels les termes de l'échange sont avantageux ou non

Le chômage conjoncturel et structurel

FICHE 11

Le chômage est une préoccupation permanente pour les pouvoirs publics. Il pose en effet un double problème sociétal. D'une part, il exclut du marché du travail une partie de la population active qui souhaiterait travailler. D'autre part, il limite l'**intégration du chômeur** dans la société de consommation, de production, réduit ses liens sociaux, fragilisant parfois même sa **dignité humaine**.

I Les types de chômage, le taux d'emploi et le sous-emploi

- La définition du chômage représente un enjeu politique au sein d'un pays ou pour des comparaisons internationales. En effet, plus la définition du chômage est restrictive, plus le nombre de chômeurs au sein d'un pays est élevé. Par exemple, le Bureau international du travail (BIT) a choisi une définition moins contraignante que celle de Pôle emploi, en France, pour en amenuir l'impact statistique et laisser entendre que le chômage mondial reste limité. C'est cette définition du BIT qui a été retenue pour les comparaisons internationales et par l'Insee, en France.

> **Pôle emploi :** organisme public chargé d'accompagner les personnes dans leur recherche d'emploi et de verser les indemnités aux chômeurs y ayant droit.

Définition du chômage selon l'Insee et le BIT	Définition du chômage selon Pôle emploi
Selon l'Insee, est au chômage au cours d'une période de référence toute personne qui : • est âgée d'au moins quinze ans ; • n'a pas travaillé au cours de cette période ; • est disponible pour prendre un emploi dans les 15 jours ; • a cherché activement un emploi dans le mois précédant cette période.	Pôle emploi considère que sont au chômage les demandeurs d'emploi inscrits auprès de ses services. Il existe 5 catégories de chômeurs inscrits : la première comptabilise les personnes sans emploi, les plus actives dans leur recherche, la dernière les personnes ayant un emploi et étant non tenues d'accomplir des actes de recherche d'emploi (en formation, en maladie, par exemple).
N.B. Ainsi, selon la définition du BIT ou de l'Insee, une personne qui a travaillé au moins une heure au cours de la semaine de référence n'est pas au chômage.	*N.B. Certaines personnes en sous-emploi (temps partiel subi, réduction d'activité pour raison technique ou baisse d'activité saisonnière) s'inscrivent à Pôle emploi bien qu'elles aient déjà un emploi.*

• Ne pas confondre **taux de chômage** ($\frac{\text{nombre de chômeurs}}{\text{nombre d'actifs}}$) et **taux d'emploi** ($\frac{\text{nombre de personnes ayant un emploi}}{\text{nombre de personnes en âge de travailler}}$). Ainsi, une étudiante ou un père au foyer diminue le taux d'emploi national mais n'augmente pas celui du chômage.

II Le chômage conjoncturel

Le chômage peut correspondre à un **déséquilibre** sur le marché du travail à court terme, il s'agit du chômage **conjoncturel** qui peut provenir :
- du contexte économique, politique ou social de crise interne au pays (tensions politiques à Hong Kong, sociales en France) ;
- du fait que les entreprises peinent à faire face à la demande ou à la concurrence ;
- d'un choc de demande ou d'offre externe émanant du reste du monde (conflits militaires, guerre commerciale, propagation de crise sanitaire mondiale).

III Le chômage structurel

Le chômage **structurel** s'inscrit dans le **long terme**. Pour lutter contre, il faut agir sur la structure même du marché du travail, des modes de production ou des choix stratégiques de production. En définir la cause est le premier impératif des pouvoirs publics pour réussir à le combattre.

Le chômage structurel peut s'expliquer par :

Des problèmes d'appariements (de *matching* entre l'offre et la demande)

Consécutifs à une inadéquation entre l'offre et la demande d'emploi, des rigidités de mobilités géographiques de la main-d'œuvre, des coûts de transaction ou de prospection trop élevés

L'asymétrie d'information (les offreurs ou demandeurs ne dévoilent pas toute l'information)

L'asymétrie de l'information entraîne une hausse du prix de la main-d'œuvre (théorie du salaire d'efficience) pour sélectionner les meilleurs candidats

L'impact des institutions sur le chômage structurel

FICHE 12

Le débat sur l'intervention de l'État est récurrent en économie. Faut-il limiter son rôle pour laisser agir le marché, jugé le plus efficient (selon les néoclassiques puis les libéraux) ? Ou, au contraire, est-il nécessaire que l'État pallie les défaillances du marché (analyse des keynésiens et de l'école de la régulation) ?

I Les institutions contribuent à créer un chômage volontaire, selon les néoclassiques

- Pour les auteurs néoclassiques, le marché du travail est un marché comme un autre de **rencontre de l'offre et de la demande**.

Marché du travail

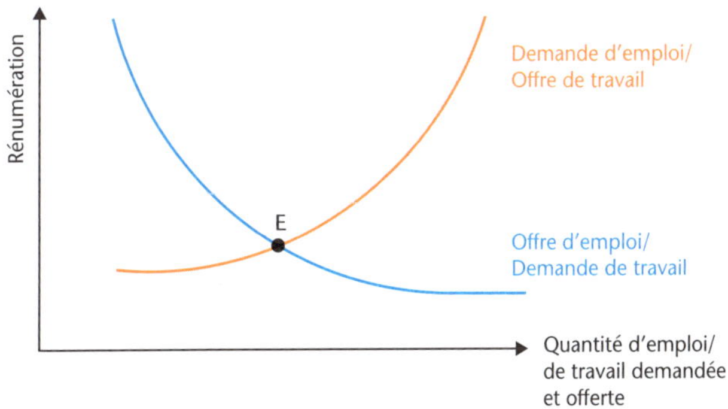

- Selon les néoclassiques, au **point d'équilibre** (E), la demande d'emploi est exactement égale à l'offre d'emploi. Il s'agit d'une situation optimale, dite de **plein-emploi**, sans chômage.
- Si le point d'équilibre n'est pas atteint, c'est de la faute des institutions. Celles-ci créent des **rigidités sur le marché** qui empêchent l'offre ou la demande de s'ajuster pour aboutir à la situation de plein-emploi.

> **Institutions :** ensemble des règles formelles et informelles établies par la société (→ *voir fiche 2*).

Rigidité-prix	Le droit du travail (avec le SMIC, les charges sociales, la durée légale du temps de travail à 35 h, par exemple) augmente le prix de la main-d'œuvre, parfois trop chère pour les entreprises.
Rigidité quantitative	Les institutions limitent la possibilité pour les entreprises de faire varier le nombre d'actifs nécessaires en fonction de la production. Il existe trop de contraintes à l'embauche, aux heures supplémentaires ou au licenciement.
Rigidité qualitative	Les institutions, par le biais de l'Éducation nationale ou de normes sociales, rendraient les actifs trop « enfermés » dans leur rôle, leurs pratiques professionnelles. Ainsi, la main-d'œuvre ne serait pas assez productive pour être embauchée ou mériterait d'être licenciée.

II Les institutions sont indispensables pour lutter contre le chômage involontaire, selon les keynésiens

- Pour l'économiste anglais **John Maynard Keynes**, la vision du marché du travail des néoclassiques est contestable puisque, par définition, **un travailleur n'est pas une marchandise**. Au nom du respect de l'individu et de la dignité humaine, il est indispensable de lui garantir des droits, une protection et un salaire minimal.

- Les institutions jouent un rôle primordial dans la lutte contre le chômage en stimulant la demande, c'est-à-dire la consommation et l'investissement. En effet, le salaire minimal, la redistribution, les infrastructures, les biens et services non marchands, les subventions aux entrepreneurs, l'aide à la création d'entreprise, par exemple, portent la demande. Or, celle-ci est au cœur de la croissance.

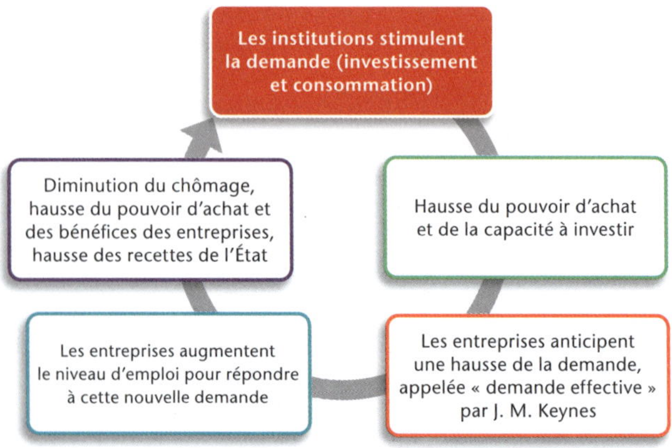

Les politiques de lutte contre le chômage

FICHE 13

Les politiques de lutte contre le chômage dépendent directement de l'explication de ce dernier (→ *voir fiche 12*). Les solutions proposées par les néoclassiques divergent donc de celles des keynésiens, par exemple.

I Les solutions des néoclassiques

Comme les néoclassiques considèrent que le **chômage** est **volontaire**, compte tenu de rigidités sur le marché du travail, les politiques de lutte contre le chômage dit « classique » cherchent à **accroître la flexibilité sur le marché du travail**.

Politiques contre le chômage classique

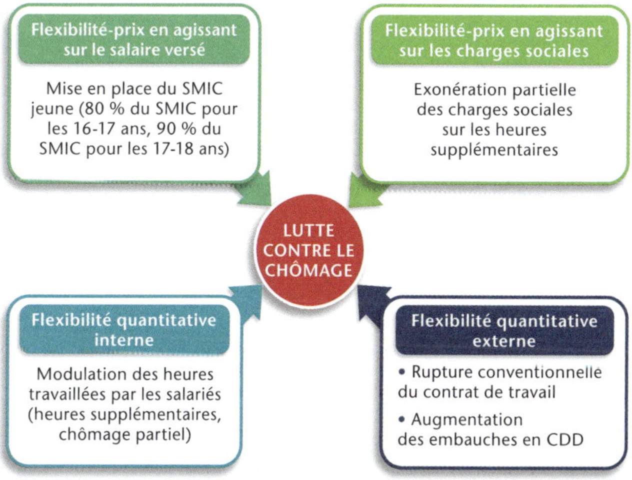

II Les solutions des keynésiens

Les politiques keynésiennes visent à **stimuler la demande** (consommation et investissement) afin d'encourager la production et la création d'emplois supplémentaires. Le chômage est involontaire puisqu'il résulte d'une insuffisance de la demande.

Politiques contre le chômage keynésien

- **Politiques de grands travaux** ou de développement des infrastructures en emplois publics
- Réduction des prélèvements obligatoires des ménages les plus modestes car ce sont eux qui proportionnellement consomment le plus (propension marginale à consommer forte) et augmentation pour les plus riches afin de permettre une **redistribution des revenus**
- **Politique monétaire favorable au crédit** des ménages, des entreprises ou des administrations publiques pour faire croître la demande, l'emploi et la production

III Les politiques contre le chômage structurel

Les politiques contre le chômage structurel ont pour objectif de **modifier la structure du marché du travail sur le long terme** (emplois proposés, qualification des salariés) en favorisant la meilleure adéquation possible entre l'offre et la demande de travail pour éviter les problèmes d'appariement.

Politiques contre le chômage structurel

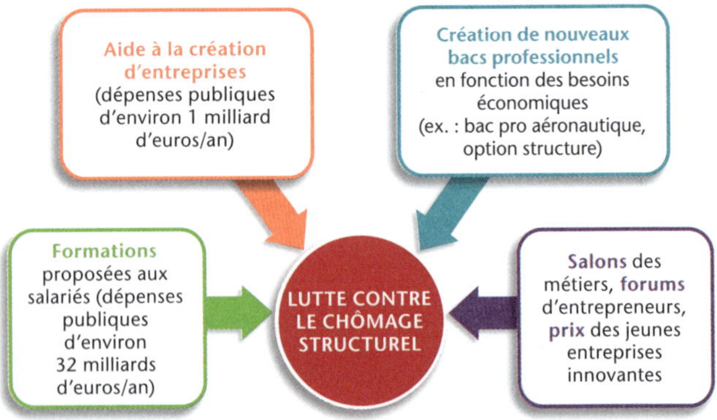

Comment lutter contre le chômage ?

QUIZ-Mémorisation active

Complétez le texte suivant.

La lutte contre le chômage est une **(1)** pour les pouvoirs publics. Pour mener des politiques adéquates, les États doivent définir la **(2)** du chômage. Cependant, les avis divergent en la matière. Pour les **(3)**, le chômage provient de rigidités trop fortes sur le marché du travail. Au contraire, les keynésiens considèrent que les **(4)** jouent un rôle primordial dans la lutte contre le chômage. Il est aussi nécessaire pour les pouvoirs publics de définir quel type de chômage ils veulent combattre en priorité : le chômage conjoncturel ou le chômage **(5)**.

(1) priorité ; (2) cause ; (3) néoclassiques ; (4) institutions ; (5) structurel.

Quelles sont les politiques de lutte contre le chômage ?

Le type de chômage à combattre	Les politiques proposées
Le chômage (néo)classique	Développer les flexibilités-prix et quantitative, externes ou internes
Le chômage keynésien	Stimuler la demande par le biais de grands travaux, du pouvoir d'achat ; de l'investissement, des crédits accordés
Le chômage structurel	Aides à la création d'entreprises ou à la formation

SCHÉMAS-BILANS

L'analyse néoclassique et l'analyse keynésienne

L'analyse néoclassique	L'analyse keynésienne
La recherche de flexibilités sur le marché du travail	L'acceptation de règles pour proposer des garanties sur le marché du travail
Une priorité accordée au marché	Une importance forte accordée aux institutions et à l'État

Les politiques de lutte contre le chômage

LUTTER CONTRE LE CHÔMAGE

Les politiques néoclassiques

Visent à développer la flexibilité sur le marché du travail

Les politiques keynésiennes

Stimulent la demande, c'est-à-dire la consommation (bourse étudiante, RSA) ou l'investissement (privé et public)

Les politiques structurelles

Permettent une meilleure adéquation entre l'offre et la demande d'emploi

Les politiques institutionnelles

Créent un cadre propice à la production, à la demande, à la redistribution

Les crises financières de 1929 et 2008

FICHE 15

I Sphère réelle et sphère monétaire

• Par souci de modélisation, les économistes distinguent souvent la sphère réelle de la sphère monétaire :
– la **sphère réelle** correspond à la production de biens et de services, à la consommation, à l'investissement, à l'emploi ;
– la **sphère monétaire** représente les marchés financiers.

• Les deux sphères sont fortement **interdépendantes** car l'une a besoin de l'autre pour exister. Une crise dans l'une peut donc rapidement se propager dans l'autre. Ce fut le cas des deux plus grandes crises financières de 1929 et 2008, devenues **crises systémiques**.

Crise systémique : crise qui concerne le système économique dans son ensemble, la sphère réelle et la sphère monétaire ; son impact est donc global et lourd de conséquences.

II La crise de 1929

Après la Première Guerre mondiale, les **États-Unis** connaissent une période économique faste : **les *Roaring Twenties***.

Après la Première Guerre mondiale, les États-Unis connaissent une **forte croissance économique**.

↓

Les Américains sont de plus en plus nombreux à **investir en Bourse**. En 1929, ils sont 15 millions contre 1 million au lendemain de la guerre.

↓

Le cours des actions augmente plus vite que leur valeur réelle car la demande est supérieure à l'offre, créant une **bulle spéculative**. Beaucoup d'Américains choisissent de s'endetter pour investir en Bourse.

↓

La bulle spéculative éclate. Le cours des actions chute de 60 à 80 %, le « jeudi noir » du 24 octobre. 13 millions de titres sont bradés, de nombreux épargnants sont ruinés, des banques font faillite.

↓

La crise dans la sphère monétaire se propage à la sphère réelle : faillite d'entreprises, chômage, rapatriement des capitaux américains placés dans le monde entier, chute des échanges commerciaux. **La crise économique devient mondiale**.

III La crise des subprimes de 2008

• La crise des subprimes s'est propagée, comme celle de 1929, **de la finance vers la sphère réelle** en affectant la production, les emplois, le pouvoir d'achat et la viabilité de nombreuses entreprises.

• Elle se distingue cependant de la précédente par l'**importance des produits titrisés**, peu transparents et **très toxiques** sur les marchés financiers.

• Les produits dérivés s'apparentent à un assortiment de parts de titres financiers regroupés en un même titre financier, tel un « café gourmand » avec plusieurs petits parts de gâteaux.

À la fin des années 1990, les États-Unis cherchent à **relancer la croissance** par l'immobilier.

↓

Les banques proposent des **crédits** à des taux variables **à des ménages peu solvables** : « les subprimes ».

↓

Les **taux montent** progressivement et **beaucoup d'emprunteurs ne peuvent rembourser**. Leur bien immobilier est saisi par les banques qui cherchent à le revendre.

↓

L'augmentation des biens immobiliers sur le marché fait **chuter le prix** du mètre carré.

↓

Les banques ont du mal à se rembourser, et les investisseurs, qui avaient acheté une partie de ces crédits via des produits titrisés, réalisent également de **mauvais placements**.

↓

La faillite de la grande banque américaine Lehman Brothers marque le début d'une grave **crise financière**.

↓

La mondialisation des échanges conduit à une **propagation rapide et mondiale** de la crise. La crise des subprimes devient une **crise systémique**.

Les crises financières et leur propagation

FICHE 16

Les **crises financières** peuvent avoir un impact fort au sein même des **marchés financiers** mais également dans la **sphère réelle**. Tout dépend de la propagation de la crise et de l'étendue des agents économiques directement ou indirectement concernés.

I Les différents types de crises financières

- Il existe **quatre types de crises financières**.

Crises de change	Crises bancaires
Attaque spéculative envers une devise	Lorsque les banques sont illiquides ou insolvables
Crises de la dette souveraine	**Crises boursières ou krachs**
Lorsqu'un pays rencontre des difficultés importantes pour rembourser sa dette	Ajustement à la baisse de grande ampleur en peu de temps sur les marchés boursiers

- Un type de crise peut s'accompagner d'un autre.

Exemple : la crise des subprimes est une combinaison de crises boursière et bancaire, qui a contribué à la crise de la dette souveraine grecque ou à l'attaque de la couronne islandaise.

II La propagation d'une crise sur les marchés financiers

- La finance est le reflet de comportements rationnels d'offres et de demandes qui se rencontrent sur les différentes places boursières du monde. Mais la finance est un **marché** qui peut être très **volatil** car **très sensible aux rumeurs**.

- En effet, comme il existe une **asymétrie d'information** entre les différents agents, chacun s'intéresse au comportement de l'autre, pensant y déceler une information qu'il n'aurait pas mais qui serait cruciale pour ses placements. Ce comportement moutonnier est qualifié de **mimétique**.

• Il peut conduire à des **prophéties autoréalisatrices**, selon l'économiste André Orléan. En effet, si des investisseurs pensent, à tort (rumeur) ou à raison, que le cours d'une action va chuter, ils risquent de vendre massivement leurs actions. D'autres acteurs sur le marché vont interpréter ces ventes comme révélatrices d'une information importante encore méconnue. Ils décident alors de vendre également. Ceci conduit à une baisse du cours effective : la prophétie se réalise.

André Orléan : économiste français (né en 1950), spécialiste des marchés financiers et appartenant aux théoriciens de la régulation.

• Si la **panique** sur les marchés financiers se propage et touche **des investisseurs ou « zinzins »**, c'est-à-dire les investisseurs institutionnels tels que les banques ou les assurances, alors la crise peut conduire à des **faillites bancaires ou d'entreprises**.

• Le scénario le plus préoccupant pourrait prendre cette forme :

Les canaux de transmission d'une crise financière

FICHE 17

I Les canaux de transmission d'une crise financière

- Les marchés financiers permettent, par définition, de financer les activités économiques. Les entreprises qui veulent investir peuvent faire appel aux banques pour emprunter ou émettre des actions et des obligations. De même que les ménages, ou les administrations publiques, qui souhaiteraient emprunter ou réaliser des placements peuvent solliciter les marchés financiers.
- Une crise financière peut donc affecter fortement l'économie réelle et conduire à une **crise systémique** ; les canaux de transmissions sont multiples.

Une crise financière peut devenir une crise de l'économie réelle par :

- **Un effet de richesse négatif**
  La baisse du cours des titres financiers appauvrit les entreprises cotées en Bourse et les investisseurs qui réalisent des moins-values.
- **Une baisse du prix du collatéral et des ventes forcées**
  La baisse du cours de certains titres financiers crée une défiance sur les marchés qui conduit à une baisse du cours d'autres titres pourtant non concernés. Cela peut conduire les investisseurs « perdants » à vendre des biens propres pour pouvoir faire face à la crise et rembourser leurs créanciers.
- **Une contraction du crédit ou *credit crunch***
  La crise financière amoindrit les recettes des banques qui osent moins prendre des risques. De ce fait, elles sont beaucoup plus exigeantes pour accorder des crédits. Des agents économiques ne peuvent plus financer leurs projets, la demande et la croissance en pâtissent.

II Comment une crise peut-elle devenir mondiale ?

• Pour qu'une crise financière localisée devienne mondiale, plusieurs facteurs interagissent :
– **le niveau de globalisation mondiale**, c'est-à-dire le degré d'ouverture internationale de la finance et d'interdépendance entre les places boursières du monde : plus les économies nationales dépendent des marchés financiers des autres pays, plus elles seront affectées (cas de la crise des subprimes) ;
– **l'ouverture du pays au reste du monde** et l'ouverture du commerce international en général : si un pays souffre d'une crise financière et qu'il importe ou exporte moins compte tenu du ralentissement de sa croissance, cela agit sur les économies des autres pays (cas de la crise de 1929, par exemple) ;
– **la capacité des banques centrales et des pouvoirs publics à absorber le choc** : peuvent-ils **s'endetter** pour aider les agents économiques et relancer la croissance ? La banque centrale peut-elle se porter « prêteur en dernier ressort » ? Autrement dit, peut-elle aider les banques à faire face à la crise ? Dans le cas de la crise des subprimes, **la banque centrale américaine** (la FED) a dépensé près de 800 milliards de dollars pour aider les banques. En Europe, la **BCE** a racheté les titres les plus risqués des banques pour assainir leur bilan, c'est la **politique de *quantitative easing*** (→ *voir fiche 23*). Ceci a coûté beaucoup aux **contribuables** pour réparer les conséquences des risques pris souvent sciemment par les banques.

• Les choix des politiques à mener en temps de crise sont donc toujours complexes : pour quels agents économiques faut-il prioriser les interventions ?

FICHE 18

Les instruments de régulation du système bancaire et financier

La crise des subprimes a éveillé les consciences sur les risques systémiques d'une finance non régulée. Les **pouvoirs publics** du monde entier ont proposé de **renforcer les règles** existantes ou d'**innover** en la matière.

Toutefois, le poids de la finance dans l'économie mondiale est tel que les lobbies financiers freinent fortement la régulation au nom d'un marché qualifié d'optimal bien que parfois risqué.

I Renforcer la régulation actuelle

- Avant la crise des subprimes, une régulation des marchés financiers existait déjà. Il est donc important de veiller à son application afin de lutter notamment contre les risques inconsidérés et l'aléa moral.
- L'**aléa moral** correspond à une situation dans laquelle un agent économique peut se permettre de prendre des risques puisqu'il se sait couvert en cas de grosses difficultés. En effet, les banques centrales ou les États se sont généralement portés « prêteurs en dernier ressort » pour sauver les banques trop affectées par la crise financière.

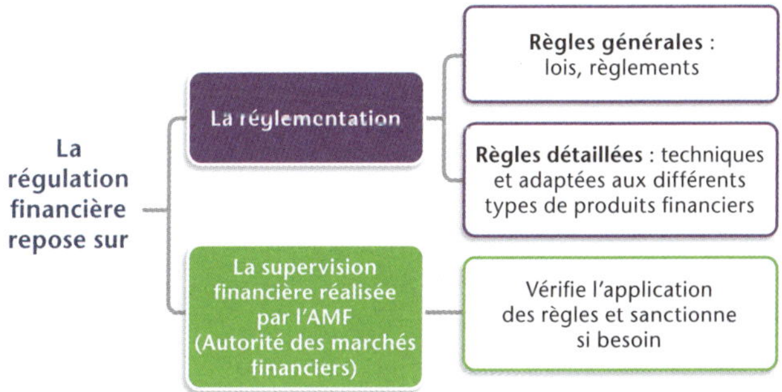

II La régulation financière telle qu'il faudrait la repenser

• Selon Michel **Aglietta**, économiste français spécialiste des marchés financiers et auteur de *La Crise, les voies de sortie* (2010), la régulation mondiale des marchés financiers serait plus efficace si elle était **coordonnée au niveau mondial**.

• Par ailleurs, le contrôle des **banques** ne devrait pas être propre à chaque banque mais le résultat d'un **contrôle agrégé pour limiter le risque global**.

• Enfin, en attribuant des notes excellentes (AAA) à des placements qu'elles savaient pourtant très risqués, les agences de notation ont mis en exergue le problème du **conflit d'intérêt de l'évaluateur**, ce dernier devant noter celui qui paie pour être évalué. Les agences devraient donc être indépendantes, d'après M. Aglietta.

Pour une régulation plus efficace des marchés financiers, il faudrait :

- Raisonner à un niveau macro-économique (global) et non au niveau des entreprises. Autrement dit, mener des **politiques macroprudentielles** (comme les accords de Bâle)
- Une **indépendance des agences de notation** afin d'éviter les conflits d'intérêt des évaluateurs envers leurs clients
- Plus de **transparence de l'information sur le marché** pour limiter les comportements mimétiques et éviter la propagation de produits dérivés toxiques

Indices simples, indices synthétiques

Exercice 1

Exportations de marchandises par régions (en milliards de dollars)

	2013	2014	2015	2016	2017
Monde	18 952 750	18 967 697	16 518 941	16 028 701	17 729 953
Amérique du Nord	2 417 940	2 493 768	2 293 110	2 215 279	2 377 103

Indices des exportations, base 100 en 2013

	2013	2014	2015	2016	2017
Monde	100	100,1	87,2	84,6	93,5
Amérique du Nord	100	103,1	94,8	91,6	98,3

Source : OMC, 2018.

1. Retrouvez le calcul qui a permis de trouver la donnée entourée dans le tableau des indices.
2. Faites une phrase pour présenter l'information apportée par l'indice de 2017 pour le monde.
3. Présentez en une phrase l'évolution des exportations mondiales entre 2015 et 2016 à partir du tableau des indices.

Avant de commencer

▶ Les **indices** sont des outils statistiques permettant de mesurer rapidement l'évolution d'une variable économique.

▶ Pour **calculer un indice** à une date quelconque, il faut définir une date qui servira de référence :

$$I = \frac{\text{valeur d'arrivée}}{\text{valeur de départ}} \times 100$$

→ Il s'agit de l'indice des exportations en 2017 sur une base de 100 en 2013 (date de référence).

1. $\frac{2\,377\,103}{2\,417\,940} \times 100$

→ Observer l'indice de 2017 pour le monde par rapport à la date de référence 2013 : 100 – 93,5 = 6,5. Si l'indice > 100, la valeur observée augmente ; si l'indice < 100, elle diminue.

2. Selon l'OMC, les exportations mondiales de marchandises ont diminué de 6,5 % entre 2013 et 2017.

→ Observer l'indice de 2016 pour le monde par rapport à l'indice de 2015 : 87,2 – 84,6 = 2,6.

3. Selon l'OMC, les exportations mondiales ont diminué de 2,6 points de pourcentage entre 2015 et 2016.

Exercice 2 : faites une lecture de la donnée correspondant à décembre 2019.

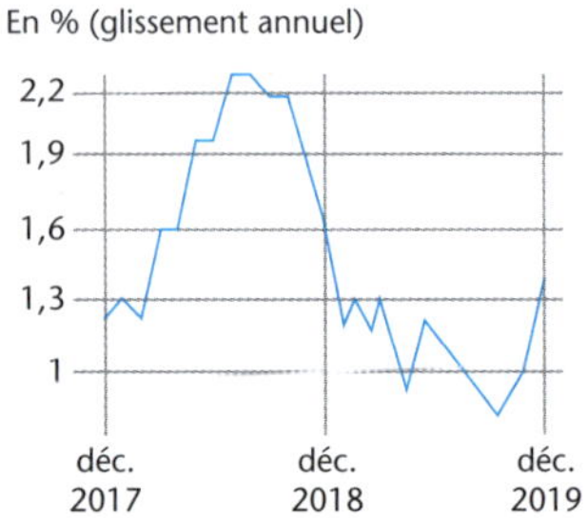

Source : Insee, janvier 2020.

Avant de commencer

▶ L'inflation se mesure grâce à l'**IPC : indice des prix à la consommation**. Ce dernier est un indice synthétique.

▶ Un **indice synthétique** mesure la variation de la valeur d'une grandeur complexe définie comme agrégation d'un ensemble de grandeurs élémentaires. Ex. : l'IPC mesure par un indice unique la variation des prix de mille variétés de produits.

▶ L'**indice de la grandeur complexe** est une moyenne pondérée des indices des grandeurs élémentaires.

Selon l'estimation provisoire réalisée début janvier 2020 par l'Insee, sur un an, la hausse des prix à la consommation a accéléré à + 1,4 % en décembre 2019.

Crises financières et régulation du système financier

QUIZ-Mémorisation active

Complétez le texte suivant.

Sur les marchés financiers, l'information est **(1)**. Les économistes évoquent une **(2)** d'information. Cela signifie que des agents économiques **(3)** des informations que d'autres agents n'ont pas. C'est pourquoi les investisseurs optent souvent pour des comportements **(4)**. Cela peut conduire à des **(5)**. Si la crise financière se propage dans l'économie réelle, la crise devient **(6)**.

(1) imparfaite ; (2) asymétrie ; (3) détiennent ; (4) mimétiques ; (5) prophéties autoréalisatrices ; (6) systémique.

Expliquez les canaux de transmission d'une crise financière à l'économie réelle.

Les canaux de transmission	Explication
L'effet de richesse négatif	La baisse du cours des titres financiers appauvrit les entreprises et les investisseurs concernés
La baisse des prix du collatéral et les ventes forcées	L'effet de richesse négatif peut, par effet de mimétisme, conduire à la baisse d'autres titres financiers ou à la vente de biens propres de la part des investisseurs perdants.
Le *credit crunch*	Fragilisées par leurs pertes sur les marchés financiers, les banques peuvent devenir plus réticentes à prêter, ce qui peut ralentir la consommation et l'investissement.

SCHÉMAS-BILANS

De la crise financière à la crise mondiale

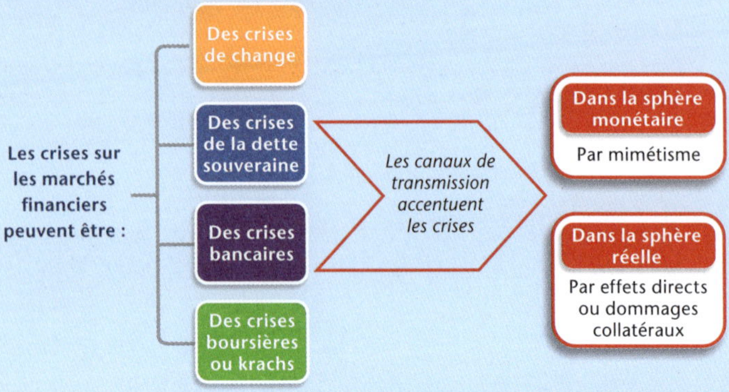

Comment réguler la finance ?

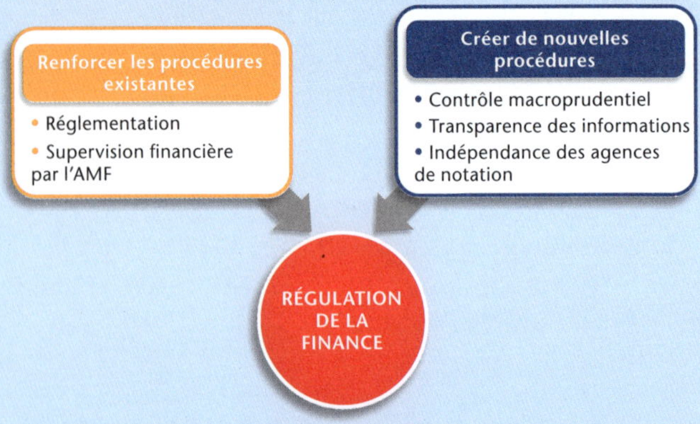

Les grandes caractéristiques de l'intégration européenne

FICHE 21

I Une expérience unique d'intégration

1. Les étapes du processus d'intégration régionale

• En 1961, Béla Balassa, économiste hongrois contemporain, a établi **les étapes du processus d'intégration régionale** dans son ouvrage *The Theory of Economic Integration.*

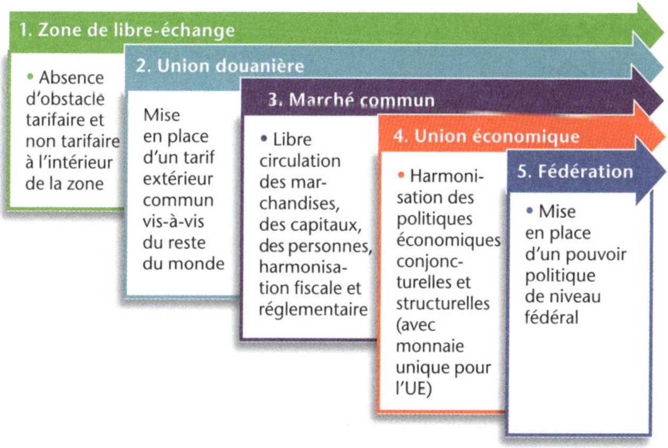

• L'Union européenne est une expérience d'intégration originale dans la mesure où les différentes étapes ont été franchies en ne respectant pas l'ordre indiqué. L'adoption de la monnaie unique a précédé l'harmonisation des économies.

2. L'Europe : une intégration économique réussie

• Le **traité de Paris**, signé en **1951**, fondateur de la **CECA**, a été le premier pas de l'intégration européenne : il a institué une **zone de libre-échange**.

• Par la suite, d'autres traités ont été conclus : le **traité de Rome**, signé en **1957**, a instauré la **CEE**, Communauté économique européenne. Cette dernière prévoit entre autres l'instauration d'une **union douanière** dont la politique commerciale unique se caractérise par un tarif extérieur commun.

- En 1987, l'Acte unique instaure un marché commun avec la libre circulation des produits et des facteurs de production. Il entre en vigueur en 1993.
- Une union économique est réalisée en 1992 lors de la conclusion du traité de Maastricht. Ce dernier prévoit une harmonisation des objectifs et politiques économiques, et l'instauration d'une monnaie unique.
- Aucune autre association d'États n'a poussé aussi loin l'intégration. Aucune autre coopération d'États n'a abouti à l'adoption d'une monnaie unique.

II Le marché unique stimule la croissance économique

- Créer une union économique et monétaire semble avoir été bénéfique et l'est encore aujourd'hui. Michel Dévoluy et Gilbert Koenig (*Les Politiques économiques européennes, enjeux et défis*, 2014) précisent qu'il s'agissait d'augmenter la croissance économique des différents États membres en stimulant à la fois l'offre et la demande. En effet, en repoussant les frontières de l'Union européenne et en approfondissant l'intégration économique, un vaste marché s'est créé dont les effets ont été multiples.
- Cela a d'abord permis de stimuler l'offre en diminuant divers coûts. La hausse du nombre de consommateurs permet d'étaler les coûts de production sur un plus grand nombre de personnes. Cela permet d'amortir les frais engagés, d'obtenir des économies d'échelles (diminution du coût moyen quand l'échelle de production augmente).
- Par ailleurs, la mise en place d'un marché unique augmente mécaniquement le nombre de concurrents. Rester compétitif conduit alors à proposer des biens et services moins coûteux. Cette hausse de la concurrence a également permis de stimuler l'innovation et la stimule encore : entre 2008 et 2017, près de 3 740 brevets ont été déposés en Europe selon l'Insee. En effet, de plus en plus de dépenses en recherche et développement ont été effectuées. En moyenne, en 2016, les pays de l'Union européenne consacraient 2,1 % en moyenne de leur PIB aux dépenses en R&D selon *Les Tableaux de l'économie française* 2020 (Insee).
- L'UEM a permis d'augmenter la demande en répondant à un besoin toujours plus accru de variété des produits.

La politique européenne de la concurrence

FICHE 22

I Objectifs et modalités de la politique de concurrence européenne

1. Les objectifs

- La **politique de la concurrence** rassemble l'ensemble des mesures prises par les pouvoirs publics afin de garantir une situation de concurrence sur le marché.
- Ces politiques sont nées aux États-Unis pour réguler la concurrence (Sherman Act, 1980) et se sont imposées en Europe (traité de Rome en 1957 et traité sur le fonctionnement de l'Union européenne en 2009).
- Toutes les pratiques anticoncurrentielles **diminuent le surplus du consommateur** (différence entre le prix que le consommateur est prêt à payer et le prix de marché).
- La Commission européenne cherche également à **améliorer la qualité des produits**, œuvre à leur variété et leur montée en gamme.
- Par ailleurs, la politique de la concurrence **bénéficie aux entreprises et aux États**, dont la croissance économique est tirée vers le haut par le **commerce mondial** de marchandises et de services.

2. Les modalités

Objet	Dispositifs	Exemples
Ententes ou cartels	Interdiction des accords anticoncurrentiels entre les entreprises	En 2016, la Commission inflige une peine record de 2,9 milliards d'euros au **cartel des camions** : MAN, Daimler, Volvo/Renault, Iveco. (Entente sur les prix, les conditions de livraison, etc.)
Abus de position dominante	Interdiction aux entreprises d'exploiter de façon abusive leur position dominante sur un marché	En 2019, la Commission européenne a infligé une amende de 570 millions d'euros à **Mastercard** pour avoir augmenté les coûts de paiement par carte.

Objet	Dispositifs	Exemples
Contrôle de concentrations	Notification des opérations transfrontalières à la Commission qui peut interdire des fusions ou acquisitions susceptibles de réduire fortement la concurrence	En 2017, la Commission européenne interdit la fusion entre la **Bourse de Londres et celle de Francfort** pour éviter la formation d'un monopole.
Aides d'État	Sauf dérogations, interdiction des aides d'État qui faussent ou menacent de fausser la concurrence	En 2013, la Commission déclarait illégale l'aide de la France accordée à la **SNCM** d'un montant de 440 millions d'euros.
Marchés publics	Ouverture à la concurrence de certains services publics	En 2018, la Direction générale de la concurrence, de la consommation et de la répression des fraudes (DGCCRF) a sanctionné une entreprise française pour un **marché d'éclairage public** en Ardèche.

D'après le site de la Commission européenne, « La politique de la concurrence de l'Union européenne ».

II Une politique sous contraintes

1. Des contraintes internes à l'Union européenne

• Il existe des contraintes qui sont liées à l'Union européenne elle-même. On peut tout d'abord évoquer la nature des **sanctions** qui sont parfois qualifiées de **peu dissuasives**. Le montant total étant plafonné à un certain pourcentage du chiffre d'affaires mondial hors taxes, l'amende s'avère quelquefois insuffisante.

• Les **règles de la mise en concurrence** ne sont pas les mêmes pour toutes les firmes. Certains investissements ne peuvent être réalisés que par une partie d'entre elles.

2. Des contraintes externes à l'Union européenne

L'absence d'harmonisation fiscale entre les différents États membres conduit à des **aides d'États déguisées**.

Exemple : En 2016, une amende de 13 milliards d'euros était infligée à la firme Apple pour avoir bénéficié d'un traitement fiscal privilégié en Irlande. Les bénéfices avaient été enregistrés dans le pays qui lui permettait une exonération quasi totale de son impôt sur les sociétés. Bruxelles a considéré que c'était une aide d'État dissimulée.

Quelles politiques économiques dans le cadre européen ?

FICHE 23

I Un partage de compétences au service de la stabilité économique

1. La politique monétaire est dirigée par la BCE

Politique monétaire : « ensemble des moyens mis en œuvre par un État ou une autorité monétaire pour agir sur l'activité économique par la régulation de sa monnaie », selon la Banque de France.

- En raison d'un **triangle des incompatibilités** mis à jour par Robert Mundell, la politique monétaire a été rendue autonome.
- La banque centrale dispose de **mesures conventionnelles** (opérations relatives à la gestion des besoins de liquidité du système bancaire) :
  – le **taux de réserves obligatoires** détermine le pourcentage des dépôts que les banques commerciales (banques de second rang) doivent détenir sous forme de monnaie centrale ;
  – la banque centrale utilise **trois taux d'intérêt** qu'elle fixe elle-même directement, à la différence du taux EONIA (*Euro OverNight Index Average*) qui résulte d'une confrontation de l'offre et de la demande sur le marché interbancaire, où les banques de second rang s'échangent de la monnaie.
- Par ailleurs, la BCE utilise une politique dite **non conventionnelle**, qui complète le cadre traditionnel de politique monétaire : le ***quantitative easing***, par exemple, permet notamment d'éviter une crise de liquidité, comme on a pu l'observer durant la crise des subprimes ; il s'agit de racheter des actifs (obligations d'États, billets de trésorerie) contre de la monnaie.

> **Exemple :** pour faire face à la crise économique engendrée par le Covid-19, la BCE a annoncé, le 19 mars 2020, le rachat d'actifs pour 750 milliards d'euros au titre du *quantitative easing*.

- La politique monétaire permet de **réguler la masse monétaire** et de **gérer des chocs symétriques** qui agissent dans la même direction ou touchent les pays concernés de la même façon.

2. La politique budgétaire est gérée par les États

- Depuis 1997, le **pacte de stabilité et de croissance (PSC)** encadre les politiques budgétaires nationales. Il impose aux pays un déficit

Politique budgétaire : utilisation du budget de l'État pour agir sur la conjoncture et faire face à des chocs de demande et d'offre.

public inférieur à 3 % du PIB et une dette publique inférieure à 60 % du PIB.

- Depuis 2012, une **règle d'or** prévoit que le déficit structurel ne doit pas dépasser 0,5 % du PIB (déficit public structurel qui, à la différence du déficit public, ne comprend pas les dépenses inhabituelles liées aux aléas de la conjoncture).

II Ce partage de compétences soulève néanmoins des difficultés

1. Le défaut de coopération entraîne des conséquences

On peut faire référence aux **disparités relatives à l'impôt sur les sociétés**. Le taux d'imposition est de 31 % en France tandis qu'il n'est que de 17 % au Luxembourg. Cet écart illustre non seulement l'idée de politiques non coopératives, mais aussi concurrentes dans la mesure où elles entraînent des **inégalités quant à l'implantation des sociétés sur un territoire**.

2. Une difficile gestion des chocs asymétriques par la politique monétaire

- La politique monétaire unique est tendanciellement **procyclique** ; c'est une politique conjoncturelle qui conforte voire accentue les fluctuations économiques.
- Appliquer **le même taux d'intérêt** directeur à des pays dont le taux d'inflation diffère peut générer des **déséquilibres**. C'est ce que souligne l'économiste américain Joseph Stiglitz en prenant pour exemple le cas espagnol suite à la crise des subprimes.
- Une inflation importante rend les **taux d'intérêts réels faibles**. Cela accentue le phénomène au lieu de l'atténuer.

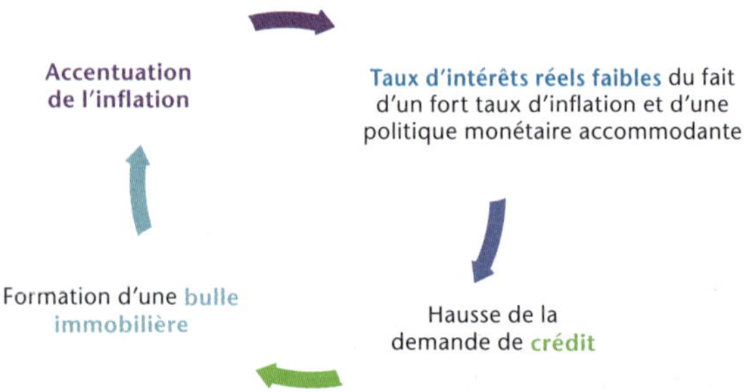

Construire un paragraphe argumenté

Sujet 1 : qu'est-ce qu'un marché ? Vous répondrez à cette question en mobilisant vos connaissances personnelles.

Avant de commencer

- **Lister** les points que l'on veut aborder.
- Se rappeler que chaque argument doit être **expliqué** et **illustré**.

→ **Énoncer** les arguments.

– Lieu d'échange.
– Il permet la satisfaction de tous les agents économiques.
– Institution.

→ **Expliquer** chaque argument.

– Lieu d'échange : réel ou virtuel, il permet la rencontre d'une offre et d'une demande globale de biens. Celles-ci ne concernent qu'un seul produit. D'autres types de marché existent.
– Il permet la satisfaction de tous les agents économiques : le marché concentre en un lieu unique une offre et une demande ; les inconvénients liés au troc sont ainsi évités. Un prix d'équilibre égalise l'offre et la demande.
– Le marché est une institution : il est organisé socialement et juridiquement par un ensemble de règles formelles et informelles ; il permet aussi d'organiser les échanges dans le cadre d'une économie de marché.

→ **Illustrer** chaque argument.

– Lieu d'échange → ex. : marché aux fleurs d'Aalsmeer (Pays-Bas).
– Satisfaction de tous les agents économiques → ex. : inutile de chercher un coéchangiste.
– Institution → ex. : marché régi par les droits de propriété comme les brevets, ou par le fait de ne pas augmenter les prix sur le marché en cas de pénurie…

→ Rédiger l'ensemble.

Le marché est d'abord un lieu d'échange. En effet, réel ou virtuel, il permet la rencontre d'une offre et d'une demande. Cette rencontre prend diverses formes. L'offre et la demande ne concernent qu'un seul produit. Ex. : le marché aux fleurs d'Aalsmeer aux Pays-Bas. Il s'agit de l'offre et de la demande globale de biens. Ex. : les trottinettes électriques. D'autres types de marché existent, comme le marché des capitaux et les changes.
C'est un lieu qui permet la satisfaction de tous les agents économiques. En effet, le marché concentre en un lieu unique une offre et une demande. Les inconvénients liés au troc sont ainsi évités. Par exemple, inutile de chercher un coéchangiste. En outre, un prix d'équilibre permet la satisfaction des agents puisqu'il égalise l'offre et la demande.
C'est par ailleurs une institution. En effet, il est organisé socialement et juridiquement par un ensemble de règles formelles (droits de propriété comme les brevets) et informelles (comportement des agents comme le fait de ne pas augmenter les prix sur le marché en cas de pénurie), qui se sont mises progressivement en place. Le marché permet aussi d'organiser les échanges, dans le cadre d'une économie de marché.

Sujet 2 : quels sont les déterminants de la demande ? Répondez à cette question en mobilisant vos connaissances personnelles.

→ Suivre les étapes proposées pour le sujet 1 précédent.

La demande est l'ensemble des biens et des services que les acheteurs sont prêts à acquérir pour un prix donné. Elle est déterminée par de nombreux facteurs. Si le prix est important, d'autres facteurs sont tout aussi significatifs. Le prix est déterminant. Plus le prix augmente, plus la demande baisse. Ex. : un consommateur est prêt à acheter deux boules de glaces à 4 € l'une ; mais une seule si celle-ci est à 5 €. D'autres déterminants influencent la demande : le revenu disponible, les déterminants sociaux, comme l'âge, des facteurs naturels (en été, la demande de glaces est plus importante que l'hiver). Un consommateur peut également être influencé par des anticipations rationnelles, prévisions que les agents font (ex. : si les prix baissent, les consommateurs peuvent être incités à reporter des projets d'achats ou d'investissements pour bénéficier de nouvelles baisses de prix).

BILAN

Les politiques économiques dans le cadre européen

FICHE 25

QUIZ-Mémorisation active

Questions	Indice	Réponses
Qu'institue le traité de Paris ?	CECA	Le traité de Paris, signé en 1951, fondateur de la CECA, a été le premier pas de l'intégration européenne : il a institué une zone de libre-échange.
Citez un avantage du marché unique.	Coût moyen	La hausse du nombre de consommateurs permet d'étaler les coûts de production sur un plus grand nombre de personnes. Cela permet d'amortir les frais engagés, d'obtenir des économies d'échelles (diminution du coût moyen quand l'échelle de production augmente).
Pourquoi dit-on que l'Union européenne est une expérience unique d'intégration régionale ?	UEM	Aucune autre coopération d'États n'a abouti à l'adoption d'une monnaie unique.
En 2019, la Commission européenne a infligé une amende à Mastercard pour avoir augmenté les coûts de paiement par carte. Pour quelle raison ?	Monopole	Cela a été considéré comme un abus de position dominante.
Qu'est-ce qu'une aide d'État déguisée ?	Apple	Une aide d'État déguisée est un gain financier obtenu de manière indirecte. Ex. : une amende record a été infligée à Apple pour avoir profité d'un traitement fiscal privilégié en Europe.
Citez un exemple de mesure conventionnelle utilisée par la BCE.	Refinancement	La fixation du taux d'intérêt directeur.
Citez un exemple de mesure non conventionnelle.	Liquidités	Le *quantitative easing*.

SCHÉMA-BILAN

Politique de la concurrence

- **Objectifs :** protéger les consommateurs et les offreurs
- **Moyens :** interdiction des ententes, de l'abus de position dominante, des aides d'État, des fusions, d'un manque de concurrence pour les marchés publics

Politique monétaire

- **Objectifs :** stabilité monétaire et financière
- **Moyens :** outils conventionnels et non conventionnels

La structuration de l'espace social

FICHE 26

I La catégorie socioprofessionnelle est déterminante pour comprendre l'espace social

1. La nomenclature des PCS

• En France, pour mesurer la structuration sociale, l'Insee propose la nomenclature des professions et catégories socioprofessionnelles, dite PCS ; elle a remplacé en 1982 la nomenclature dite des CSP. Modifiée en 2003, elle peut être appréhendée selon 4 niveaux. Le premier est composé de **8 groupes socioprofessionnels**.

Nomenclature des PCS

• Ce sont des groupes statistiques qui présentent une certaine **homogénéité sociale**. Pour déterminer cette proximité sociale, l'Insee part de la **profession** de l'individu (pour la population active) ou de la « personne de référence du ménage » (pour l'étude des ménages) et utilise plusieurs critères principaux comme le statut professionnel, le secteur d'activité, le niveau de qualification, la place hiérarchique, le statut par rapport à l'activité.

2. Les avantages de la nomenclature des PCS

• Cette nomenclature est utile aux **chercheurs** qui peuvent appréhender les différentes évolutions de la structuration sociale (ex. : tertiarisation du fait de la hausse des professions intermédiaires).

- Elle est utile aux **décideurs** qui peuvent agir sur la base des nouvelles connaissances mises à jour par des experts (ex. : cibler une population pour lutter contre les inégalités scolaires).
- Enfin, elle permet aux **individus** de s'identifier (ex. : « Je suis un ouvrier »).

II Néanmoins, d'autres facteurs permettent d'appréhender cet espace

1. Une multitude de facteurs

Aujourd'hui, les individus s'identifient par de multiples critères qui permettent de les distinguer voire de les hiérarchiser, certaines de ces différences se muant en **inégalités**.

Revenu	En moyenne, les 10 % des Français les plus aisés perçoivent 6,7 fois plus que les 10 % les plus pauvres (Insee 2016).
Diplôme	Selon l'Observatoire des inégalités, 84 % des personnes pauvres disposent du bac comme diplôme le plus élevé et un tiers n'ont pas du tout de diplôme. Le taux de pauvreté des personnes sans diplôme est trois fois supérieur à celui des personnes ayant un bac + 2.
Composition du ménage	La France compte 8,9 % de familles monoparentales (Insee 2015).
Position dans le cycle de vie	Selon la sociologue Cécile Van de Velde, le cycle de vie désigne « la façon dont une société définit et structure la succession des âges. Il repose sur l'hypothèse que tous les individus traversent, au cours de leur existence, un ordre prédéfini d'étapes, qu'elles soient familiales, professionnelles ou sociales. » Certains économistes ont démontré que le niveau d'épargne variait en fonction de la place occupée dans le cycle de vie.
Sexe	En 2017, en France (hors Mayotte), 29,6 % des femmes de 15 à 64 ans ayant un emploi l'occupent à temps partiel, contre 7,7 % des hommes (Insee 2019).
Lieu de résidence	Le lieu de résidence induit diverses inégalités. Ex. : la part des non-diplômés est inégalement répartie sur le territoire : elle est nettement au-dessus de la moyenne nationale dans le Nord, le Sud-Est, et dans l'est de l'Île-de-France (Cnam, Cnesco 2017).

2. Comment appréhender une telle multitude ?

Dans leur ouvrage *Dans quelle société vivons-nous ?*, les sociologues François Dubet et Danilo Martuccelli ont expliqué l'apparition de nouvelles lignes de clivage (sexe, lieux de résidence, âge) par **deux facteurs** : l'émiettement des classes sociales et la désinstitutionnalisation.

L'évolution de la structure socioprofessionnelle en France

FICHE 27

I Ce que nous enseigne l'évolution de la part des PCS dans la population active

1. La salarisation de la population active

- Le mouvement de salarisation a connu une grande continuité au siècle dernier : 56 % au début du xxe siècle, 72 % en 1962 et près de 90 % aujourd'hui.

- Néanmoins, on ne peut pas faire état d'une **salarisation complète**. En 2017, en France hors Mayotte, 3,1 millions de personnes, soit 11,5 % des personnes en emploi, se considèrent comme indépendants.

2. La tertiarisation de la population active

- Aujourd'hui, le secteur tertiaire regroupe plus des trois quarts des emplois.

- Cela s'explique par le **recul d'une France rurale et paysanne**, la **montée des services** (services à la personne notamment), l'**externalisation de fonctions tertiaires** précédemment assurées au sein des entreprises industrielles. Certaines PCS comme les cadres et professions intellectuelles supérieures, les professions intermédiaires, les employés (PCS majoritaire), progressent ; quand d'autres, comme les ouvriers, reculent.

II Les autres évolutions observées

1. La hausse du niveau de qualification

- En 1985, la proportion de bacheliers dans une génération était de 29 % ; elle atteint 81 % en 2018. Cette hausse considérable a permis une hausse du niveau de qualification.

- Cette **massification scolaire** s'explique par de nombreux facteurs comme certaines réformes (naissance du baccalauréat professionnel). Cependant, des **inégalités** demeurent. L'obtention d'un diplôme est socialement déterminée par l'origine sociale des étudiants.

Proportion de bacheliers dans une génération

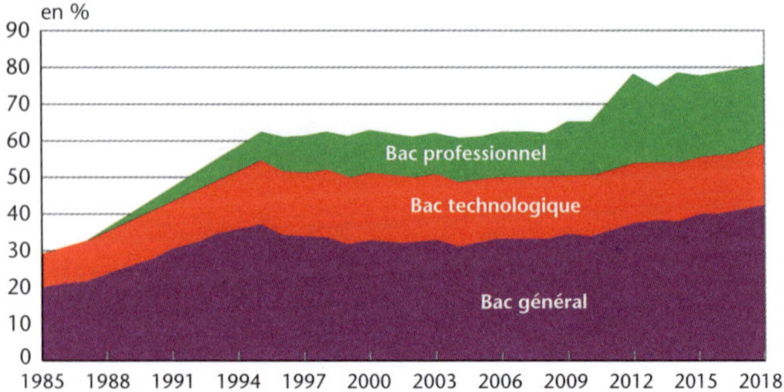

Note : les données 2017 et 2018 sont provisoires.
Champ : France métropolitaine jusqu'en 2000, France hors Mayotte à partir de 2001.
Sources : Deep ; Insee ; ministère en charge de l'agriculture.

2. La féminisation des emplois

Évolution du taux d'activité selon le sexe et la tranche d'âge

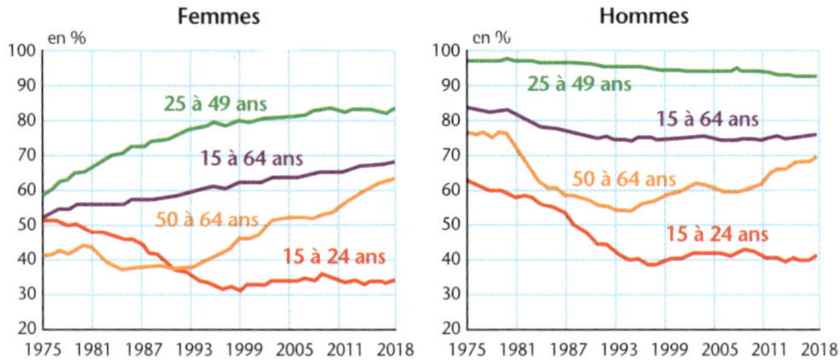

Champ : France hors Mayotte, personnes âgées de 15 à 64 ans vivant en ménage ordinaire.
Sources : Deep ; Insee ; ministère en charge de l'agriculture.

- Le taux d'activité des hommes reste plus élevé que celui des femmes. Cet écart s'est néanmoins réduit depuis 1975.
- La diminution du taux d'activité féminin pour les 15-24 ans s'explique par l'allongement de la scolarité.
- La hausse du taux d'activité féminin des autres tranches d'âge peut s'expliquer par :
  - le besoin de main-d'œuvre durant les Trente Glorieuses ;
  - l'émancipation continue des femmes ;
  - l'allongement de la scolarité.

Les théories de classes et de stratification sociale

FICHE 28

I Les théories de classes et de stratification sociale dans la tradition sociologique

1. L'approche de Marx

- Pour Karl Marx, une classe sociale doit présenter trois caractéristiques.

– La place dans le processus de production : elle est déterminée par la propriété des moyens de production.
– La présence d'intérêts antagonistes : dans le mode de production capitaliste, la classe bourgeoise recherche la hausse de la part du profit dans la valeur ajoutée, tandis que les prolétaires recherchent la hausse de la part de la rémunération dans la valeur ajoutée.
– La conscience de classe : les membres d'une même classe sociale ont conscience de la place occupée et de leurs intérêts antagonistes.

- Pour Karl Marx, seules deux classes disposent de ces trois caractéristiques : les bourgeois et les prolétaires.

- Il considère que les classes sociales existent véritablement dans la société. Aussi son approche des classes sociales est-elle dite réaliste.

> Une « **classe en soi** » est définie par la place occupée dans le processus de production ; une « **classe pour soi** » est un groupe social qui a pris conscience de ses intérêts antagonistes et de son opposition à une autre classe.

2. L'approche de Weber

- À la différence de Karl Marx, pour Max Weber, la position économique ne détermine pas à elle seule la position sociale. Selon lui, la société est stratifiée à partir de trois ordres :

– un ordre économique fondé sur l'existence de classes sociales ;
– un ordre social fondé sur l'existence de groupes de statut : un groupe de statut rassemble tous les individus qui ont le même degré de prestige associé à un statut social ; le statut dépend du style de vie, du mode de consommation (ex. : les bénévoles) ;
– un ordre politique fondé sur les partis politiques, organisations dans lesquelles les individus se regroupent en vue du contrôle de l'État (ex. : le parti libéral).

> **Classe sociale** : tout groupe d'individus qui se trouvent dans la même situation de classe.

• Selon Weber, les classes sociales ne sont pas autre chose que la somme d'individus que le chercheur décide d'assembler selon ses critères propres. Sa conception des classes sociales est dite **nominaliste**.

II Les débats théoriques et statistiques autour des classes sociales

1. L'évolution des distances inter et intra-classes

• **La statistique** permet de s'interroger sur la pertinence d'une approche en termes de classes sociales.

• La fin des classes sociales pourrait être étayée par la **hausse de la variance intra-classe** (ce qui permet de montrer que les disparités sont plus importantes au sein d'une même classe) et la **baisse de la variance inter-classe** (ce qui permet de montrer une moindre hétérogénéité entre les classes sociales).

> **Variance** : mesure de la dispersion des valeurs d'un échantillon ou d'une distribution de probabilité.

• Le sociologue **Louis Chauvel** précise que l'**avènement de la société salariale** a contribué à atténuer les disparités entre les classes, en instaurant un revenu minimal par exemple. Néanmoins, il rappelle qu'une plus grande disparité au sein d'une même classe sociale peut signifier tout aussi bien l'impertinence de la notion de classe que l'accroissement des inégalités. Les disparités de patrimoine ou de statut face à l'emploi au sein d'une même classe ne permettent pas d'enterrer la notion de classe.

2. L'articulation des classes sociales avec d'autres appartenances

Toutefois, il semblerait que le prisme de la classe sociale doive s'accompagner d'un grand nombre de critères d'identification (→ *voir fiche 26*), qui s'explique en partie par la multiplication des facteurs d'individualisation, dans la sphère professionnelle notamment.

Individualisation de l'évolution de carrière	Individualisation de la gestion de carrière	Individualisation de la fin de carrière
Ex. : bonus, stock options, prime	*Ex. : moindre syndicalisation du fait d'une hausse de la précarité*	*Ex. : retraite par points*

Définir une problématique et dégager un plan

Exercice 1 : dégagez la problématique de ces deux sujets.
Sujet 1 – L'innovation suffit-elle à stimuler la croissance ?
Sujet 2 – Est-il possible de lutter contre les inégalités ?

Avant de commencer

▶ Définir la problématique d'une dissertation intimide souvent les candidats. Pourtant, cela peut être assez intuitif si l'on **procède avec méthode**.

▶ Il faut chercher le **problème sous-jacent à la question posée**. Une fois celui-ci trouvé, le plan devient plus évident à élaborer.

→ Comprendre pourquoi le sujet a été posé. Tout sujet suppose une question qui pose débat. Quel est le problème sous-jacent ?

Sujet 1 : le problème sous-jacent est la difficulté des pays à faire face à la concurrence internationale. Innover semble intuitivement la solution pour devenir leader sur un marché, mais s'il suffisait de cela, tous les pays pourraient avoir une croissance forte. Il doit donc y avoir d'autres contraintes pour y parvenir…
Sujet 2 : lutter contre les inégalités paraît nécessaire pour éviter la pauvreté, l'exclusion, le chômage, notamment. Pourtant, même les pays les plus riches y sont confrontés. Pourquoi ? Est-ce un problème de volonté des États ou des citoyens ? Un problème de financement ? Un problème plus large que la lutte contre un type d'inégalités ?

→ Rédiger la problématique, soit sous forme de question, soit sous la forme d'une affirmation.

Sujet 1 : quels éléments conjoints à l'innovation sont nécessaires pour que cette dernière stimule véritablement la croissance ?
Sujet 2 : au regard des inégalités cumulées et cumulatives dans les pays, même développés, nous montrons qu'il est difficile de lutter contre toutes les inégalités.

Exercice 2 : dégagez un plan à partir du sujet suivant.
Sujet – La croissance est-elle toujours souhaitable ?

Avant de commencer

▶ **Définir la problématique** permet de mettre en exergue les problèmes du sujet.

▶ Il suffit donc ensuite de **déterminer les parties qui y répondent.**

→ Déterminer le problème soulevé par le sujet.

Compte tenu de la formulation, la croissance est importante, mais il existe visiblement des problèmes qui lui sont associés. Lesquels ?
- l'impact environnemental ;
- les inégalités accrues ;
- la frustration d'espérer toujours plus.

→ Formuler la problématique.

En se donnant toujours plus de croissance comme objectif économique, les pays n'ont-ils pas négligé l'impact humain ou environnemental de cette dernière ?

→ Élaborer le plan à l'aide de la problématique.

Faites en sorte que votre plan soit conforme aux **SES**.
S = symétrie : essayez d'avoir le même nombre de sous-parties dans chaque partie.
E = équilibre : veillez à accorder autant d'importance à chaque partie.
S = sens : votre plan doit être une démonstration ; il doit suivre une progression logique.

Proposition de plan

I. La croissance est nécessaire
  1. Elle permet l'accumulation de richesses indispensables au développement
  2. Elle contribue au bien-être des populations

II. Mais elle peut également être préjudiciable, c'est pourquoi il faut repenser la croissance
  1. Vers une croissance durable
  2. Vers une croissance inclusive

Structuration de la société française actuelle

QUIZ-Mémorisation active

Question	Indice	Réponse
Quelle est l'utilité des PCS ?	Trois raisons	Cette nomenclature est utile aux chercheurs qui peuvent appréhender les différentes évolutions de la structuration sociale. Elle est utile aux décideurs qui peuvent agir sur la base des nouvelles connaissances mises à jour par des experts. Enfin, elle permet de s'identifier.
En quelle année la nomenclature des CSP est-elle devenue la nomenclature des PCS ?	Années 1980	En 1982.
Le sexe peut-il être appréhendé comme un facteur d'identification ?	Inégalités	Oui, aujourd'hui, le sexe est un critère d'identification ; à titre d'exemple, on peut évoquer le fait qu'en 2017, en France (hors Mayotte), 29,6 % des femmes de 15 à 64 ans ayant un emploi l'occupent à temps partiel, contre 7,7 % des hommes (Insee 2019).
Quelle est la part du secteur tertiaire dans l'emploi aujourd'hui en France ?	Important	Il regroupe plus de trois quarts des emplois.
Quelle est la part du salariat aujourd'hui en France ?	Très important	Le mouvement de salarisation a connu une grande continuité au siècle dernier : 56 % au début du XXe siècle, 72 % en 1962 et près de 90 % aujourd'hui.

Question	Indice	Réponse
Peut-on parler de massification scolaire ?	81 %	Oui. En 1985, la proportion de bacheliers dans une génération était de 29 % ; elle atteint 81 % en 2018.
Quelle vision de la société Marx a-t-il ?	Lutte des classes	Une conception antagoniste.
Quelle vision de la société Weber a-t-il ?	Ordres économique, social et politique	Une conception multidimensionnelle.

SCHÉMA-BILAN

Les évolutions de la structure professionnelle

- Salariat
- Tertiarisation
- Élévation du niveau de qualification
- Féminisation

Les facteurs de structuration

- Catégorie socioprofessionnelle
- Revenu
- Diplôme
- Composition du ménage
- Position dans le cycle de vie
- Sexe
- Lieu de résidence

Les outils théoriques

- L'analyse marxiste fondée sur les classes sociales
- L'analyse weberienne fondée sur les classes sociales, les groupes de statut et les partis politiques

Les questionnements actuels

- Pertinence des classes sociales ?
- Explication de la multiplication des facteurs d'identification ?

La massification et la démocratisation scolaires

I Quel est le rôle de l'école ?

1. La transmission des savoirs

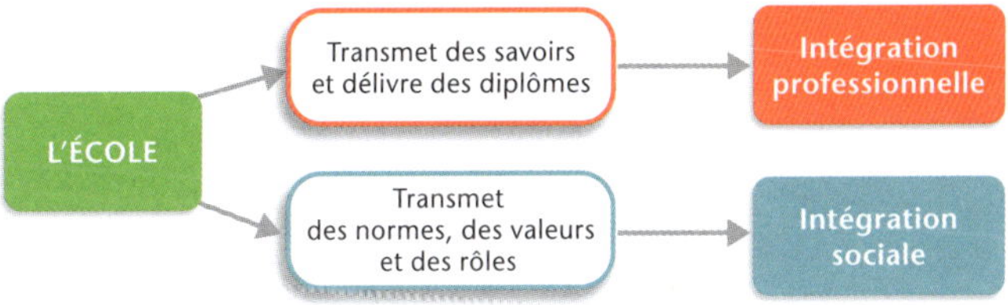

2. La contribution à l'égalité des chances

- L'égalité des chances permet à **n'importe quel individu**, indépendamment de son appartenance sociale, d'**accéder à n'importe quel statut social**.
- Pour ce faire, les dépenses en éducation sont le premier poste du budget de l'État français et ne cessent d'augmenter.

Dépense moyenne par élève aux prix 2017 (en euros)

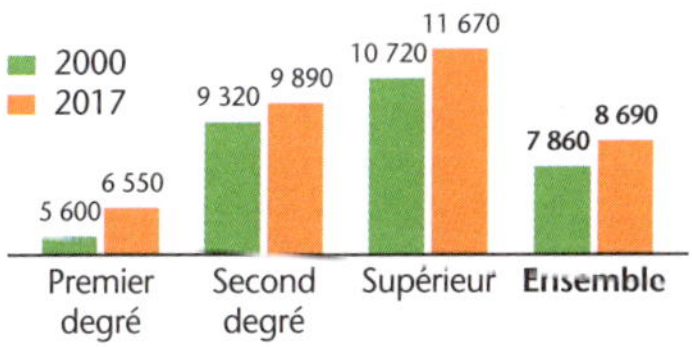

Source : Depp.

II Les dynamiques observées depuis les années 1950

1. Une massification scolaire avérée

- Aujourd'hui en France, 80 % d'une génération obtient le baccalauréat, notamment du fait des différentes réformes successives. La réforme **Berthoin** (1959) a rendu la scolarité obligatoire jusqu'à 16 ans ; la réforme Haby (1975) a instauré le collège unique ; et, en 1985, est créé le baccalauréat professionnel.

Part de bacheliers dans une génération entre 1980 et 2017

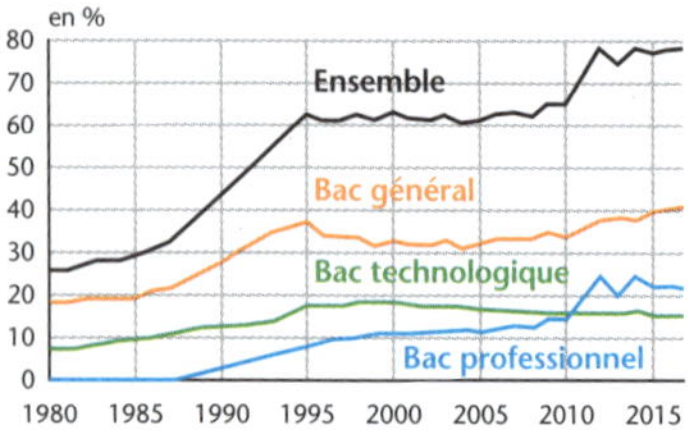

Champ : France métropolitaine jusqu'en 2000 et France métropolitaine + DOM hors Mayotte à partir de 2001.
Lecture : en 2017, 78,7 % des jeunes en âge de passer le baccalauréat sont bacheliers.
Note : indicateur calculé à partir des différents recensements de la population.
Sources : Depp ; Insee ; ministère de l'Éducation.

• Cette massification scolaire contribue à un niveau d'éducation se situant dans la moyenne de l'Union européenne.

2. Une démocratisation en question

S'il y a bien une **démocratisation quantitative** (augmentation des effectifs), celle-ci n'équivaut pas à une démocratisation qualitative au sens d'un affaiblissement du lien entre origine et trajectoire. Cette distinction, introduite par l'historien Antoine Prost, semble se vérifier empiriquement.

Exemple : on note un écart de 22,4 points de pourcentage entre les enfants d'ouvriers et de cadres à l'entrée à l'université (Insee 2019) ; écart encore plus important pour les classes préparatoires et grandes écoles avec une différence de près de 43,1 points de pourcentage entre les enfants d'ouvriers et de cadres en classes préparatoires.

Origine sociale des étudiants à l'université à la rentrée 2017 (en %)

	Université[1]	*dont* arts, lettres, langues, sc. humaines et sociales	*dont* sciences[2]
Agriculteurs, artisans, commerçants et chefs d'entrep.	9,7	8,4	9,7
Cadres et professions intellectuelles supérieures	34,1	27,9	36,1
Professions intermédiaires	14,4	15,1	15,7
Employés	15,6	17,6	15,0
Ouvriers	11,7	12,7	11,9
Retraités, inactifs	14,6	18,2	11,5
Effectifs (en milliers)	**1 402,0**	**448,3**	**312,1**

1. Y c. DUT ; y c. université de Lorraine. 2. Y c. les formations d'ingénieurs universitaires.
Champ : étudiants de nationalité française.

Source : SIES.

FICHE 32

Les facteurs d'inégalités de réussite scolaire

I Le rôle de la famille

1. Les différences en termes de capital culturel, d'investissements familiaux

> **Capital culturel** : ensemble des ressources culturelles (diplômes, niveau de langage, biens culturels) possédées par individu.

- Pierre Bourdieu a montré que des différences de réussite s'expliquaient par des différences en termes de capitaux. Pour lui, le capital culturel possédé par la famille est déterminant.

- Le sociologue Bernard Lahire, dans *Tableaux de famille*, nuance ces propos en montrant comment les modes de socialisation des familles (le style éducatif) permettent le développement d'un rapport à l'école et au savoir favorable à la réussite scolaire, indépendamment du capital culturel détenu. Des études récentes permettent de l'illustrer : Tristan Poullaouec a décrit, dans son ouvrage *Le Diplôme, une arme des faibles* (2010), comment les familles ouvrières se seraient converties aux études longues.

2. Des stratégies familiales différentes

- Raymond Boudon montre, dans *L'Inégalité des chances* (1973), que ces inégalités résultent de stratégies. Les familles effectueraient un calcul coûts-avantages en fonction de leur revenu, celles issues de milieu populaire privilégiant alors les filières courtes.

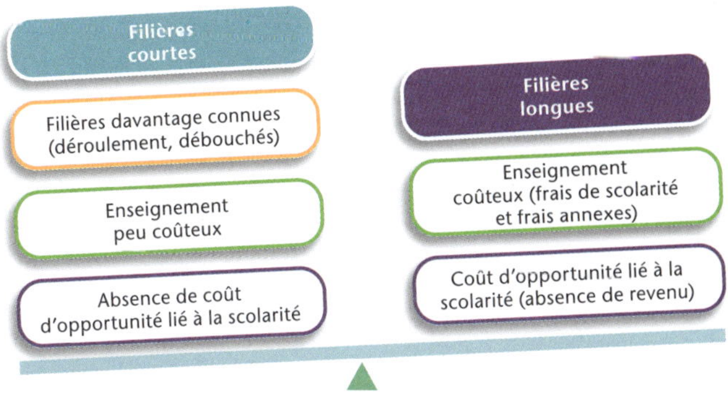

• Aujourd'hui, alors que les catégories populaires se sont largement converties à l'allongement des études, les choix ne sont plus forcément ceux décrits par Boudon dans ses premiers travaux, mais l'analyse en termes de stratégie reste pertinente.

II Le rôle de l'école

1. La critique de Pierre Bourdieu et Jean-Claude Passeron

• Pierre Bourdieu et Jean-Claude Passeron analysent la **fonction reproductrice et légitimatrice de l'école face aux inégalités** (*La Reproduction*, 1970). L'école avantage ceux qui trouvent dans leur milieu familial certaines dispositions (capacité d'abstraction, culture savante) valorisées par l'école elle-même.

• L'école légitime cette transmission du capital culturel en lui donnant une forme institutionnalisée (diplômes).

2. Une critique pertinente pour analyser les inégalités actuelles ?

• Les inégalités persistent (→ *voir fiche 31*) en dépit de nombreux dispositifs mis en place (réduction des effectifs dans l'enseignement primaire, bourses scolaires, etc.).

• **Anne Lambert** a enquêté sur le devenir professionnel des élèves boursiers des plus grandes écoles de commerce (HEC, ESSEC). Elle montre évidemment que leur trajectoire socioprofessionnelle est sans commune mesure avec la moyenne des trajectoires de leurs homologues de milieux populaires, mais elle met surtout en évidence « **l'effet de rappel de l'origine sociale** » sur leur destinée professionnelle. Celui-ci se manifeste de diverses manières : hésitation dans l'orientation, choix de carrières moins prestigieuses que leurs homologues issus de milieux aisés, etc.

• Ces inégalités sont régulièrement confirmées par les **enquêtes PISA**.

Exercice commenté pas à pas

Corrélation, causalité

Origine sociale des étudiants à l'université à la rentrée 2017 (en %)

	Université[1]	*dont* arts, lettres, langues, sc. humaines et sociales	*dont* sciences[2]
Agriculteurs, artisans, commerçants et chefs d'entrep.	9,7	*8,4*	*9,7*
Cadre et professions intellectuelles supérieures	34,1	*27,9*	*36,1*
Professions intermédiaires	14,4	*15,1*	*15,7*
Employés	15,6	*17,6*	*15,0*
Ouvriers	11,7	*12,7*	*11,9*
Retraités, inactifs	14,6	*18,2*	*11,5*
Effectifs (en milliers)	**1 402,0**	***448,3***	***312,1***

1. Y c. DUT ; y c. université de Lorraine. 2. Y c. les formations d'ingénieurs universitaires.
Champ : étudiants de nationalité française.
Source : SIES.

Source : *Tableaux de l'économie française*, Insee, 2019.

1. Montrez qu'il existe une corrélation entre l'origine sociale des étudiants et leur entrée à l'université.
2. Cette corrélation montre-t-elle une relation de causalité entre ces deux variables ?

Avant de commencer

▶ Comprendre les données proposées par le document et les termes du sujet : le document présente l'origine sociale des étudiants (c'est-à-dire à quelle PCS appartiennent leurs parents) inscrits à l'université à la rentrée 2017.

▶ La **corrélation entre deux variables** X et Y est l'existence d'une liaison statistique entre elles.

▶ La **causalité** correspond à la responsabilité, la cause de la valeur X dans la valeur Y ou l'inverse.

→ Repérer une éventuelle liaison statistique : regarder s'il y a un écart important entre les pourcentages les plus forts et les pourcentages les plus faibles.

1. Plus le milieu social est élevé et plus la chance d'étudier à l'université est importante. Donc on observe bien une corrélation entre le milieu d'origine et l'inscription à l'université. Il y a une différence de près de 22,4 points de pourcentage entre les étudiants dont les parents sont cadres et ceux dont les parents sont ouvriers.

→ Repérer une éventuelle responsabilité d'une variable sur une autre. Pour démontrer le lien de causalité, il faut faire appel à des connaissances théoriques qui ne sont pas mentionnées dans le document statistique proposé.

2. Au-delà de cette liaison statistique, on peut relever un lien de causalité entre les deux variables. On peut évoquer le fait que plus le revenu disponible est important, plus les ressources consacrées aux études (logement, fournitures scolaires) seront importantes. Si certains envisagent ce constat comme une fatalité dont l'école est en partie responsable (c'est le cas de Pierre Bourdieu), d'autres sociologues, comme Raymond Boudon, insistent sur le fait que ces différences résultent de choix découlant d'un calcul coût-avantage largement assumé.

BILAN

Action de l'école sur les individus et sur la société

FICHE 34

QUIZ-Mémorisation active

Question	Indice	Réponse
Quel auteur précise que le style éducatif est plus important que le capital culturel ?	*Tableaux de famille*	Bernard Lahire.
Que montre Raymond Boudon dans son ouvrage *L'Inégalité des chances* ?	Balance	Les inégalités résultent de stratégies. Les familles effectuent un calcul coûts-avantages en fonction de leur revenu. Les familles populaires privilégieraient alors les filières courtes.
Qu'est-ce que « l'effet de rappel de l'origine sociale » ?	Orientation	L'accès des classes populaires à des formations prestigieuses (grandes écoles de commerce, par exemple) ne leur garantit pas nécessairement l'accès à un statut équivalent à celui de leurs homologues issus de classes aisées (Anne Lambert).
Donnez un facteur explicatif de l'augmentation du nombre de bacheliers dans une génération.	Prolongement	La réforme Berthoin (1959) a permis l'allongement de la scolarité obligatoire.
Quelle distinction introduite par Antoine Prost permet de nuancer la massification scolaire ?	Démocratie	Il distingue la démocratie quantitative de la démocratie qualitative : il y a bien une augmentation du nombre de diplômés, mais le lien entre origine et trajectoire est toujours bien présent.
Citez un exemple d'inégalité scolaire.	Classes préparatoires aux grandes écoles	On note une différence de près de 43,1 points de pourcentage entre les enfants d'ouvriers et de cadres en classes préparatoires.
Qu'est-ce que le capital culturel ?	Livres	C'est l'ensemble des ressources culturelles (diplômes, niveau de langage, biens culturels comme les livres, les instruments de musique) possédées par individu.

SCHÉMAS-BILANS

Massification et démocratisation scolaires

Massification scolaire avérée

- L'école transmet des **savoirs** et favorise **l'égalité des chances**
- Aujourd'hui près de **80 % d'une classe d'âge** est diplômée du baccalauréat

Démocratisation scolaire inachevée

- Aujourd'hui de nombreuses **inégalités** persistent
- Du fait des différences :
  – de dotation et de socialisation familiales ;
  – de traitement scolaire

L'école française amplifie les inégalités de la société

FAMILLE

Inégalités sociales

ÉCOLE

Qualité et temps d'enseignement, ségrégation, climat scolaire ↓

Inégalités de traitement
- Aide aux devoirs
- Cours privés

Hausse des écarts de niveau entre élèves favorisés et défavorisés ↓

Inégalités de résultats
- Autocensure
- Manque d'informations
- Faible confiance des enseignants

Orientation contraire, souvent vers l'enseignement pro pour les élèves défavorisés ↓

Inégalités d'orientation
- Décrochage

Valeurs inégales des diplômes, notamment au niveau du bac ↓

Inégalités de diplômation
- Réseau personnel
- Crise économique

EMPLOI

Insertion plus faible et moins valorisée des élèves défavorisés ↓

Inégalités d'insertion professionnelle

Source : Cnesco.

Les différentes formes de mobilité

FICHE 35

I La mobilité sociale intergénérationnelle

1. Qu'est-ce que la mobilité sociale ?

• La mobilité sociale correspond à un **changement de position sociale entre les générations**. Autrement dit, il y a mobilité dès lors qu'un individu occupe une position sociale différente de celle de ses parents.

• La mobilité sociale est évaluée à l'aune de la **PCS** (profession et catégorie socioprofessionnelle → *voir fiche 26*).

• Elle peut prendre plusieurs formes :
– mobilité verticale ascendante
| **exemple :** une fille d'ouvrier devenue cadre ;
– mobilité verticale descendante
| **exemple :** un fils de cadre devenu employé ;
– mobilité horizontale, lorsque le changement de statut ne détermine pas une progression ou une régression décisives
| **exemple :** un fils d'ouvrier devenu ouvrier qualifié.

2. Quels sont les enjeux d'une telle mobilité ?

• Il existe tout d'abord des **enjeux sociaux**. Mesurer la mobilité permet d'évaluer le degré d'ouverture d'une société. Si n'importe quel individu peut accéder à n'importe quelle position, alors **l'égalité des chances** est effective.

• Il existe également des **enjeux politiques**. Le degré de mobilité oriente l'action publique.

> **Exemple :** depuis 2017, le ministère de l'Éducation nationale expérimente le dédoublement des classes de CP et CE1 dans les zones d'éducation prioritaire.

II Les autres formes de mobilité sociale

1. La mobilité géographique

• La mobilité n'est pas forcément sociale. Entre 2014 et 2015, 7,7 % des salariés ont changé de **zone d'emploi**. Selon l'Insee, la zone d'emploi correspond à un espace géographique où résident et travaillent la plupart des actifs.

• On peut toutefois ajouter que cette mobilité géographique présente certaines **caractéristiques sociodémographiques** : les salariés du privé ainsi que les jeunes sont plus mobiles. Pour ces derniers, la mobilité géographique est appréhendée comme « un levier d'insertion professionnelle ». Par ailleurs, ils sont plus enclins à déménager puisque moins exposés à certains événements intervenants plus tardivement dans le cycle de vie (mariages, naissances). Les femmes sont moins mobiles que les hommes. Parmi les salariés du privé, les cadres sont moins mobiles car le marché de l'emploi leur est plus favorable.

Proportion de salariés changeant de zone d'emploi (en %)

	Entre 2014 et 2015			Entre 2010 et 2015		
	Ensemble	Secteur privé	Fonction publique	Ensemble	Secteur privé	Fonction publique
Ensemble	**7,7**	**8,7**	**4,2**	**20,0**	**22,0**	**12,8**
Âge						
Moins de 25 ans	18,2	19,3	9,9	40,5	40,9	35,6
De 25 à 39 ans	9,2	9,9	6,4	22,8	24,0	17,8
De 40 à 49 ans	5,5	6,3	3,2	13,9	15,6	8,8
De 50 à 54 ans	4,2	4,8	2,4	10,3	11,6	6,9
55 ans et plus	3,7	4,2	2,3	11,0	12,6	7,6
Catégorie socioprofessionnelle						
Cadres	6,7	6,8	6,7	21,0	21,3	20,2
Professions intermédiaires	6,8	7,6	5,0	18,9	20,6	14,7
Employés	7,6	8,9	3,4	18,6	22,3	8,8
Ouvriers	9,1	10,2	1,3	22,1	22,7	6,7
Sexe						
Femmes	6,7	7,9	4,0	17,5	19,9	12,2
Hommes	8,6	9,4	4,6	22,2	23,6	13,9

Note : l'emploi retenu est le poste principal. Les caractéristiques du salarié se réfèrent à l'année précédant la mobilité (2014 et 2010).
Lecture : 7,7 % des salariés changent de zone d'emploi pour leur employeur principal entre 2014 et 2015.
Champ : France hors Mayotte, ensemble des salariés à l'exclusion des militaires, des salariés des particuliers, des apprentis, des stagiaires et des salariés en contrats aidés. Les individus passant du secteur privé à la fonction publique (ou l'inverse) sont exclus de l'analyse.

Source : Insee, panel Tous salariés.

2. La mobilité professionnelle

Enfin, on observe une mobilité professionnelle. Elle correspond à un changement de groupe socioprofessionnel entre deux dates. On fait état de **mobilité intragénérationnelle** : 21 % des hommes et 17 % des femmes (de 30 à 54 ans) ont changé de groupe socioprofessionnel entre 1998 et 2003.

Analyse de la construction des tables de mobilité sociale

FICHE 36

Les tables de mobilité sociale permettent d'évaluer la **mobilité intergénérationnelle** mais pas la mobilité intragénérationnelle.

I Les tables de mobilité sociale

- La mobilité intergénérationnelle est évaluée à partir d'une **comparaison** entre la PCS des filles/fils et de leur père/mère. Pour la mesurer précisément, on utilise des tables provenant des enquêtes Formation qualification professionnelle (FQP) ainsi que des enquêtes Emploi. Elles concernent les hommes/femmes entre 30 et 59 ans, tranche d'âges pour laquelle l'insertion professionnelle est la plus importante.
- Cette comparaison permet d'obtenir des renseignements de deux ordres :

– elle renseigne sur la **destinée sociale** des individus et répond ainsi à la question *Que sont devenu(e)s les fils/filles dont le père/mère appartenait à tel groupe social ?*

exemple : en 2017, 24,6 % des fils d'agriculteurs âgés de 30 à 59 ans sont devenus agriculteurs ;

Destinée sociale (en %)

PCS du fils	PCS du père						
	Agri.	ACCE*	Cadre et PIS	Prof. interméd.	Employé	Ouvrier	Ensemble
Agriculteur	24,6	0,6	0,5	0,4	0,4	0,7	2,5
ACCE*	7,4	19,3	8,8	7,3	7,2	8,0	9,4
Cadre et PIS*	11,6	23,4	49,3	28,1	19,3	10,5	21,6
PI*	16,0	22,0	24,4	32,2	27,0	21,4	23,8
Employé	6,9	9,7	7,9	12,7	17,9	12,1	11,5
Ouvrier	33,5	25,1	9,2	19,2	28,2	47,2	31,4
Ensemble	100,0	100,0	100,0	100,0	100,0	100,0	100,0

*ACCE : artisans, commerçants et chefs d'entreprise. PIS : professions intellectuelles supérieures. PI : professions intermédiaires.
Champ : hommes âgés de 30 à 59 ans ayant déjà exercé une activité professionnelle.

Source : Insee, enquête Emploi, 2017.

– elle renseigne également sur le **recrutement social** et répond ainsi à la question *Quelle est l'origine sociale des actifs français âgés de 30 à 59 ans ?*

exemple : 79,4 % des agriculteurs ont un père qui est agriculteur.

Recrutement social (en %)

PCS du fils	PCS du père						
	Agri.	ACCE*	Cadre et PIS	Prof interméd.	Employé	Ouvrier	Ensemble
Agriculteur	79,4	3,1	2,9	2,6	1,7	10,3	**100,0**
ACCE*	6,3	27,6	13,5	12,1	7,9	32,7	**100,0**
Cadre et PIS*	4,3	14,6	32,9	20,3	9,2	18,7	**100,0**
PI*	5,3	12,5	14,8	21,1	11,7	34,6	**100,0**
Employé	4,8	11,4	9,9	17,3	16,1	40,6	**100,0**
Ouvrier	8,5	10,8	4,2	9,6	9,2	57,8	**100,0**
Ensemble	7,9	13,5	14,4	15,6	10,3	38,3	**100,0**

*ACCE : artisans, commerçants et chefs d'entreprise. PIS : professions intellectuelles supérieures. PI : professions intermédiaires.
Champ : hommes âgés de 30 à 59 ans ayant déjà exercé une activité professionnelle.

Source : Insee, enquête Emploi, 2017.

- Dans ces deux tableaux, la diagonale représente la **reproduction sociale**.

II Les limites

- La **mobilité subjective** n'est pas prise en compte. Le sentiment de déclassement, par exemple, ne concerne pas uniquement les personnes dont la mobilité est descendante. 57 % des personnes qui se sentent déclassées connaissent soit une mobilité ascendante (8 %), soit une mobilité de statut (20 %), soit appartiennent à la même PCS que leur père (Insee, enquête FQP 2014-2015).

Mobilité subjective : mobilité ressentie par l'individu. Un employé fils d'ouvrier peut ne pas avoir le sentiment d'être en ascension sociale si son salaire est identique à celui perçu par son père.

- Par ailleurs, certains s'interrogent sur la pertinence du groupe socioprofessionnel comme **critère de mesure**. Est-il par exemple pertinent de considérer comme une mobilité sociale ascendante le fait de devenir employé alors que son père est ouvrier ? Le niveau et le mode de vie ne sont-ils pas semblables ? Dans la proposition de **nomenclature ESEG** (*European Socio Economic Groups*), issue d'un travail piloté par l'Insee et commanditée par Eurostat, certains salariés et employés sont d'ailleurs regroupés en une même catégorie : les *less skilled employee* (professions salariées peu qualifiées).

- Longtemps, la **mobilité sociale des femmes** n'a pas été mesurée. En effet, les taux d'activité féminins étaient trop faibles pour analyser la mobilité sociale. En 2017, l'Insee a publié des enquêtes qui permettent à présent de comparer la destinée et le recrutement des femmes.

Les enseignements des tables de mobilité sociale

FICHE 37

I Les tables de mobilité permettent de mesurer la fluidité sociale

1. La mobilité observée comporte une part de mobilité structurelle

• Les tables de destinée et de recrutement (→ *voir fiche 36*) ont été obtenues à partir d'une table de mobilité brute.

PCS du fils	PCS du père						
	Agri.	ACCE*	Cadre et PIS	Prof. interméd.	Employé	Ouvrier	Ensemble
Agriculteur	200 190	7 839	7 396	6 601	4 296	25 870	**252 192**
ACCE*	60 570	265 576	129 856	116 644	75 780	315 265	**963 691**
Cadre et PIS*	94 122	322 314	726 783	449 312	203 762	414 313	**1 210 606**
PI*	130 293	304 157	359 862	514 558	284 842	842 885	**2 436 598**
Employé	56 046	133 721	116 443	203 317	188 678	476 942	**1 175 147**
Ouvrier	272 896	345 863	135 326	307 231	296 890	1 856 505	**3 214 711**
Ensemble	**814 118**	**1 379 470**	**1 475 667**	**1 597 663**	**1 054 249**	**3 931 781**	**10 252 946**

*ACCE : artisans, commerçants et chefs d'entreprise. PIS : professions intellectuelles supérieures. PI : professions intermédiaires.
Champ : hommes âgés de 30 à 59 ans ayant déjà exercé une activité professionnelle.

Source : Insee, enquête Emploi, 2017.

• On observe que la part des mobiles, en 2015, est plus importante que la part des immobiles. On note une différence de 26,8 points. Par ailleurs, ce chiffre n'a fait qu'augmenter. En 1977, 57 % des actifs hommes avaient une position sociale différente de celle de leur père.

	Effectifs		
	En milliers	en % de l'ensemble	en % de mobiles
Immobiles	3 752 291	36,6	
Mobilité brute	6 500 656	63,4	
Mobilité structurelle	1 694 773	16,5	26,1
Mobilité nette	4 805 882	46,9	73,9

• On remarque également qu'une part de cette mobilité s'explique notamment par la structure, qui représente près de 26,1 % des mobiles. La **mobilité structurelle** correspond aux transformations sociales telles que la tertiarisation de l'emploi ou la baisse de l'industrie lourde.

• Autrement dit, il s'agit d'une mobilité peu représentative du degré d'ouverture de la société. On ne peut pas se fier à la **mobilité nette** pour en attester car elle résulte d'un calcul résiduel (mobilité nette = mobilité brute – mobilité structurelle). Aussi des auteurs comme Louis Chauvel ou Louis-André Vallet ont-ils proposé une autre manière de mesurer le degré d'ouverture sociale et l'égalité des chances.

2. La mobilité peut aussi se mesurer de manière relative

• La **fluidité sociale** correspond à la force du lien entre l'origine et la destinée indépendamment des structures socioprofessionnelles ; autrement dit, elle donne une idée des chances relatives d'accéder à un certain groupe social pour des individus de différentes origines sociales.

• Le calcul d'un **odds ratio** permet de comparer les chances relatives d'accéder à une position sociale (→ *voir annexe p. 125*).

• En 2014-2015, la probabilité qu'un fils de cadre devienne cadre plutôt qu'ouvrier est près de 24 fois supérieure à celle qu'un fils d'ouvrier devienne cadre plutôt qu'ouvrier. Si ce rapport diminue depuis 1985, il témoigne encore d'une **égalité des chances imparfaite**.

II Mobilité ascendante, reproduction sociale, déclassement

• Les tables de mobilité sociale permettent d'évaluer la mobilité ascendante, la reproduction sociale et le déclassement. La part des immobiles (individus ayant la même position sociale que leurs parents) est inférieure à la part des mobiles.

• Par ailleurs, selon l'Insee (2015), 23,9 % des personnes connaissent une **mobilité sociale ascendante** par rapport à leur père. 21,7 % des personnes connaissent une **mobilité sociale descendante**, un **déclassement**, par rapport à leur père. Autrement dit, le déclassement est un phénomène plus important que celui de l'ascension. Ces données sont toutefois à nuancer. Elles ne tiennent pas compte de la **mobilité de statut**. 21,6 % des personnes en connaissent une, et pas forcément pour des conditions d'emploi plus favorables. Par ailleurs, 25 % des personnes ressentent un **sentiment de déclassement**. L'Insee révèle ainsi que, paradoxalement, ce sentiment ne concerne pas seulement les personnes objectivement déclassées : 57 % des personnes qui se sentent déclassées connaissent soit une mobilité ascendante (8 %), soit une mobilité de statut (20 %), soit appartiennent à la même PCS que leur père (Insee, enquête FQP 2014-2015).

Les facteurs explicatifs de la mobilité sociale

FICHE 38

I L'évolution de la structure socioprofessionnelle

• Aujourd'hui, le secteur tertiaire regroupe plus des trois quarts des emplois. Cela s'explique par le **recul d'une France rurale et paysanne**, la **montée des services** (services à la personne notamment), l'**externalisation** de fonctions tertiaires précédemment assurées au sein des entreprises industrielles ; ceci entraînant la **progression de certaines PCS**, comme les cadres et professions intellectuelles supérieures, les professions intermédiaires, les employés, et le recul d'autres, comme les ouvriers.

Évolution de l'emploi par secteur d'activité de 1989 à 2017

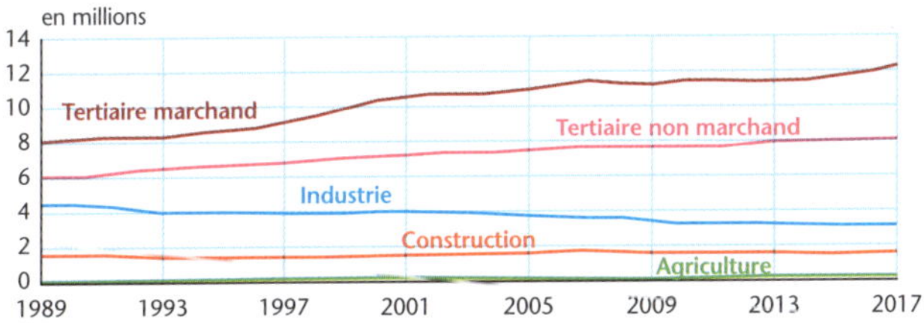

Champ : France hors Mayotte, personnes de 15 ans ou plus.
Source : Insee, Estimations d'emploi.

• Ce changement de structure influence directement la mobilité sociale. Selon l'enquête Emploi de l'Insee de 2017, seulement 24,6 % des fils d'agriculteurs sont devenus agriculteurs comme leur père. 19,2 % des fils appartiennent aux professions intermédiaires.

II Les autres facteurs explicatifs

1. Les niveaux de formation et les ressources

• En 1985, la proportion de bacheliers dans une génération était de 29 % ; elle atteint 81 % en 2018. Cette hausse considérable a permis une hausse du niveau de qualification. Cette **massification scolaire** contribue à la mobilité sociale.

• Néanmoins, l'évolution de la structure des diplômés ne va pas de pair avec une structure similaire de la population active. La hausse des emplois nécessitant le baccalauréat n'a pas augmenté dans les mêmes proportions que la part des bacheliers dans une génération. Dans *L'Inflation scolaire*, Marie Duru-Bellat a montré que l'ajustement entre le marché du travail et les compétences requises se fait au prix d'une **dévaluation des diplômes**. Si le diplôme continue de protéger du chômage, la concurrence n'est pas sans effet : le Cereq (Centre d'études et de recherches sur les qualifications) note qu'un titulaire de master diplômé en 1998 connaissait une hausse de son salaire de plus de 50 % pendant les premières années de vie active. En 2010, cette progression n'est plus que de 23 %. Les économistes Damiano Argan et Robert Gary-Bobo notent ainsi « une dévalorisation du diplôme de master, qui a conduit à un tassement de la hiérarchie des salaires selon les niveaux de qualification. Les écarts de salaire entre les diplômés du supérieur et les autres ont chuté sur une longue période, et cette chute s'est poursuivie tout récemment. »

- Par ailleurs, les **ressources** influent sur la mobilité. Des ressources financières (revenu, patrimoine) et non financières (capital culturel) influencent la trajectoire intragénérationnelle et intergénérationnelle.

2. Les configurations familiales

- La **taille du ménage** influence la mobilité sociale. Les **familles monoparentales** disposent de moins de ressources que d'autres types de familles. Ces inégalités économiques entraînent des inégalités sociales qui peuvent se muer en inégalités scolaires. Les chances de mobilité sociale ascendante sont alors réduites.

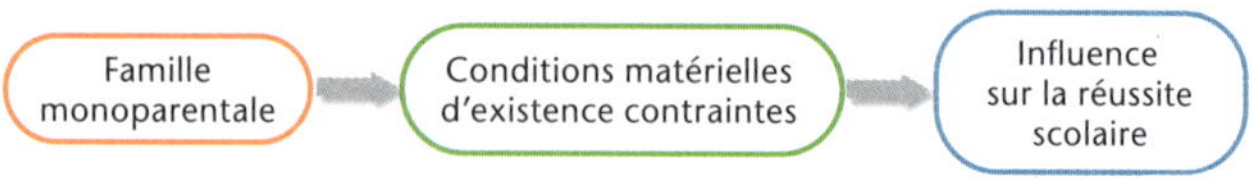

- De même, la **taille de la fratrie** influence également la mobilité sociale. Selon Dominique Merlié et Olivier Monso, le fait de vivre dans une famille nombreuse (plus de trois enfants) réduit les chances de mobilité sociale ascendante.

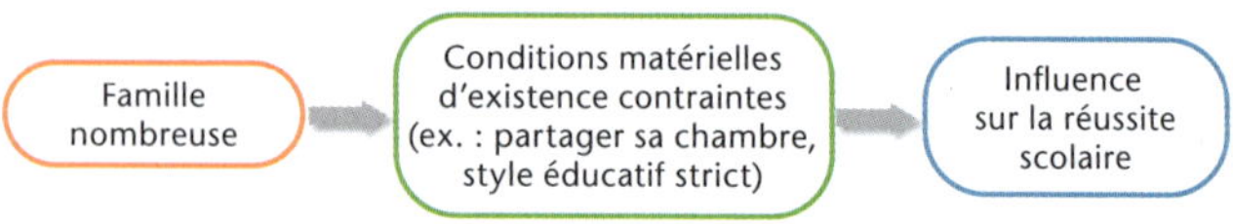

L'analyse de la mobilité sociale féminine

Exercice 1 : faites une phrase avec la donnée entourée puis expliquez-la.

Destinée sociale (en %)

PCS de la fille	PCS de la mère						
	Agri.	ACCE*	Cadre et PIS	Prof. interméd.	Employé	Ouvrier	Ensemble
Agriculteur	8,1	0,4	0,2	0,3	0,5	0,8	**1,2**
ACCE*	4,3	9,8	6,0	4,2	4,1	4,0	**4,7**
Cadre et PIS*	8,1	17,0	40,7	30,7	13,5	7,8	**16,8**
PI*	22,6	24,8	34,2	37,4	26,9	20,7	**27,5**
Employé	45,0	41,0	16,8	24,0	46,7	50,9	**41,2**
Ouvrier	11,9	7,0	2,1	3,4	8,3	15,8	**8,5**
Ensemble	**100,0**	**100,0**	**100,0**	**100,0**	**100,0**	**100,0**	**100,0**

*ACCE : artisans, commerçants et chefs d'entreprise. PIS : professions intellectuelles supérieures. PI : professions intermédiaires.
Champ : femmes âgées de 30 à 59 ans ayant déjà exercé une activité professionnelle.

Source : Insee, enquête Emploi, 2017.

Avant de commencer

- ▶ Identifier le document : ici, il s'agit d'une table de destinée.
- ▶ Savoir ce qu'est une table de destinée, à quoi elle sert.

→ Pour lire la donnée, il faut savoir qu'une table de destinée sociale permet de renseigner sur le devenir des fils/filles relevant d'une PCS en particulier.

Selon l'enquête Emploi de 2017, 15,8 % des filles d'ouvrières devenaient à leur tour ouvrières comme leur mère.

→ Pour expliquer cette donnée, on fait appel à ses connaissances en répondant à la question *pourquoi ?*

Une partie de cette mobilité sociale est directement liée à l'évolution de la PCS elle-même. Du fait de la tertiarisation de la société, une partie des femmes sont amenées à occuper une position sociale différente de celle de leur mère et se retrouvent ainsi en situation de mobilité sociale.

Exercice 2 : comparez la fluidité sociale des hommes et des femmes.

Évolution de la fluidité sociale entre les cadres et les autres catégories de salariés entre 1977 et 2015

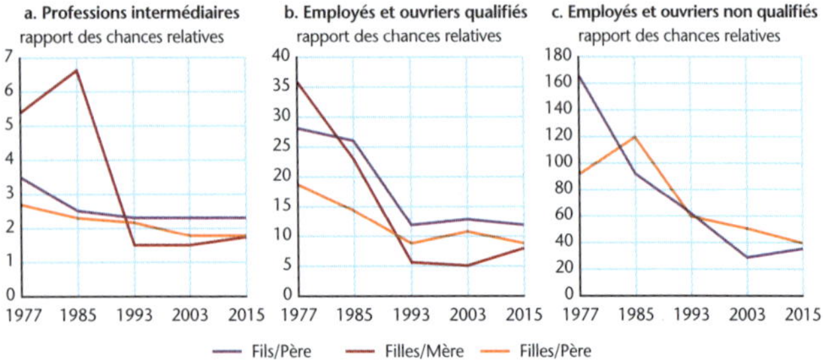

Note : la courbe relative à la fluidité sociale entre les filles de mères cadres et les filles de mères employées et ouvrières non qualifiées n'est pas présentée en raison d'une rupture de série : en 1993, l'échantillon présente un effectif nul de femmes employées et ouvrières non qualifiées dont les mères sont cadres, le rapport des chances relatives correspondant ne peut donc être estimé.
Lecture : en 1977, les chances d'être cadres plutôt que professions intermédiaires était 3,5 fois plus fortes pour les fils de pères cadres que de pères professions intermédiaires.
Champ : France métropolitaine, femmes et hommes français actifs occupés ou anciens actifs occupés, âgés de 35 à 59 ans au 31 décembre de l'année d'enquête.
Source : Insee, enquêtes Formation et qualification professionnelle 1977, 1985, 1993, 2003 et 2014-2015.

Avant de commencer

► La fluidité sociale donne une idée des chances relatives d'accéder à un certain groupe social pour des individus de différentes origines sociales.

→ Dégager la tendance générale.

La fluidité sociale a fortement progressé pour tous les groupes sociaux, aussi bien pour les femmes que pour les hommes. Toutefois, la réduction de ces inégalités sociales s'est principalement déroulée entre la fin des années 1970 et le début des années 1990 ; elle tend à stagner depuis.

→ Calculer l'odds ratio pour comparer les chances relatives des deux groupes d'accéder à une position sociale.

En 1977, les chances d'être cadre plutôt qu'employé et ouvrier qualifié étaient 28 fois plus élevées pour les fils de pères cadres que pour les fils de pères employés et ouvriers qualifiés ; pour les femmes, comparées à leur mère, les chances étaient 35 fois plus élevées (graphe b). En 2015, ce rapport des chances relatives est tombé à 12 pour les hommes et à 8 pour les femmes (9 comparé à leur père). Ces inégalités sociales restent cependant très marquées.

BILAN

Caractéristiques et facteurs de la mobilité sociale

FICHE 40

QUIZ-Mémorisation active

Question	Indice	Réponse
À partir de quelle classification mesure-t-on la mobilité sociale ?	Profession	La nomenclature des PCS.
Entre 2014 et 2015, combien de salariés ont changé de zone d'emploi ?	Inférieur à 10 %	Entre 2014 et 2015, 7,7 % des salariés ont changé de zone d'emploi.
Donnez un exemple de mobilité horizontale.	Une hausse de la qualification	Un fils d'ouvrier devenu ouvrier qualifié ; une fille de professeur devenant cadre dans une grande entreprise.
Comparez la part des mobiles et des immobiles en 2015.	Évolution plutôt positive a priori	On observe que la part des mobiles en 2015 est plus importante que la part des immobiles. On note une différence de 26,8 points de pourcentage.
Qu'est-ce que la mobilité structurelle ?	Baisse de l'industrie lourde	La mobilité structurelle correspond à la mobilité liée aux transformations sociales telles que la tertiarisation de l'emploi.
Qu'est-ce que la fluidité sociale ?	Égalité des chances	La fluidité sociale correspond à la force du lien entre l'origine et la destinée indépendamment des structures socioprofessionnelles, autrement dit, elle donne une idée des chances relatives d'accéder à un certain groupe social pour des individus de différentes origines sociales.
L'égalité des chances est-elle réalisée en France ?	Odds ratio	En 2014-2015, la probabilité qu'un fils de cadre devienne cadre plutôt qu'ouvrier est près de 24 fois supérieure à celle qu'un fils d'ouvrier devienne cadre plutôt qu'ouvrier. On ne peut donc pas dire que l'égalité des chances soit parfaitement réalisée.

Question	Indice	Réponse
Peut-on parler d'un sentiment de déclassement en France ?	Il ne concerne pas seulement les personnes qui ont été confrontées à une mobilité sociale descendante.	Oui, en France, près de 25 % des personnes ressentent un sentiment de déclassement.

SCHÉMAS-BILANS

La mobilité

- La mobilité peut être sociale.
- Elle s'appréhende alors grâce à la comparaison des PCS d'actifs par rapport à leurs parents.
- La mobilité peut également être géographique et professionnelle.

La mobilité sociale intérgénérationnelle

- Elle se mesure par les tables de mobilité.
- La part des mobiles est plus importante que la part des immobiles.
- La fluidité sociale a fortement progressé pour tous les groupes sociaux entre 1970 et 1990, aussi bien pour les femmes que pour les hommes, mais la réduction de ces inégalités sociales stagne depuis.

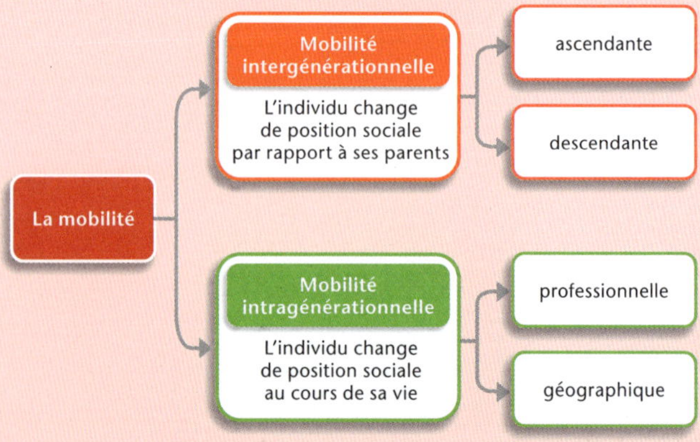

Les formes et évolutions de l'emploi

FICHE 41

Le travail est une fonction inhérente à l'espèce humaine. Les individus renoncent souvent au loisir pour une besogne. Mais derrière cette notion, il s'en trouve beaucoup d'autres.

I Les principales notions économiques associées au travail

Notions	Définitions	Remarques
Travail	Attention ! Il ne s'agit pas d'un terme économique, c'est du langage courant. À n'utiliser que dans l'expression « le marché du travail ».	Ne pas dire « les chômeurs cherchent du *travail* » mais « les chômeurs cherchent un *emploi* ».
Emploi	Terme économique employé pour évoquer une activité rémunérée, faisant l'objet d'un contrat ou d'engagements professionnels. À distinguer donc d'une activité bénévole.	Attention ! Une association proposant des biens ou services gratuits (ex. : Les Restos du cœur) peut très bien recruter des employés rémunérés.
Taux d'emploi	Le taux d'emploi mesure la population active.	Toute la population n'est pas active, même celle en âge de l'être (ex. : étudiants, parents au foyer, invalides au travail)
Le taux d'activité	Rapport entre le nombre d'actifs (occupés ou au chômage) et la population en âge de travailler (ensemble des personnes âgées de 15 à 64 ans).	Le taux d'activité des femmes avoisine 68 %, celui des hommes 76 %, aujourd'hui en France.
Le statut d'emploi	Les personnes en emploi peuvent être des salariés (unis à leur employeur par un contrat) ou des indépendants (soit à leur compte, soit associés à d'autres indépendants).	88 % de la population active est salariée mais la part des indépendants progresse.
Taux de chômage	Le taux de chômage représente le pourcentage de personnes faisant partie de la population active qui sont au chômage.	Attention ! Un chômeur est un actif inoccupé. Ne faites pas l'erreur classique de les considérer inactifs comme les retraités ou les parents au foyer.

II La segmentation du marché du travail

• Les formes d'emplois sont très disparates. C'est pourquoi, il est souvent question de **marché du travail à deux vitesses**, avec les emplois dits « typiques » ou « atypiques ».

• Cette segmentation du travail a été mise en exergue dès 1971 par les économistes Doeringer et Piore. Selon eux, il existe un marché **primaire** et un marché **secondaire**, avec un passage de l'un à l'autre statistiquement limité.

• Cette analyse est d'autant plus perspicace aujourd'hui qu'elle peut se transposer à l'échelle internationale : les **PDEM** étant les **pays concepteurs**, bénéficiant des avantages du marché primaire, tandis que les **PED** seraient les **exécutants**, relégués à un marché du travail secondaire.

PED : pays en développement.
PDEM : pays développés à économie de marché.

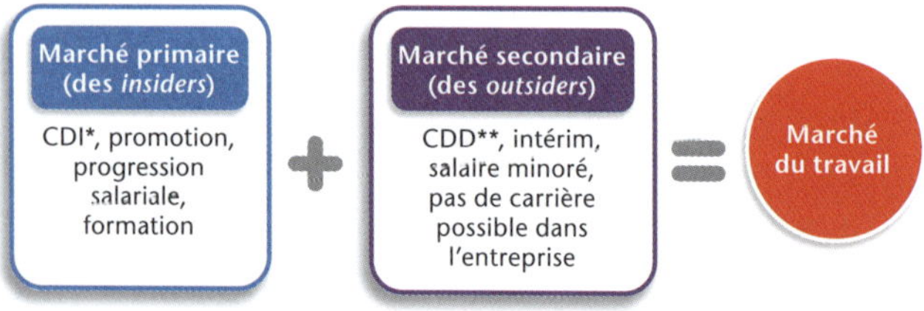

*CDI : contrat à durée indéterminée. – **CDD : contrat à durée déterminée.

III L'évolution des formes d'emploi

• Le marché du travail est de plus en plus segmenté. La **part des emplois atypiques** (précaires ou issus de marchés secondaires) **augmente** depuis les années 1980. Aujourd'hui, en France, près de 80 % des nouveaux emplois sont des contrats à durée déterminée. Et même si, sur l'ensemble des emplois français, les **CDI restent majoritaires**, ils ne représentent plus que 88 % des emplois contre 12 % pour les CDD.

• Le **numérique** transforme également les formes d'emploi en permettant :
– le télétravail : possibilité de travailler à domicile bien qu'étant salarié d'une entreprise ;
– l'accès aux dossiers, serveurs, mails professionnels depuis chez soi ;
– la transmission immédiate d'informations ;
– des visioconférences avec le reste du monde.

L'évolution des formes de l'organisation du travail

FICHE 42

Être en emploi peut correspondre à des situations très disparates en fonction des conditions de travail, de salaire, d'horizon de carrière ou d'organisation au sein de l'entreprise, par exemple.

I Les descripteurs de la qualité des emplois

Pour mieux appréhender l'**hétérogénéité du marché du travail**, il est pertinent de s'intéresser aux principaux descripteurs de la qualité des emplois.

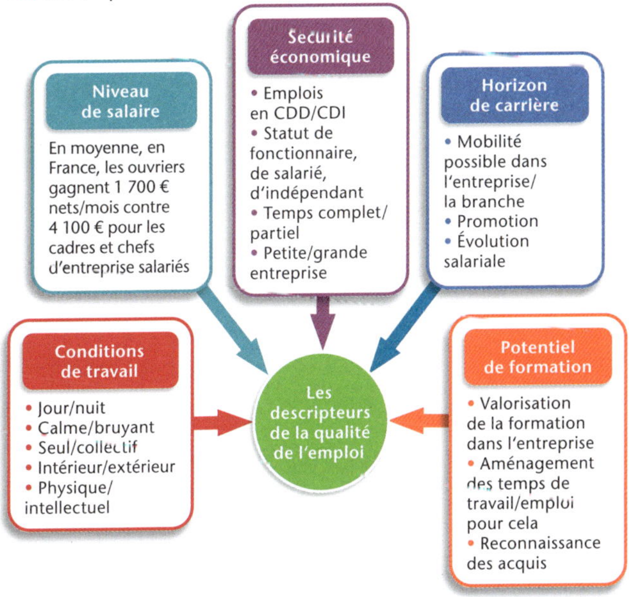

II Organisations taylorienne et post-taylorienne

1. L'organisation du travail de Frederick Winslow Taylor

L'ingénieur américain F. W. Taylor, auteur de *The Principles of Scientific Management* (1911), promeut l'**organisation scientifique du travail (OST)** pour augmenter la productivité dans la scierie Bethlehem Steel.

Organisation scientifique du travail (OST)

Division verticale du travail (conception) et division horizontale des tâches (réalisation)

Parcellisation et contrôle

Les tâches sont parcellisées de manière à accroître la productivité, avec un contrôle des rythmes et des cadences par les contremaîtres

Salaire au rendement

Les salaires sont individualisés et calculés en fonction du nombre de pièces produites afin de stimuler la productivité horaire

2. Les organisations post-tayloriennes

- **Henry Ford**, constructeur automobile et auteur de *My Life and Work* (1922), propose une organisation du travail inspirée de Taylor avec des idées supplémentaires : le **fordisme**.

Les apports de H. Ford à l'OST

Five dollars a day	**La standardisation**	**Le convoyeur**
Rémunération élevée (presque 2 fois supérieure au prix du marché de l'époque) pour stimuler la productivité et éviter le turn-over	Production d'un seul modèle (la Ford T « de n'importe quelle couleur pourvu qu'elle soit noire ») pour réaliser des économies d'échelle	Mise en place de tapis roulants dans les ateliers pour que ce soit les pièces qui se déplacent et non les ouvriers

- Dans les années 1950, l'ingénieur automobile de la marque Toyota, **Ohno Taiichi**, innove en remplaçant le travail à la chaîne par le **travail en équipe régi par la règle des 5 zéros** : zéro panne, zéro papier, zéro stock, zéro délai, zéro défaut.

III Le numérique et l'organisation du travail

Le **développement du numérique** sur le marché du travail depuis les années 2000 est une véritable opportunité, à la fois pour les actifs et pour la croissance. Cependant, **son expansion n'est pas sans risque** : il peut **brouiller les frontières de l'espace professionnel et privé**, conduire au burn-out. Par ailleurs, il participe à la **polarisation des emplois** (→ *voir fiche 41*). Lors du confinement dû au Covid-19 en 2020, seule une partie des actifs a pu télétravailler, tandis que d'autres ont dû subir une période chômage, avec perte salariale.

Travail et intégration sociale

FICHE 43

I Le travail : une nécessité (ou presque) pour une reconnaissance sociale

- S'il est primordial de **lutter contre le chômage** pour des raisons économiques (pouvoir d'achat, croissance et développement), les **raisons sociales** sont également essentielles.
- **Pierre Bourdieu**, assisté de vingt-trois sociologues, démontre la **douleur de l'exclusion** vécue par des individus peu ou pas intégrés sur le marché du travail (*La Misère du monde*, 1993).
- Pour **Serge Paugam**, la **disqualification sociale**, qui peut conduire jusqu'à la perte de logement et la rupture des liens familiaux, commence généralement par la **perte d'emploi** (*La Disqualification sociale*, 1991 et 2000).
- Le travail est donc nécessaire à l'intégration sociale puisqu'il permet une **reconnaissance des pairs**. Seuls des choix délibérés de renonciation à une activité professionnelle (parent au foyer, par exemple) peuvent éventuellement échapper à ce précepte social. Et dans ce cas, généralement, les individus se sentent le devoir de justifier régulièrement leur choix.

II L'emploi, facteur d'intégration par la consommation et l'épanouissement personnel au travail

- La société de consommation incite à acquérir toujours plus de biens et services. L'emploi serait donc un moyen de s'intégrer par la consommation.

L'emploi permet l'intégration par :

- L'émission de signes ostentatoires de richesse ou d'appartenance à un groupe
- L'acquisition de biens et services dans une société de consommation
- Le respect de conventions sociales (cadeaux, appels téléphoniques)

• Enfin, le travail est facteur multidimensionnel d'**épanouissement personnel**.

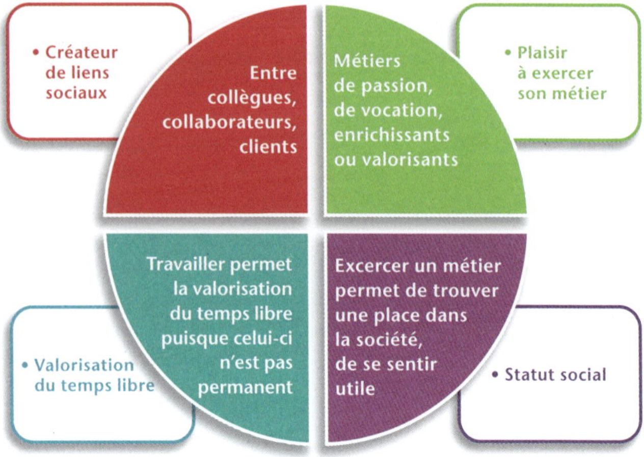

III L'ubérisation fragilise l'intégration par le travail

• Avec l'augmentation des emplois atypiques et le numérique (→ *voir fiche 41*), la **précarisation** d'une partie de la population active rend l'**intégration par le travail moins systématique**.

• Il est aujourd'hui possible d'être **actif occupé mais pourtant pauvre**. En effet, un travail à temps partiel ou à temps plein payé au SMIC dans une grande ville où le coût de la vie est cher ne garantit pas toujours l'intégration économique et sociale des individus.

• Aujourd'hui, en France, une personne sans domicile fixe sur quatre a un emploi. Près de 5 % des actifs, soit environ un million de personnes, sont des **travailleurs pauvres**, c'est-à-dire vivant avec moins de 870 euros par mois.

• De plus, l'engouement pour le **statut d'auto-entrepreneur** stimulé par les services avec applications sur smartphones tels que Uber ou les livreurs indépendants **remet en cause des droits sociaux** (couverture maladie, congés payés) acquis depuis des décennies.

Réussir la 2e partie de l'épreuve composée

La deuxième partie de l'EC comporte deux questions sur un document (graphique, tableau, carte, radar, etc.) de 120 données.

Sujet

Revenu disponible des ménages habitant dans l'UE en 2016

	Revenu médian[1]	
	en euros	en SPA[2]
Allemagne	21 275	21 210
Autriche	23 694	22 524
Belgique	22 295	20 820
Bulgarie	3 151	6 715
Chypre	14 020	15 985
Croatie	5 726	8 829
Danemark	28 665	21 120
Espagne	13 681	15 175
Estonie	8 645	11 860
Finlande	23 650	19 766
France	**21 713**	**20 750**
Grèce	7 500	8 828
Hongrie	4 768	8 387
Irlande	22 407	18 158
Italie	16 247	16 158
Lettonie	6 365	9 257
Lituanie	5 645	9 279
Luxembourg	33 818	28 071
Malte	13 572	16 925
Pays-Bas	22 733	20 994
Pologne	8 5844	10 850
Portugal	8 782	10 714
Rép. tchèque	7 838	12 514
Roumanie	2 448	4 794
Royaume-Uni	21 136	17 521
Slovaquie	6 951	10 507
Slovénie	12 327	15 500
Suède	25 164	20 706
UE	**16 529**	**16 452**

1. Revenu par unité de consommation.
2. Standard de pouvoir d'achat : unité monétaire artificielle utilisée pour neutraliser les différences de niveaux de prix entre les pays.
Note : revenu annuel.
Source : Eurostat (extraction du 12 juillet 2018), Insee, 2019.

1. Analysez la situation française à la lecture du document.
2. Comparez la situation de la France à celle des autres pays, en classant les idées en deux parties.

Avant de commencer

► Lire le document avec attention pour bien comprendre les données.

► Penser à relier le document à des données vues en classe.

→ Présenter le document avec date, source, définitions, précision des unités de mesure *(1 point)*.

1. Le document est un tableau, publié par l'Insee en 2019, présentant le revenu disponible des ménages par habitant dans l'UE en 2016. Il recense les revenus médians des 28 pays membres de l'UE (ils ne sont plus que 27 aujourd'hui, le Royaume-Uni ayant quitté l'UE en janvier 2020), à savoir les revenus qui séparent en deux parts égales l'ensemble de la population d'un pays. Ces derniers sont mesurés en euros et en standard de pouvoir d'achat, ou en parité de pouvoir d'achat, avec ajustements statistiques afin de neutraliser les différences de niveaux de vie des pays.

→ Présenter la situation française *(1 point)*.

1. Le revenu disponible médian des ménages par habitant en 2016, en France, est de 21 713 euros, ce qui la place au 8e rang des pays les plus riches de l'UE dont le revenu disponible médian par habitant est de 16 529 euros. En revanche, en SPA (20 750 euros), la France est au 7e rang des pays les plus riches de l'UE, soit derrière l'Allemagne alors que le revenu disponible médian par habitant de celle-ci est inférieur à celui de la France.

→ Comparer la France aux autres pays, en classant les idées en deux parties *(4 points : 2 points par partie)*.

2. En 2016, la France se situe dans le premier tiers des pays les plus riches mais le revenu disponible médian des ménages par habitant de l'UE est très hétérogène. En effet, la Roumanie, dont le RD/hab est de 2 448 euros, est 14 fois plus pauvre que le Luxembourg (33 818 euros/hab) et 5,8 fois en SPA.
Par ailleurs, tout comme la France, 11 pays ont un niveau de prix supérieur à la moyenne européenne puisque leur revenu disponible médian des ménages par habitant en SPA est inférieur à celui en euros. Le revenu en SPA permet donc une approche plus juste du niveau de vie des ménages dès lors qu'il y a une comparaison internationale.

BILAN

Quelles mutations du travail et de l'emploi ?

FICHE 45

QUIZ-Mémorisation active

Question	Réponse
Un chômeur est-il un inactif ?	Non, un chômeur est un actif inoccupé (à la différence des retraités ou parents au foyer qui eux ne sont pas recensés dans la population active).
Qu'est-ce que le taux de chômage ?	Le taux de chômage représente le pourcentage de personnes faisant partie de la population active qui sont au chômage.
Quelle est la différence entre le taux d'activité et le taux d'emploi ?	Le taux d'emploi mesure la population active. Le taux d'activité est le rapport entre le nombre d'actifs (occupés ou au chômage) et la population en âge de travailler (ensemble des personnes âgées de 15 à 64 ans).
Qu'ont mis en évidence les économistes Doeringer et Piore ?	Les économistes Doeringer et Piore ont mis en exergue, dès 1971, la segmentation du travail. Selon eux, il existe un marché primaire et un marché secondaire, avec un passage de l'un à l'autre statistiquement limité.
Aujourd'hui, en France, quelle est la part des nouveaux emplois en CDD ?	Aujourd'hui, en France, 80 % des nouveaux emplois sont des CDD.
Quel est l'initiateur du taylorisme ? Donnez un point caractéristique de cette organisation.	Initiateur : Frederick Winslow Taylor. Points caractéristiques du taylorisme : – la division verticale et horizontale du travail ; – le contremaître ; – la rémunération à la pièce.
Quel est l'initiateur du fordisme ? Donnez un point caractéristique de cette organisation.	Initiateur : Henry Ford. Points caractéristiques du fordisme : – le *5 dollars a day* ; – la standardisation ; – le convoyeur.
Quel est l'initiateur du toyotisme ? Donnez un point caractéristique de cette organisation.	Initiateur : Ohno Taiichi. Points caractéristiques du toyotisme : – les 5 zéros ; – le travail en équipe.
En quoi l'emploi est-il facteur d'intégration ?	L'emploi permet l'intégration par : – l'émission de signes ostentatoires de richesses ou d'appartenance à un groupe ; – l'acquisition de biens et services dans une société de consommation ; – le respect de conventions sociales.

SCHÉMA-BILAN

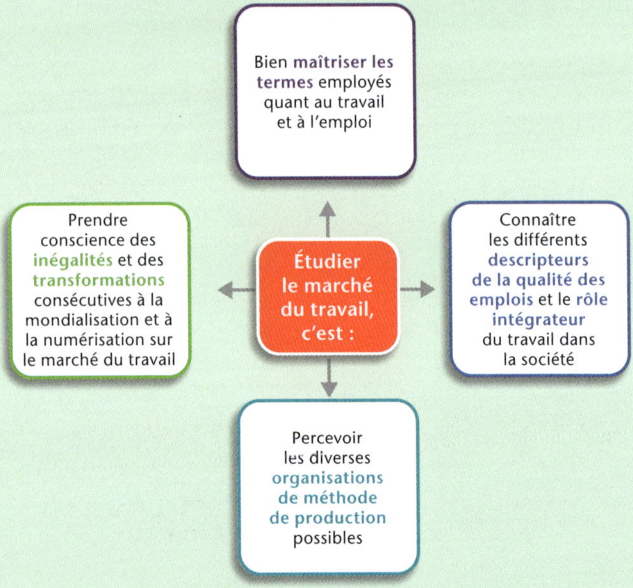

Engagement politique et action collective

FICHE 46

I L'engagement revêt des formes diverses

1. Il se confond souvent avec le vote

- Engagement rime souvent avec vote. Apparu dès 1791 en France, il a été pensé comme une alternative aux poussées révolutionnaires qui inquiétaient les gouvernants.
- D'abord réservé à une catégorie restreinte, il s'est élargi pour bénéficier aux non-propriétaires, aux femmes, aux militaires, aux habitants d'outre-mer, aux jeunes et aux ressortissants de l'Union européenne.

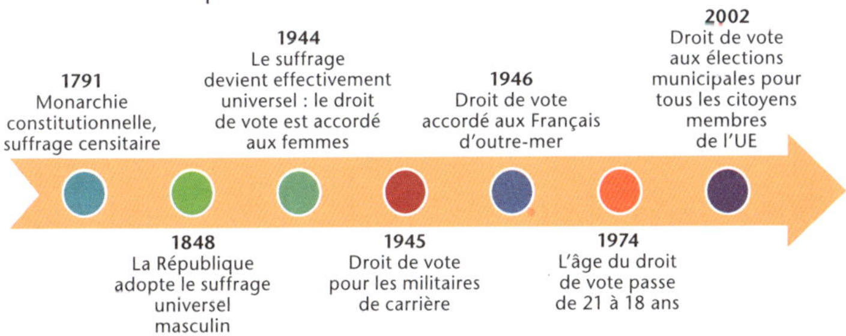

- L'électeur s'est peu à peu émancipé des dominations sociales traditionnelles, de l'influence des figures dominantes (noble, notable, ecclésiastique) mais également de la communauté villageoise (le vote ayant longtemps été perçu comme une pratique collective qui devait exprimer l'unité et l'identité du village).
- La hausse de l'abstention nous rappelle que l'engagement politique ne se borne pas au vote.

2. Il revêt en réalité des formes plus diverses

	Engagement individuel	Engagement collectif
Engagement légal	• Consommer de manière engagée • S'engager dans une association	• Participer à des réunions publiques • Manifester
Engagement illégal	Désobéissance civile	Désobéissance civile

II L'évolution de l'action collective

1. La transformation des objets de l'action collective

- Longtemps les conflits étaient strictement bornés à la **sphère professionnelle**. Puis l'individualisme, l'amélioration des conditions de travail et d'existence ont rendu saillantes des revendications portant sur la **reconnaissance de l'identité**.

- Aujourd'hui, si les revendications portent toujours sur la sphère du travail, elles cohabitent avec des actions portant sur la reconnaissance d'une identité.
| **Exemple :** le mouvement #MeToo.

- Par ailleurs, des **revendications d'ordre universel** sont apparues.
| **Exemples :** lutte pour le climat, anticapitalisme, etc.

2. La transformation des acteurs et des répertoires de l'action collective

- Le sociologue américain Charles Tilly a montré que les acteurs ont changé. Auparavant, le recours au notable était un incontournable. Peu à peu, grâce à l'**institutionnalisation des conflits**, des **porte-parole** et de nouveaux partis sont apparus sur la scène politique. Les **réticences à toute délégation politique**, comme a pu le montrer le mouvement des gilets jaunes, n'ont pas pour autant fait disparaître certains acteurs traditionnels comme les syndicats.

- De même, Tilly a montré que les répertoires de l'action politique avaient également évolué. Les flambées de violence spontanées que l'on observait au XIXe siècle laissent la place à des **actions collectives organisées**. La violence n'est plus que résiduelle. Le **recours à la théorie et à l'expertise** (environnementale, économique et sociale) est devenu prépondérant.

Répertoires de l'action politique : ensemble de moyens d'action connus et utilisables par les individus dans le cadre de leur participation politique au sein d'une société donnée, à une époque donnée. Plusieurs répertoires d'action politique peuvent coexister dans une société à un moment donné.

Pourquoi les individus s'engagent-ils ?

FICHE 47

I Le paradoxe de l'action collective

1. En dépit de phénomènes tels que le *free riding*...

• L'économiste Mancur Olson, en 1966, dans *The Logic of Collective Action*, précise que l'agent qui se mobilise est un agent rationnel : il effectue un **calcul coût-avantage**. Olson a démontré qu'un groupe ayant des intérêts à agir peut parfaitement ne rien faire. Il existe une stratégie plus rentable encore, à titre individuel, que l'action collective : ne pas participer à l'action collective et bénéficier néanmoins des gains de cette action.

Exemple : hausse de la rémunération sans avoir pris part au conflit.

• Selon Olson, la **taille des groupes** constitue une variable essentielle. Les petits groupes se mobilisent plus facilement et plus efficacement que les grands.

2. ... l'action collective existe

Si tout le monde agissait ainsi, il n'y aurait pas d'action collective. Or, il y a mobilisation. C'est ce qu'Olson nomme le **paradoxe de l'action collective**.

Exemple : selon les chiffres du ministère de l'Intérieur, quelque 121 000 personnes avaient manifesté jeudi 6 décembre 2019 en France, dont 15 000 à Paris, pour la neuvième journée contre la réforme des retraites. Comment l'expliquer ?

II Les solutions

1. Incitations sélectives et rétributions symboliques

Incitations sélectives : techniques qui permettent d'abaisser les coûts de la participation ou d'augmenter ceux de la non-participation.

• Les incitations sélectives peuvent être des **prestations et avantages accordés aux membres de l'organisation** qui se mobilise. Le syndicat en charge de l'action peut offrir certains avantages comme une compensation monétaire.

• Par ailleurs, des **rétributions symboliques** existent : le fait d'avoir participé à une action renforce l'estime de soi. En effet, la défense d'une cause et/ou de valeurs est une **action socialement reconnue**.

2. La structure des opportunités politiques

• La structure d'opportunités politiques apparaît en 1970. Prenant pour point d'appui la mobilisation des Noirs dans certaines villes américaines, Peter Eisinger a montré qu'au-delà des ressources propres du groupe, devaient être pris en compte « les ouvertures, les points de barrières et les ressources du système politique lui-même ». Si le pouvoir local dispose d'élus noirs, par exemple, le mouvement a davantage de chances de réussir.

• Dans sa *Sociologie des mouvements sociaux*, Érik Neveu a illustré cette idée par deux exemples féconds.

Le mouvement social est un succès	Le mouvement social a échoué
Le mouvement lycéen de 1986 contre la loi Devaquet et celui contre le « Smic-jeunes » de l'automne 1994 ont tiré profit du contexte de cohabitation et de la proximité d'échéances électorales.	Le mouvement contre le projet Fillon de réforme des retraites en 2002 se développe dans un cadre moins favorable, le gouvernement disposant d'une large majorité et n'ayant pas à redouter d'échéances électorales proches.

• Les commentaires sur la probabilité de l'échec du mouvement contre la réforme des retraites en décembre 2019, à l'approche des fêtes de fin d'année, peuvent s'appréhender à l'aune de l'idée de structure d'opportunités politiques.

• Sidney Tarrow a donné **quatre éléments de définition** de cette structure des opportunités politiques, qui ne doit pas se confondre avec la simple conjoncture politique.

– Le **degré d'ouverture du système politique** : la culture politique des gouvernants et leurs orientations donneront lieu a une plus ou moins grande tolérance.

– Le **degré de stabilité des alliances politiques** : plus les rapports de force politiques et électoraux sont stables, plus le mouvement a de chances d'échouer.

– L'existence de **force relais** à des positions stratégiques et l'éventuelle **division des élites** permet d'expliquer la réussite ou l'échec.

– Les opportunités politiques dépendent de la capacité du système à élaborer des **politiques publiques**, à apporter des réponses.

Variables sociodémographiques de l'engagement politique

FICHE 48

I Les variables sociodémographiques de la participation électorale

1. La sociologie de l'électorat des dernières élections européennes (2019)

La sociologie de l'électorat réalisée par Ipsos nous renseigne sur le profil des inscrits ayant participé au scrutin. On apprend notamment (donnée entourée) que sur 100 personnes dont le niveau de revenu du foyer est de plus de 3 000 euros, 56 ont participé au scrutin.

Profils électoraux	Participation
Sexe et âge	hommes : **54 %** ; 60 et 70 et plus : **65 %**
Profession	retraités : **65 %** ; cadres : **51 %**
Statut	chômage : **47 %**
Dernier diplôme obtenu	bac + 3 et plus : **53 %**
Niveau de revenu du foyer	plus de 3 000 € : **56 %**

2. Le poids des variables sociodémographiques

Ces profils électoraux nous permettent d'affirmer que la participation dépend du **degré d'intégration sociale** tributaire du niveau de vie, par exemple ; du **sentiment de compétence** tributaire du capital culturel ; et enfin, de l'**intérêt pour la politique**.

Capital culturel : ensemble des ressources mobilisables (diplômes, culture générale) et biens culturels (livres, œuvres d'art).

II Les variables sociodémographiques au sein des organisations politiques

- La sociologie des engagés, selon la dernière enquête *Histoire de vie* de l'Insee (voir tableau p. 102), révèle que l'engagement politique est moins élevé que d'autres formes d'engagement.
- On remarque également une nette **différence entre l'engagement des hommes et des femmes** dans des organisations institutionnalisées comme un parti politique. Cette distinction s'atténue dès lors que l'engagement n'est plus aussi formalisé.

• Les **plus de 40 ans** sont globalement **surreprésentés** dans l'ensemble de ces collectifs. Ils sont plus nombreux dans les partis politiques et les syndicats.

• Les plus engagés politiquement sont également **les plus diplômés**. Sans doute ce dernier critère atténue-t-il le sentiment d'incompétence en politique. Ce sont les ouvriers qui restent les plus éloignés de l'engagement politique.

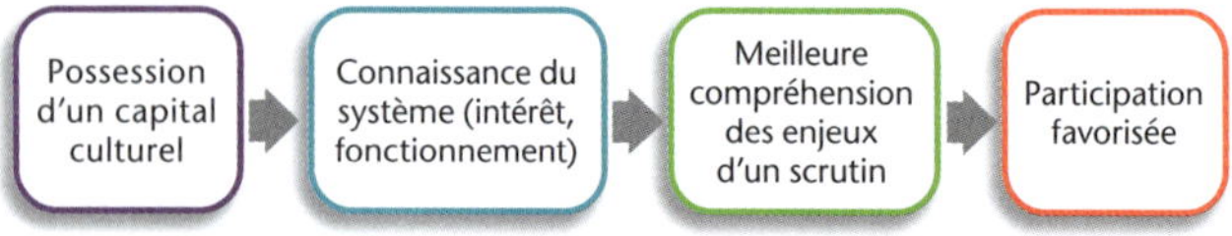

Extrait de la dernière enquête *Histoire de vie* de l'Insee

	Associations locales	Associations de bénévoles (loisirs)	Associations de défense d'intérêts	Mouvements	Partis*	Syndicats	Ensemble
	15	15	11	2	2	7	100
Sexe							
Hommes	49	50	51	59	70	73	48
Femmes	51	50	49	41	30	27	52
Âge							
18-25 ans	16	15	10	20	13	4	16
26-31 ans	10	10	3	4	2	6	9
32-39 ans	17	17	14	14	14	20	17
40-49 ans	18	18	25	20	13	35	18
50-59 ans	16	15	26	18	30	24	16
60 ans et +	23	25	22	24	28	10	25
Professions et catégories socioprofessionnelles							
Agriculteurs	10	4	5	2	11	5	5
Artisans, commerçants	10	5	7	4	3	10	6
Cadres et prof. intell. sup.	15	19	25	27	15	17	9
Professions intermédiaires	23	28	29	27	32	28	15
Employés	23	23	12	12	20	19	28
Ouvriers	13	12	15	10	17	12	26
Inactifs	6	9	7	18	2	9	11
Études							
Primaire	20	11	8	7	19	8	27
Collège	33	33	31	23	25	40	19
Baccalauréat	20	21	21	21	24	23	35
Supérieur	27	35	40	49	32	29	19
Total	100	100	100	100	100	100	100

Champ : ensemble des individus de 18 ans et plus ayant répondu positivement aux variables relatives aux engagements. La colonne de droite fait apparaître les chiffres pour l'ensemble des individus concernés. *Les faibles effectifs des militants dans les partis invitent à prendre avec prudence certains des résultats statistiques.
Source : enquête *Histoire de vie – Construction des identités*, Insee, 2003.

Rédiger l'EC3 et la dissertation

Même si les attentes ne sont pas les mêmes pour ces deux épreuves, si vous maîtrisez la méthode de la dissertation, elle pourra s'appliquer à l'EC. La réciproque n'est pas vraie.

1. Rédiger la troisième partie de l'EC *(sur 10 points)*

→ Les attentes du ministère de l'Éducation nationale

- Répondre à une question sous forme de paragraphes argumentés.
- Utiliser les documents pour appuyer les propos. Le candidat n'est cependant pas tenu de le faire s'il pense avoir des données ou des exemples plus pertinents que ceux proposés.

→ L'introduction et la conclusion

- L'introduction peut être brève et ne comporter que la définition des termes, la reprise du sujet et l'annonce du plan.
- La conclusion peut se réduire à une phrase qui reprend les idées développées.
- Évidemment, il est possible de rédiger une introduction en quatre parties et une conclusion en deux parties, comme en dissertation.

2. Rédiger la dissertation

Rédiger une dissertation suppose de **respecter des règles académiques qui structurent la pensée**. Elles ne doivent pas intimider car plus le candidat aura lu ou élaboré des plans, plus il lui sera naturel d'en établir.

→ Une introduction en quatre parties

1. Une accroche : en SES, c'est facile, il suffit de trouver un lien entre l'actualité et le sujet, ce qui est toujours le cas !
2. La définition des termes du sujet
3. L'annonce de la problématique (→ *voir fiche 29*)
4. L'annonce du plan

Un plan équilibré

Le plan doit avoir le même nombre de parties et de sous-parties d'une longueur relativement proche. Le plus souvent, au baccalauréat de SES, un plan dialectique convient (deux parties qui font débat). Il faut au moins deux sous-parties et deux idées internes. Mais il est également possible d'opter pour un plan en trois parties avec deux ou trois sous-parties.

Une conclusion en deux parties

1. Le bilan, très simple puisqu'il s'agit de rappeler à quelle question vous avez répondu en énumérant vos deux ou trois grandes parties de plan.
2. L'ouverture, qui vise à élargir le sujet dans sa dimension géographique, géopolitique, sociologique. Souvent, l'actualité offre plein de belles idées.

3. Astuces pour réussir

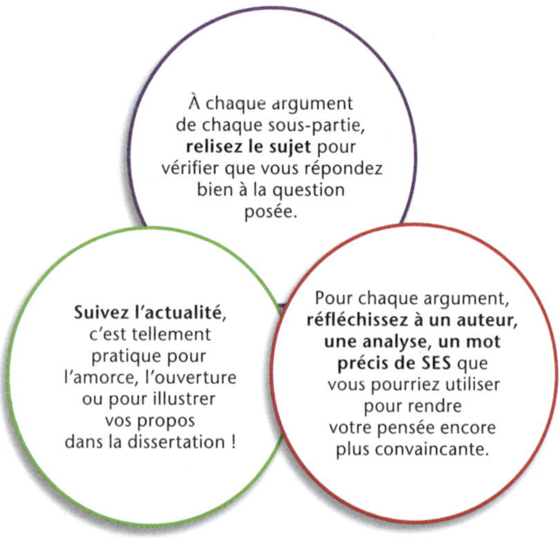

BILAN

L'engagement politique dans les sociétés démocratiques

FICHE 50

QUIZ-Mémorisation active

Question	Indice	Réponse
À quoi correspond l'année 1848 dans l'histoire du vote ?	Masculin uniquement	Adoption du suffrage universel masculin. Le suffrage censitaire n'a plus cours.
Peut-on appréhender la désobéissance civile comme une forme d'engagement politique ?	Illégale	Bien qu'illégale, la désobéissance civile est une forme d'engagement qui peut être à la fois individuelle et collective.
Selon Charles Tilly, les répertoires de l'action politique ont-ils évolué de manière moins violente ?	Institutionnalisation des conflits	Oui, les répertoires de l'action politique ont été de moins en moins violents.
En quoi la participation électorale dépend-elle du degré d'intégration sociale ?	Revenus et connaissances politiques	Le statut, le diplôme et le niveau de vie confèrent des ressources (économiques, sociales et culturelles) qui permettent l'intégration sociale. L'intégration favorise la participation électorale.
Comparez l'engagement politique à l'engagement citoyen.	Plus important ? Moins important ? Identique ?	L'engagement politique est moins élevé que d'autres formes d'engagement.
En quoi l'engagement politique est-il socialement différencié ?	Variables sociodémographiques	Par exemple, on remarque une nette différence entre l'engagement des hommes et des femmes dans des organisations institutionnalisées comme un parti politique. Cette distinction s'atténue dès lors que l'engagement n'est plus aussi formalisé.

Qu'est-ce que le capital culturel ?	Livres	Le capital culturel est : – l'ensemble des ressources mobilisables telles que les diplômes, la culture générale ; – les biens culturels tels que des livres ou œuvres d'art.
Qu'est-ce que la structure des opportunités politiques ?	Cohabitation politique	Peter Eisinger a montré qu'au-delà des ressources propres du groupe, pour expliquer l'action collective, devaient être pris en compte « les ouvertures, les points de barrières et les ressources du système politique lui-même ».

SCHÉMA-BILAN

L'engagement

- L'intégration sociale
- La compétence politique
- L'intérêt pour la politique

Les formes de l'engagement

- Le vote
- D'autres formes d'engagement individuel et collectif (ex. : désobéissance civile, assister à un meeting pour les élections municipales, etc.)

Les raisons de l'engagement

- Les incitations sélectives pour lutter contre le phénomène de *free riding*
- La prise en compte de la structure des opportunités politiques

L'évolution des formes d'engagement

Des répertoires de plus en plus institutionnalisés et moins violents

Les tendances d'évolution des inégalités économiques

FICHE 51

I La dynamique des inégalités

1. Les inégalités de revenu

- La part du décile supérieur (les 10 % des revenus les plus élevés) dans le revenu national était d'environ 50 % en Europe occidentale en 1900-1910. Les inégalités se sont ensuite atténuées : la part du décile supérieur s'est abaissée à environ 30 % entre 1950 et 1980. En 2020, elle représente près de 35 % du revenu total. Si les inégalités ont fortement augmenté depuis 1980, elles restent inférieures à celles observées aux États-Unis et au Japon.

Les inégalités de 1900 à 2020 : Europe, États-Unis, Japon

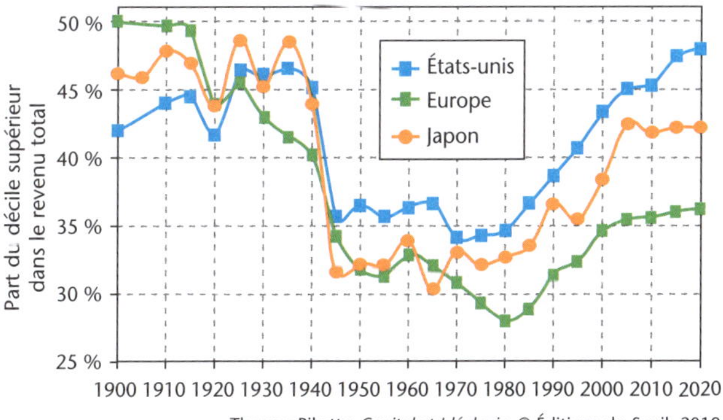

Thomas Piketty, *Capital et Idéologie*, © Éditions du Seuil, 2019.

- Les 50 % des revenus les plus bas du monde ont connu une croissance importante de leur pouvoir d'achat entre 1980 et 2018 (entre + 60 % et + 120 %) tandis que les 1 % des revenus les plus élevés du monde ont connu une croissance comprise entre + 80 % et + 240 % ; les revenus intermédiaires ont connu une croissance plus limitée.

- La « courbe de l'éléphant » (voir ci-après), nommée ainsi par l'économiste américain Branko Milanovic, indique que les inégalités se sont atténuées entre les plus bas revenus et les revenus moyens. En revanche, elle se sont accrues ente les revenus moyens et les plus hauts revenus.

La courbe de l'éléphant des inégalités mondiales 1980-2018

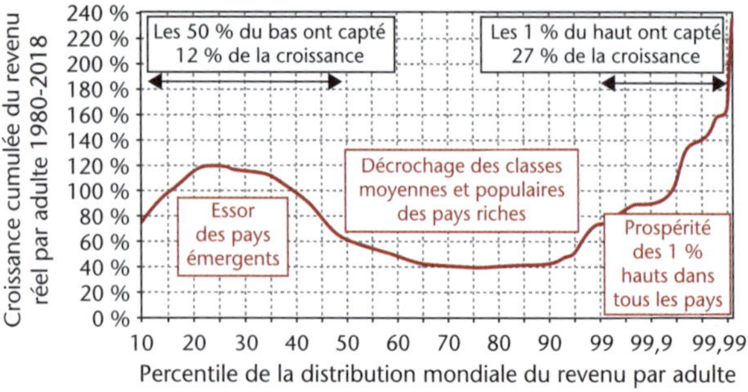

Thomas Piketty, *Capital et Idéologie*, © Éditions du Seuil, 2019.

2. Les inégalités de patrimoine

Les 10 % les plus riches représentaient 90 % du patrimoine privé (actifs immobiliers, professionnels et financiers, nets de dettes) en Europe occidentale en 1900-1910. Ils ne représentaient plus que 50 % du patrimoine en 1980-1990 et 55 % en 2010.

II Caractère multiforme et cumulatif des inégalités économiques et sociales

- Différents types de ressources peuvent être inégalement réparties : les ressources économiques (revenus et patrimoine) ; les ressources sociales et politiques (santé, éducation, accès au pouvoir) ; les ressources culturelles (diplômes, pratiques langagières, etc.).
- Les inégalités économiques entraînent des inégalités sociales. Inversement, les inégalités sociales entraînent des inégalités économiques. Alain Bihr et Roland Pfefferkorn ont ainsi mis en évidence un « système des inégalités ».

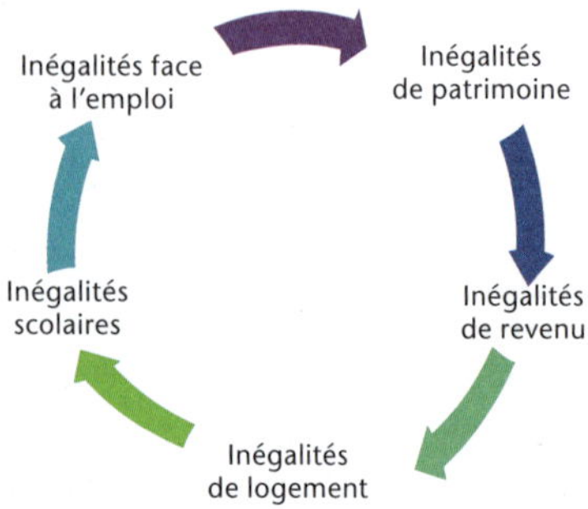

Les différentes conceptions de la justice sociale

FICHE 52

I Est juste ce qui est égal ?

La justice sociale cherche à réaliser au moins une dimension de l'**égalité**.

Égalité des droits	Il s'agit de garantir, pour l'ensemble des citoyens, la jouissance des mêmes droits sociaux, économiques et politiques.
Égalité des conditions	C'est l'égalité des situations socio-économiques (égalité des niveaux de vie notamment).
Égalité des chances	Situation dans laquelle tout individu a les mêmes possibilités que quiconque d'accéder à n'importe quelle position sociale quelle que soit son origine. C'est à cette condition que les inégalités de position peuvent paraître justes.

II Les différentes conceptions de la justice

1. Utilitarisme et libertarisme

- Pour le sociologue et économiste italien **Vilfredo Pareto** (1848-1923), tenant de l'**utilitarisme**, les inégalités reflètent les inégalités de productivité ou de mérite. Elles sont donc justes. Pour lui, l'augmentation des inégalités peut aller de pair avec une augmentation du bien-être de la société.

Exemple : si l'on suppose que les créateurs d'entreprises liées à Internet ont vu leurs revenus augmenter considérablement à la faveur du développement des nouvelles technologies sans que le revenu des plus pauvres en soit affecté en aucune manière, à la hausse comme à la baisse, alors cette évolution est positive car le bien-être de certains agents économiques s'est accru sans que personne n'ait vu sa situation se détériorer.

- Le **libertarisme** est un courant de pensée né après la Seconde Guerre mondiale et se proposant comme **solution à la crise du libéralisme**. Il s'agit de réhabiliter une pensée libérale, dévoyée par l'omnipotence de certains grands monopoles au service des États. Cela consiste à transposer la **logique de marché** dans toutes les sphères de la vie et de **défendre les libertés** en opérant une **lutte systéma-**

Friedrich Hayek : libertarien, obtient le prix Nobel d'économie en 1974 pour ses travaux sur la théorie de la monnaie et les fluctuations économiques et pour son analyse de l'interdépendance des phénomènes économiques, sociaux et institutionnels.

tique contre l'État. Chacun peut mener la vie qu'il souhaite à condition que cela ne nuise pas à autrui. Néanmoins, certains, comme **Friedrich Hayek**, confèrent un rôle minimal à l'État : remédier aux externalités négatives, une défaillance de marché qu'il faut corriger.

2. Égalitarisme libéral et égalitarisme strict

- **John Rawls** est un partisan de l'égalitarisme libéral. Il s'inspire des théories contractualistes telles que celle du **contrat social** de **Jean-Jacques Rousseau** : supposons des hommes ignorants de la position particulière qui leur sera attribuée dans la société dans laquelle ils vont s'engager, ignorant même la génération à laquelle ils appartiennent ; ils seraient ainsi caractérisés par une sorte de **voile d'ignorance**. Rawls pose comme principale hypothèse le fait qu'ils apprécient les « **biens primaires** » tels que la richesse, le pouvoir et l'épanouissement personnel.

- Imaginons alors qu'on présente à ces hommes **diverses conceptions de la justice**, c'est-à-dire des principes qui doivent présider à la répartition des droits et des ressources. Selon Rawls, la théorie qu'ils choisiraient par priorité à toute autre est celle de la justice en tant qu'**équité** (« *justice as fairness* »). Ils exigeraient d'abord que les libertés fondamentales (« *basic liberties* ») soient également distribuées entre tous (premier principe) ; et, en second lieu, que les inégalités sociales et économiques soient d'une part réglées de manière à **servir mieux les intérêts des individus les plus désavantagés**, et soient d'autre part attachées à des fonctions et positions ouvertes à tous dans des conditions d'**égalité des chances** (second principe).

- Autrement dit, John Rawls réfute l'utilitarisme de Pareto fondé sur le principe que des inégalités peuvent exister au détriment des plus désavantagés.

- John Rawls est considéré comme un **partisan de l'égalitarisme libéral** dans la mesure où les inégalités peuvent être efficaces. Il privilégie l'égalité des chances par rapport à l'égalité des revenus.

John Rawls : philosophe américain (1921-2002). Il a notamment écrit *Théorie de la justice*, ouvrage dans lequel il présente l'idée de justice comme un principe d'équité.

- L'**égalitarisme strict** est un principe de pensée qui refuse tout type d'inégalités.

Les politiques de justice sociale sous contrainte de financement

FICHE 53

I Les politiques de justice sociale

1. La redistribution

La redistribution est un dispositif couvrant les **prélèvements obligatoires** réalisés par les pouvoirs publics sur les revenus dits « primaires », et le financement des **revenus de transferts** et des **services publics**. Elle réduit les **inégalités**.

Composition du revenu disponible des ménages selon le niveau de vie* en 2013 (en %)

	Tranches de niveau de vie		
	D1	D10	Ensemble
Revenus d'activité	**42,5**	**77,6**	**73,2**
Pensions et retraites	**16,1**	**23,7**	**27,5**
Revenus du patrimoine	**3,5**	**25,9**	**10,9**
Prestations sociales dont	**45,1**	**0,6**	**5,6**
Prestations familiales	12,5	0,4	2,4
Prestations logement	15,7	0	1,5
Minima sociaux	16,9	0,2	1,6
Impôts directs	**–7,8**	**–27,9**	**–17,4**
Ensemble	**100**	**100**	**100**
Revenu disponible annuel moyen (en euros)	**12 620**	**86 940**	**35 950**

Champ : France métropolitaine, ensemble des ménages dont le revenu déclaré au fisc est positif ou nul et dont la personne de référence n'est pas étudiante.

*Le niveau de vie correspond au revenu disponible du ménage en tenant compte de sa taille.

Source : d'après *Les revenus et le patrimoine des ménages*, Insee, 2016.

2. Les mesures de lutte contre les discriminations

Les mesures de lutte contre les discriminations concernent différents domaines.

Éducation

Ex. : dispositif des « Cordées de la réussite » afin de promouvoir l'égalité des chances des jeunes face à l'entrée dans l'enseignement supérieur

Emploi

Ex. : méthodes alternatives de recrutement comme les CV vidéo

Culture

Ex. : « C'est mon patrimoine » ouvre des lieux patrimoniaux à des jeunes de 4 à 18 ans issus en priorité des zones sensibles

Logement

Obligation d'attribuer 25 % des logements sociaux en dehors des quartiers prioritaires aux demandeurs les plus modestes

II Des politiques qui s'exercent sous contrainte et qui font l'objet de débat

1. La contrainte financière

Les administrations publiques ont un déficit public qui s'élevait à 2,7 % du PIB en 2017. En avril 2020, en pleine crise du Covid-19, le ministre de l'Économie et des Finances prévoyait un déficit public de 9 % du PIB et une dette à 115 % du PIB.

Dette au sens de Maastricht de 1995 à 2017

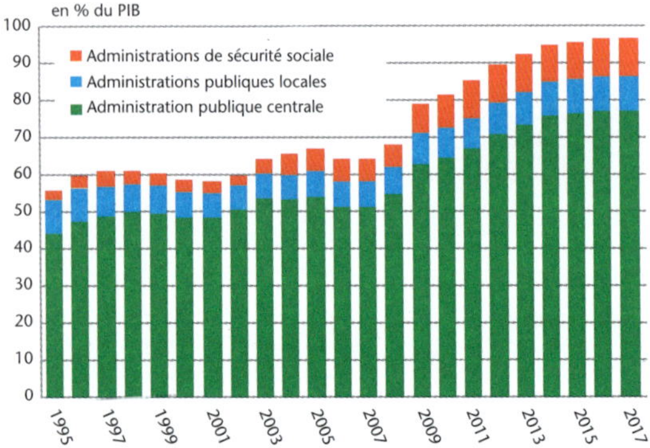

Source : Insee, comptes nationaux – base 2014.

2. La critique de l'efficacité, de la légitimité et des risques d'effets pervers

- Certains évoquent une crise de l'État-providence, telle qu'énoncée par Pierre Rosanvallon en 1981, due à une crise financière (hausse de la dette publique), mais aussi à une crise de légitimité (consentement à l'impôt remis en cause) et à un manque d'efficacité (stagnation de la réduction des inégalités).

- Le **RSA** assure aux personnes sans ressources un revenu minimal qui varie selon la composition du foyer. Il est accusé d'être **désincitatif** (ex. : la sortie du RSA entraîne la perte du bénéfice de l'allocation logement). Il faut toutefois nuancer ce constat : l'effet désincitatif du RSA sur l'emploi des jeunes célibataires sans enfant autour de 25 ans pour la période 2004-2009 semble très faible et circonscrit à la population spécifique des **non-diplômés**. À l'inverse, l'effet désincitatif semble important pour les **mères célibataires**.

Les outils de mesure des inégalités

Exercice 1 : pour chaque document, faites une phrase avec la donnée entourée.

1. Niveau de vie et indicateurs d'inégalité

	2014	2015	2016
Niveau de vie annuel en euros			
1er décile (D1)	10 850	10 880	11 040
Médiane (D5)	20 250	20 340	20 520
9e décile (D9)	37 070	37 580	37 570
Rapport interdéciles			
D9/D1	3,42	3,45	3,40
D9/D5	1,83	1,85	1,83
D5/D1	1,87	1,87	1,86

Sources : Insee, DGFIP, Cnaf, CCMSA, ERFS.

2. Part du total des revenus perçue par les 1 % les plus riches et les 50 % les plus pauvres dans le monde en 2018

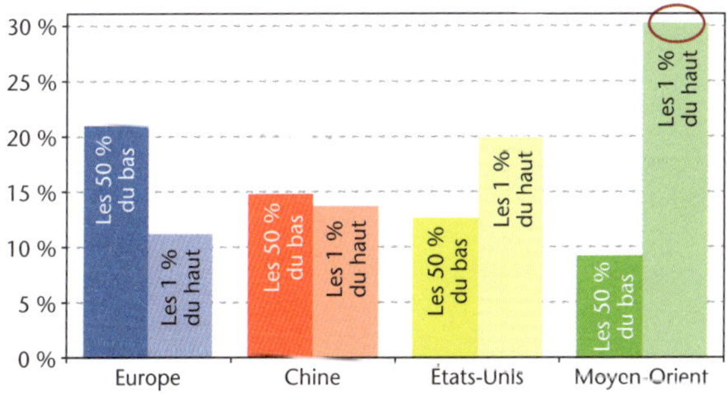

Avant de commencer

▶ Les quantiles sont les valeurs de la variable qui partagent la série en *n* parts égales. Concrètement, on peut classer des individus par ordre croissant d'un paramètre donné (par exemple, le niveau de vie), puis on les divise en *n* groupes de taille égale. Il existe différents types de quantiles : les déciles, par exemple, séparent une population en 10 parts égales.

Le rapport interdécile permet de comparer les 10 % les plus riches aux 10 % les moins riches. Il se calcule en effectuant le rapport D9/D1.

Document 1 : selon l'Insee, les 10 % de la population française les plus riches disposaient d'un niveau de vie 3,4 fois plus élevé que les 10 % de la population française la moins aisée.
Document 2 : la part des 1 % des revenus les plus élevés atteint 30 % du revenu total au Moyen-Orient contre 9 % pour les plus pauvres.

Exercice 2 : exprimez la donnée pour la France.

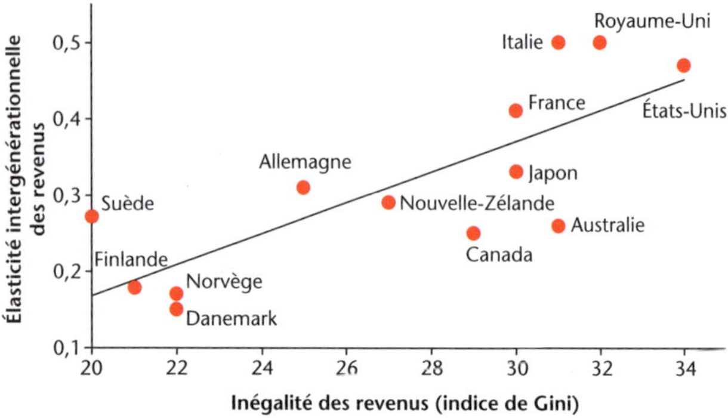

Lecture : plus l'indice de Gini est élevé, plus l'inégalité est forte. Plus l'élasticité intergénérationnelle des revenus est forte, plus le lien entre revenu des parents et revenu des enfants est fort.

Avant de commencer

► L'indice (ou coefficient) de Gini est un indicateur synthétique permettant de rendre compte du niveau d'inégalité pour une variable et sur une population donnée. Il varie entre 0 (égalité parfaite) et 1 (inégalité extrême).

Exprimer la donnée pour la France en n'oubliant pas de la situer par rapport à l'ensemble des pays évoqués.

En France, pays dans lequel les inégalités sont importantes (indice 30), la mobilité sociale est faible ; cette dernière est mesurée par une élasticité intergénérationnelle des revenus relativement forte (0,4). Une forte inégalité est liée à une faible mobilité sociale. « Tout agit comme si, plus les barreaux de l'échelle sont éloignés, plus il est difficile de grimper » (E. Flachaire, C. Lapique, « La mobilité, l'autre déterminant des inégalités », *Dialogues économiques/The Conversation*).

BILAN

La justice sociale et les inégalités

FICHE 55

QUIZ-Mémorisation active

Question	Indice	Réponse
Que nous apprend la « courbe de l'éléphant » ?	Inégalités	La « courbe de l'éléphant » indique que les inégalités se sont atténuées entre les plus bas revenus et les revenus moyens. En revanche, elles se sont accrues ente les revenus moyens et les plus hauts revenus.
Qu'ont mis en évidence Alain Bihr et Roland Pfefferkorn ?	Cumul	Les inégalités se cumulent et s'auto-entretiennent si bien qu'elles forment un système.
Qu'est-ce que l'égalité des chances ?	Indépendamment de l'origine sociale	C'est le fait que n'importe quel individu puisse accéder à n'importe quelle position sociale, indépendamment de son origine sociale.
Comment Vilfredo Pareto considère-t-il les inégalités ?	Compétences	Elles sont justes puisqu'elles résultent du mérite.
Hayek est-il un tenant du libéralisme ?	Anarchisme	Non, il prône le libertarisme. Ce courant de pensée critique le libéralisme qui a laissé une place importante à l'État.
À quelle condition John Rawls valorise-t-il les inégalités ?	Discrimination positive	À condition qu'elles profitent aux plus désavantagés.
À combien s'élève le déficit public en France ?	Inférieur à la contrainte imposée par l'Union européenne	En 2017, il correspondait à 2,7 % du PIB.
Citez une mesure de lutte contre les discriminations.	Éducation	Dispositif des « Cordées de la réussite » afin de promouvoir l'égalité des chances des jeunes face à l'entrée dans l'enseignement supérieur.

SCHÉMA-BILAN

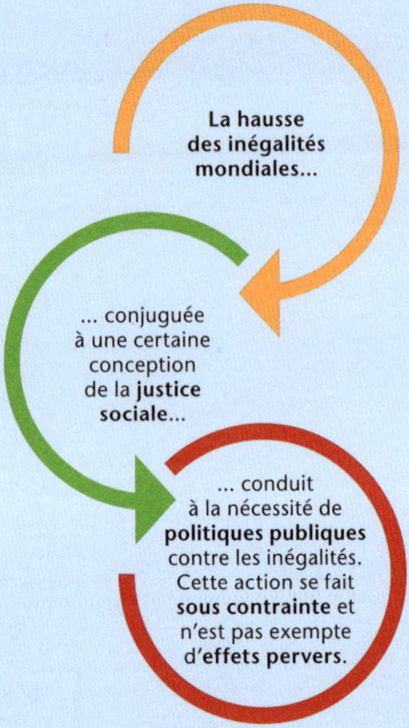

Les acteurs et les politiques en faveur de l'environnement

FICHE 56

Le réchauffement climatique est un véritable enjeu planétaire. Il engage la survie des espèces, l'équilibre de l'écosystème, la sécurité sanitaire des populations et les relations géopolitiques mondiales.

I Les acteurs au cœur de l'action publique pour l'environnement

Nombreux sont les acteurs en faveur de l'environnement puisque c'est un sujet qui concerne tous les habitants de la planète.

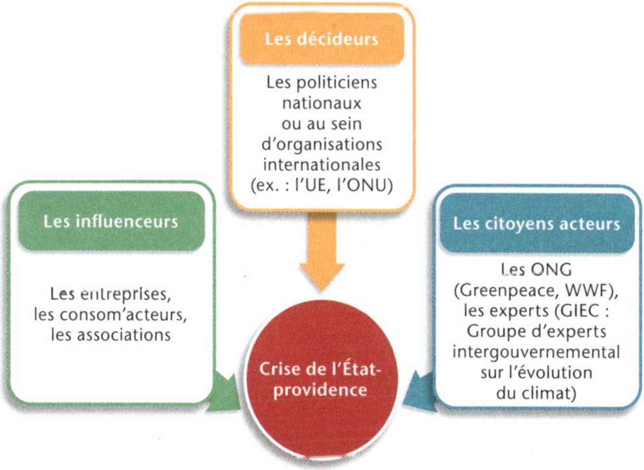

II Les instruments de politiques de lutte contre le réchauffement climatique

1. La réglementation

Les États ou les collectivités territoriales (départements, municipalités) **peuvent imposer des règles**, avec des **sanctions** éventuellement prévues en cas de non-respect de la réglementation.

Exemple : cela peut concerner l'entretien des voitures (pots catalytiques), le tri des déchets ou l'interdiction de produits trop polluants.

2. La taxation

Taxer les comportements nuisibles à l'environnement peut aussi inciter à l'effort. Il peut alors s'agir :
– d'une **taxe pour compenser** les effets néfastes de la consommation ou de la production (ex. : taxe sur l'essence) ;
– d'une **taxe pour financer** une partie du traitement des déchets ou de leur recyclage (ex. : taxe européenne sur les produits technologiques).

3. Le marché des quotas d'émission

• Enfin, les États peuvent déterminer **un niveau maximal de pollution autorisée** et demander ensuite aux **pollueurs de s'entendre entre eux** pour ne pas le dépasser. C'est le principe du marché des quotas d'émission ou « droits à polluer ».
• Chaque entreprise concernée a une autorisation de polluer maximale définie en fonction de son activité et de sa taille. Si une entreprise « veut » polluer plus, elle est alors obligée d'**acheter des droits à polluer** à une entreprise qui serait plus « propre », qui n'aurait pas utilisé son quota global d'émission.

4. Les subventions à l'innovation verte

Afin d'encourager les dépenses en R&D pour une croissance durable, les pouvoirs publics proposent également des **subventions à l'innovation verte**. Autrement dit, les entreprises bénéficient d'aide au financement, après étude préalable du projet ou pour permettre la viabilité d'un projet déjà existant.

III Atouts et critiques des politiques climatiques

La réglementation	La taxation	Le marché des quotas d'émission	La subvention à l'innovation verte
Simple à mettre en place	Peut rapidement inciter à faire un effort, apporte des ressources à l'État	Responsabilise les pollueurs, valorise les acteurs « propres »	Permet à des entreprises de rendre viables des projets novateurs et respectueux de l'environnement
Difficile et coûteux à faire respecter (suppose un système de contrôle et de sanction)	Peut alourdir les charges financières des entreprises et des ménages, et freiner la croissance	Difficulté à établir un niveau de pollution global et à mesurer les pollutions de chacun	Risque d'effet d'aubaine : les pouvoirs publics dépensent pour aider des entreprises à innover alors qu'elles l'auraient réalisé même sans subvention

L'action environnementale : entre coopération et conflit

FICHE 57

Concilier écologie et économie est de plus en plus réaliste. Pourtant, les habitudes passées conduisent souvent à penser que cela relève surtout d'un idéal. C'est pourquoi les acteurs en faveur de l'environnement oscillent généralement entre coopération et conflit.

I La coopération internationale pour agir en faveur de l'environnement

- La coopération repose sur l'action conjointe d'acteurs locaux, régionaux, nationaux ou internationaux, avec des cultures, des niveaux de développement et des pratiques parfois très différentes.
- Certaines dates témoignent de cette coopération internationale.

1957	Traité de Rome	Naissance du **droit de l'environnement** dans la Communauté européenne.
1987	Commission mondiale sur l'environnement et le développement de l'ONU	Naissance de la notion de **développement durable** dans le rapport Brundtland « Notre avenir à tous ».
1992	Sommet de la Terre à Rio : conférence de l'ONU sur le développement durable (CNUDD).	Définit les efforts mondiaux à réaliser en matière de **réduction de gaz à effet de serre** (GES).
1997	Protocole de Kyoto	Accord international visant à la **réduction des émissions de gaz à effet de serre** de 5 %, avec confirmation de suivi annuel lors des Conférences des parties à la convention (COP).
2015	COP 21 à Paris	Signature d'un accord international entre 195 pays pour **limiter le réchauffement mondial** entre 1,5 °C et 2 °C d'ici 2100.

- L'urgence environnementale nécessite une coopération internationale.

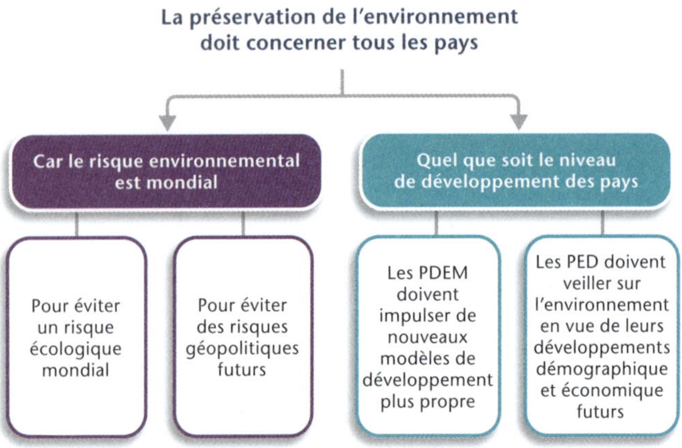

II Quand les objectifs de croissance économique deviennent source de conflits

1. Les élections peuvent éloigner les politiciens des politiques environnementales

- Hélas, si les rapports et témoignages du GIEC, des ONG, des États ou des citoyens (→ *voir fiche 56*) font tous état de l'urgence environnementale à court terme, les politiciens, eux, doivent être élus. Or, leur élection dépend de leur pouvoir de séduction auprès des citoyens votants. Ces derniers sont souvent sensibles aux chiffres du chômage, de la pauvreté, aux taux de fiscalité ou aux politiques sécuritaires. L'environnement est une attente électorale souvent moins prégnante.

- Il existe donc des conflits latents entre les défenseurs de l'environnement et les politiciens, pas toujours assez engagés.

2. Les pays se renvoient la faute pour limiter leurs engagements environnementaux

- Les **PED accusent les pays riches** de ne pas avoir été suffisamment précautionneux lors de leur développement.

- Les **PDEM dénoncent les pratiques peu scrupuleuses** des PED en matière environnementale (utilisation du charbon ou de produits toxiques, normes environnementales trop laxistes).

Exercice commenté pas à pas

Préparer le Grand Oral

Le Grand Oral peut impressionner, mais si vous l'appréhendez avec méthode et raison, en l'ayant travaillé en amont, tout se passera bien !
Les textes insistent sur « la dimension collaborative entre le candidat et le jury ». Les deux enseignants qui vont vous évaluer ont pour objectif de vous accompagner vers la réussite en vérifiant ou en valorisant vos acquis et votre travail.

Étape 1 : comprendre ce qui est demandé

Réussir une épreuve, c'est avant tout bien cerner les attentes pour y répondre au mieux.

- **Premier temps :** le jury choisit un sujet parmi les deux que vous avez préparés avec vos professeurs, portant sur les deux spécialités de terminale.
- **Deuxième temps :** 20 minutes de préparation pour mettre en ordre vos idées et créer, si vous le souhaitez, une fiche mémo à donner au jury.
- **Troisième temps :** le Grand Oral.

– 5 minutes pour exposer votre sujet et y répondre ;
– 10 minutes de dialogue avec le jury portant sur tout ou une partie de votre exposé et du programme de 1re-Tle de la ou des spécialité(s) dont traite le sujet ;
– 5 minutes de retour constructif avec le jury : vous exposerez ici votre projet d'orientation en lien avec le sujet.

Étape 2 : bien choisir son sujet

- Pour être le plus pertinent possible, respectez la règle des 4 P suivante :

Source : méthode de l'association Prépa Écopole, *Tout-en-un Accès et Sésame*, éditions Vuibert.

- **Personnel** : le sujet doit être personnel, et vous engager spécifiquement ; l'avez-vous choisi par passion, par ambition professionnelle, par engagement ? Il faut que cela se perçoive dans vos choix puis dans votre présentation orale.
- **Passionné** : pour être le plus convaincant possible, il faut être passionné, ou du moins investi dans son projet. Sachant que vous êtes libre de choisir votre sujet, ce sera plus facile ! Ne vous laissez donc pas influencer par votre entourage, c'est votre Grand Oral.
- **Pourquoi** : il ne suffit pas de croire en votre sujet, il faut expliquer pourquoi vous l'avez choisi. N'hésitez pas à en parler autour de vous avant le grand jour. Si même vos proches décrochent au bout de deux minutes, mieux vaut repenser votre argumentaire ou votre manière de l'exprimer.
- **Projet** : en quoi votre sujet s'inscrit-il dans un projet ? Soit l'un des vôtres, déjà vécu ou que vous aimeriez vivre, soit un projet plus global pour votre quartier, la ville, le pays, la planète.

Étape 3 : convaincre à l'oral

Une fois que votre sujet a été travaillé en amont, le reste est plus facile ! Certes, juste avant d'entrer dans la salle du jury, vous serez impressionné, mais **le trac passe avec l'action**.

BILAN

Quelle action publique pour l'environnement ?

FICHE 59

QUIZ-Mémorisation active

Questions	Réponses
Citez les acteurs en faveur de l'environnement accompagnés d'exemples.	– Les décideurs : politiciens nationaux ou au sein d'organisations internationales. – Les influenceurs : les ONG, les experts. – Les citoyens acteurs : les entreprises, les consom'acteurs, les associations.
Définissez les avantages et les limites de chacune des politiques environnementales suivantes : – la réglementation – la taxation – le marché des quotas d'émission – la subvention à l'innovation verte	La réglementation + Simple à mettre en place – Difficile et coûteux à faire respecter La taxation + Peut rapidement inciter à faire un effort, apporte des ressources à l'État – Peut alourdir les charges financières des entreprises et des ménages, et freiner la croissance Le marché des quotas d'émission + Responsabilise les pollueurs, valorise les acteurs « propres » – Difficulté à établir un niveau de pollution global, à mesurer les pollutions de chacun La subvention à l'innovation verte + Permet à des entreprises de rendre viables des projets novateurs et respectueux de l'environnement – Risque d'effet d'aubaine

SCHÉMAS-BILANS

L'environnement est un enjeu international

Qui suppose une coopération

- Entre les PDEM et les PED
- Entre les entreprises, les citoyens, les ONG et les influenceurs

Qui nécessite la mise en place de politiques spécifiques

- Taxation
- Réglementation
- Marché des quotas d'émission
- Subventions à l'innovation verte

Qui peut également être à l'origine de conflits

- Les pouvoirs publics privilégient les politiques de croissance à court terme
- Les PED et les PDEM se renvoient la responsabilité pour limiter leurs efforts

Les limites des actions pour l'environnement

Les candidats aux élections privilégient souvent d'autres priorités que l'environnement

Chaque acteur économique reste attaché à des pratiques anciennes, parfois encore trop polluantes

Les acteurs ou pays reportent la responsabilité environnementale sur d'autres

→ **Encore trop peu d'efforts en faveur de l'environnement**

Annexes

Évolution des émissions de gaz à effet de serre

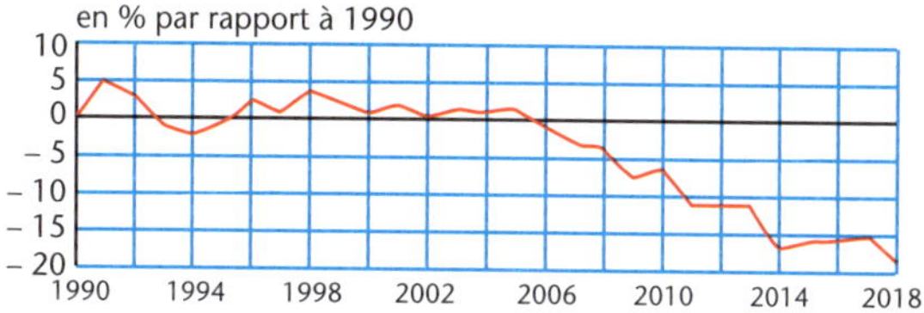

Champ : France et régions ultrapériphériques appartenant à l'UE.
Note : évolution du pouvoir de réchauffement global (PRG) au titre du protocole de Kyoto ; données 2018 provisoires.
Source : Citepa, calculs Insee, 2020.

Calculer un odds ratio

Destinée des fils de cadres et d'ouvriers en 2014/2015

49,3 % des fils de cadres deviennent cadres.	9,2 % des fils d'ouvriers deviennent cadres.
10,5 % des fils de cadres deviennent ouvriers.	47,2 % des fils d'ouvriers deviennent ouvriers.

On calcule une probabilité pour chaque « fils de » : probabilité pour qu'un « fils de » devienne cadre, comparée à celle qu'il devienne ouvrier

49,3/10,5 = 4,7	9,2/47,2 = 0,2

On calcule un rapport de rapport ou odds ratio

4,7/0,2 = 23,5

Ce calcul permet de comparer les chances relatives d'accéder à une position sociale. En 2014/2015, la probabilité qu'un fils de cadre devienne cadre plutôt qu'ouvrier est près de 24 fois supérieure à celle qu'un fils d'ouvrier devienne cadre plutôt qu'ouvrier.

Le rôle de la famille dans la mobilité sociale

Sentiment que « la famille est le seul endroit où l'on se sente bien et détendu » en 1979 et 2019 selon les caractéristiques sociodémographiques (en %)

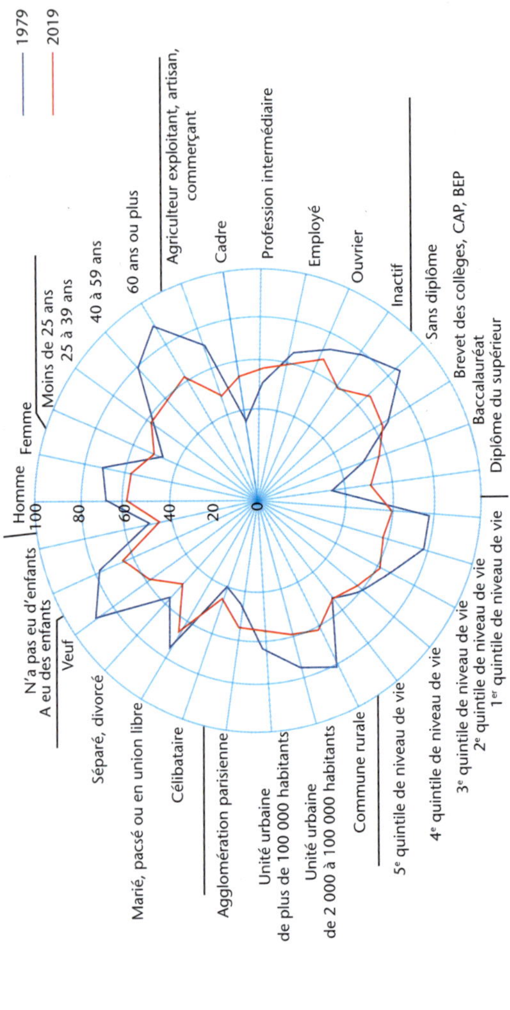

Lecture : en 2019, 59 % des hommes et 59 % des femmes se disent en accord avec l'idée que « la famille est le seul endroit où l'on se sente bien et détendu ».
Champ : France métropolitaine, personnes âgées de 18 ans ou plus.
Source : Crédoc, enquêtes *Conditions de vie et aspirations* 1979-2019, Insee, 2020.

Féminisation de l'emploi : facteur explicatif de la mobilité structurelle

Opinions favorables à l'égard du travail des femmes en 1979 et 2019 selon les caractéristiques sociodémographiques

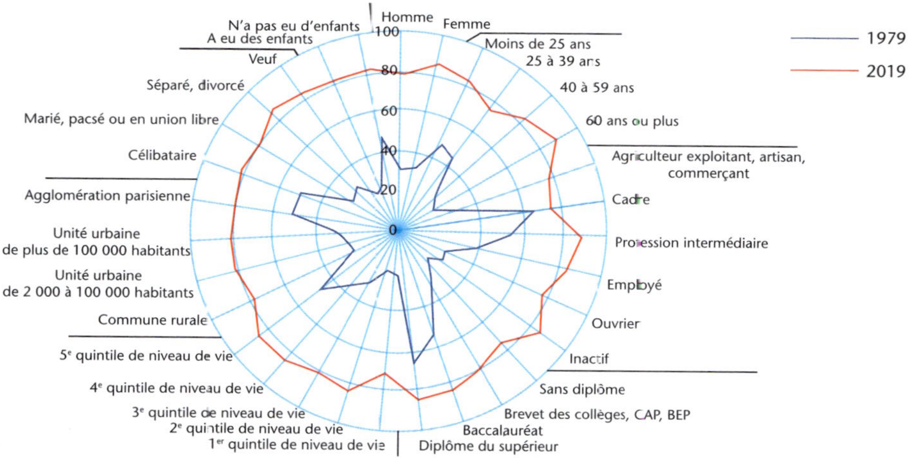

Lecture : en 2019, 77 % des hommes et 84 % des femmes estiment que les femmes devraient toujours travailler ou travailler quand elles le désirent.
Champ : France métropolitaine, personnnes âgées de 18 ans ou plus.
Source : Crédoc, enquêtes Conditions de vie et aspirations 1979-2019, Insee, 2020.

Les 19 pays de la zone euro

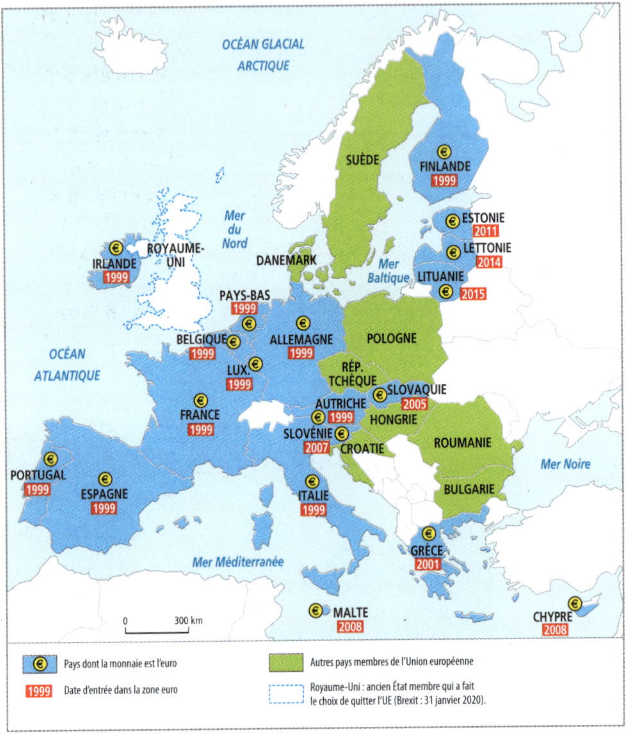

PEFC PEFC/30-32-821

Achevé d'imprimer en novembre 2021 par Wilco aux Pays-Bas
Dépôt légal: janvier 2022
N° éditeur MAGSI20210695